商标注册理论与实践研究

济南商标审查协作中心　编著

山东大学出版社
SHANDONG UNIVERSITY PRESS
·济南·

图书在版编目(CIP)数据

商标注册理论与实践研究 / 济南商标审查协作中心编著. --济南：山东大学出版社，2025. 8. -- ISBN 978-7-5607-9076-3

Ⅰ. D923.434

中国国家版本馆 CIP 数据核字第 2025KA7189 号

策划编辑　傅　侃

责任编辑　武迎新

封面设计　王秋忆

商标注册理论与实践研究

SHANGBIAO ZHUCE LILUN YU SHIJIAN YANJIU

出版发行　山东大学出版社

社　　址　山东省济南市山大南路 20 号

邮政编码　250100

发行热线　(0531)88363008

经　　销　新华书店

印　　刷　山东星海彩印有限公司

规　　格　720 毫米×1000 毫米　1/16

　　　　　17.25 印张　281 千字

版　　次　2025 年 8 月第 1 版

印　　次　2025 年 8 月第 1 次印刷

定　　价　68.00 元

《商标注册理论与实践研究》编委会

序　言

“创新是引领发展的第一动力，保护知识产权就是保护创新。”新时代以来，党中央把知识产权工作摆在更加突出的位置，部署推动了一系列改革，引领知识产权事业实现一系列突破性进展，形成一系列标志性成果，走出一条中国特色知识产权发展之路，有力地保护了经营市场主体的合法权益，维护了创新发展的良好环境，为推动经济高质量发展提供了有力支撑。

商标是重要的知识产权类型，以商标为支撑的品牌经济，是打造创新起主导作用、符合新发展理念的先进生产力质态的重要内容。商标审查是品牌诞生的“守护者”，是市场秩序的“维护者”，是获权的基础和保护的源头。系统梳理商标发展历程，总结提炼商标审查经验，深入分析商标工作形势，全面理清商标发展脉络，积极探索商标发展路径，专业专心专注做好商标工作，切实解决经营主体所急所需所盼，是每一位商标工作从业人员的职责所在。

济南商标审查协作中心的工作人员立足本职工作，发挥职能优势，汇集专业力量，历时一年有余，编纂了本书，以期进一步总结工作经验，持续提升商标审查质量效率，帮助市场主体完善商标工作，提升商标注册成功率，为服务经济高质量发展贡献力量。

本书共分七章：第一章介绍商标、商标权和商标法的概念与起源；第二章介绍商标注册申请的主体、构成要素以及申请流程等；第三章介绍商标的形式审查；第四章介绍商标的实质审查；第五章主要介绍商标异议申请的程序；第六章介绍商标评审制度；第七章介绍商标的国际注册。

本书涉及面广，内容较多，难免有疏漏和不当之处，敬请读者朋友批评指正。我们也将精益求精，不断改进，努力为读者朋友献上水平更高、质量更好的知识产权读物。

济南商标审查协作中心

2025 年 5 月

目 录

第一章　商标概述

第一节　商标简介

一、商标的起源

“商标”是一个历史概念，并非自始存在，而是社会生产力发展到一定阶段，尤其是在私有制出现后才出现的，并伴随着商品贸易的繁荣而不断发展。

在原始社会早期，生产力水平低下，人类劳动所获得的产品仅能勉强维持个人及家庭使用，没有剩余产品可以用于交换，商标并不存在。即使在商品经济早期，因为商品交易受地域的限制很大，交易的种类和数量都不丰富，交易的产品一旦发现问题，购买者可以轻而易举地找到出售者，所以商品交易也不需要商标。

随着生产力的发展，商品交易的人数越来越多，用于交易的商品种类和数量不断增加，交易范围不断扩大，人们希望有一种标志，能够将自己的商品与他人的商品进行区别，商标应运而生。

根据考古发现，有学者认为，西方的商标最早起源于西班牙，当时游牧部落在自己的牲畜上打上独有的烙印，以便与其他部落的牲畜进行区分。也有学者认为，西方最早的商标，除了商人或手工业者使用的明记和暗号以外，还包括 13 世纪行会提供给成员使用的具有强制性的标志，主要用于控制商品品质，便于管理和责任追查。如 13 世纪英国颁布法律，强制要求面包师在其生产和出售的面包上使用自己的标志，以确保不缺斤短两。

早在公元前2700年，我国出土的陶器上就刻有工匠、工坊的名字或产地，有的还同时刻有当代帝王的名字，有学者甚至认为这就是商标出现的证明。类似的标志，的确发挥了两方面的作用：一方面表明物品的所有权；另一方面，当带有该标志的物品进入流通环节，成为商品，这一标志客观上也发挥了区别商品来源的作用，成为商标等同物。但主流观点认为，我国最早的商标，可以追溯到北宋时期。当时山东济南刘家针铺使用的白兔标志，是我们目前已经发现的使用较早的商标（见图1-1-1）。该标志以刘家针铺门前的石兔为原型进行艺术化设计，主体为一个手持石杵的白兔图形，图形上方标有“济南刘家功夫针铺”，图形两侧印有“认门前白兔儿为记”字样，图形下方则标有“收买上等钢条，造功夫细针，不误宅院使用，转卖兴贩，别有加饶，请记白”的广告语。

图1-1-1　白兔商标

现代意义上的商标始于工业革命。工业革命促进了生产力的大发展，规模经济带来了物质的极大丰富，商品交易的范围在不断扩大，同时，交易的商品划分也更加精细，购买者很难详细了解各种商品的情况。为了将自家商品与他人商品进行区分，突出自家商品优势，赢得消费者的认可，获得市场竞争地位，生产者往往主动设计并积极使用商标，主权国家也把商标制度作为维护市场秩序的一项基本制度。1783年，英国就有判例，参考“欺诈”对仿冒商标进行损害赔偿。1803年，法国出台《关于工厂、制造场和作坊的法律》，将假冒商标按私自伪造文件罪论处，用服苦役的方式进行处罚，这是目前发现的世界上最早的商标法。英国、美国、德国、日本等国陆续制定各具特色的商标法，世界商标法律体系逐渐丰富。

1904年,清政府颁布实施《商标注册试办章程》,这是我国历史上第一部成文的商标法。该法虽未正式实施,但还是为后续的商标立法奠定了基础。我国现行的《商标法》于1982年颁布,这是我国知识产权领域的第一部法律,后于1993年、2001年、2013年、2019年进行了4次修改。2023年1月,国家知识产权局公布了《商标法修订草案(征求意见稿)》,旨在进一步完善商标法律制度,助力优化营商环境,服务经济社会高质量发展。

二、商标的定义及特征

《中华人民共和国商标法》(以下简称《商标法》,如无特殊说明,均指我国现行的2019年修订的《商标法》)第八条规定,任何能够将自然人、法人或者其他组织的商品与他人的商品区别开的标志,包括文字、图形、字母、数字、三维标志、颜色组合和声音等,以及上述要素的组合,均可以作为商标申请注册。该法有关商品商标的规定,适用于服务商标。《商标法》第九条规定,申请注册的商标应当有显著特征,便于识别,并不得与他人在先取得的合法权利相冲突。这两项法律条文虽未明确阐述商标的概念,但将商标的法律特征进行了明确,相当于给出了商标的概念,即商标是一种使用在商品或服务上,具有显著特征,能够区分商品或服务来源的标志。

2023年1月,国家知识产权局面向社会征求意见的《商标法修订草案(征求意见稿)》第四条,对商标给出了明确的定义:商标包括商品商标和服务商标,是指能够用以识别和区分商品或者服务来源的标志,包括文字、图形、字母、数字、三维标志、颜色组合、声音或者其他要素,以及上述要素的组合。

依据《商标法》的上述规定及《商标法修订草案(征求意见稿)》的相关表述,我们不难发现,商标具有以下特征:

1.商标是区别商品或服务来源的标志

区别来源是商标最主要的功能,商品名称区别的是商品种类,与之不同,商标区别的是商品来源,也就是商品的提供者。例如:在服装、鞋、帽等商品上,李宁体育(上海)有限公司的"李宁"商标与阿迪达斯有限公司的"ADIDAS"商标(见图1-1-2、图1-1-3),在读音、整体设计、商标含义等方面能够明显区分,消费者易于识别,并将商标与商品生产者紧密关联,商标作用得到有效发挥。

李宁

图 1-1-2 “李宁”商标

adidas

图 1-1-3 “ADIDAS”商标

2.商标是具备显著特征的标志

显著特征是消费者识别并区分商品来源的主要依据。依据《商标法》第十一条的规定，仅有本商品的通用名称、图形、型号的，仅直接表示商品的质量、主要原材料、功能、用途、重量、数量及其他特点的，以及其他缺乏显著特征的标志，不得作为商标注册。同时该条也规定了例外情形，如果上述标志经过使用取得了显著特征，并便于识别，能够起到区别商品或服务来源作用的，也可以作为商标注册。

商标的显著性需要结合其使用的商品或服务类别进行判定。如图 1-1-4 所示，若该商标使用在“苹果”这一商品上，仅直接表示了商品的通用名称，消费者无法通过商标区分商品的生产者，该商标缺乏显著特征；但若该商标使用在“计算机软件、计算机和计算机外围设备”等相关商品上，就可以发挥区别商品来源的作用，具备了显著特征。

苹果

图 1-1-4 “苹果”商标

3.商标注册申请的主体包括自然人、法人和其他组织

任何从事生产经营活动的自然人、法人或其他组织，都可以向国家知识产权局商标局申请商标注册。为强调商标的使用性，避免不以使用为目的的商标恶意注册申请，依据相关规定，以自然人申请商标注册的应提供其个体工商户营业执照、农村承包经营合同或者其他能够证明其以自然人身份从事生产经营活动的材料。商标代理机构除对其代理服务申请商标注册外，不能申请注册其他商标。各级党的机关、人大机关、行政机关、政协机关、监察机关、检察机关、审判机关不得申请注册商标。

4.商标的使用对象包括商品和服务

商标不是一个可以脱离商品或服务而单独存在的抽象标志，它必须与

商品或服务项目紧密关联，才能起到区别来源的作用。为便于不同国家间的商标注册申请，1957 年国际上签订了《尼斯协议》，制定了详细的国际分类表（又称《尼斯分类》）。《尼斯分类》每五年修订一次，每年微调一次，一方面增加新的商品，另一方面将已有商品按照新观点进行调整，以增强分类表内部的统一性。1988 年 11 月起，我国以世界知识产权组织提供的《尼斯分类》为基础，总结多年的实践工作经验，制定了商标注册用《类似商品和服务区分表》，将商品划分为 34 个类别，服务划分为 11 个类别，同时对通常认为类似程度明显的商品和服务项目作出类似关系的界定。

5.商标的构成要素是不断丰富的

从早期的图形商标到后来的文字商标、字母商标、数字商标及其组合，商标的构成要素在不断丰富。随着商标品牌战略的发展，人们对商标重视程度在不断提高，在商标设计上投入的精力也越来越多，三维标志、颜色组合、声音、气味等新型商标出现并被越来越多的国家所接受。现行《商标法》中规定“包括文字、图形、字母、数字、三维标志、颜色组合和声音等，以及上述要素的组合，均可以作为商标申请注册”，在《商标法修订草案（征求意见稿）》中，相关内容修改为“包括文字、图形、字母、数字、三维标志、颜色组合、声音或者其他要素，以及上述要素的组合，可以依法作为商标申请注册”，“其他要素”的增加，放开了商标构成要素的限制，为新型商标的被认可提供了更大的可能性。

三、商标的分类

1.依据构成要素不同，商标可以分为传统商标和新型商标

传统商标主要包括由文字、图形、字母、数字以及上述要素的组合构成，普遍出现、为各国所接受的商标，如“千麦”“课帮帮”“鲸鱼可可”“品阅 218#”等（见图 1-1-5）。

图 1-1-5　传统商标图样

新型商标主要包括由三维标志、颜色组合、声音、气味及上述要素的组合构成，出现时间较晚、未被各国普遍接受的商标，如图 1-1-6 所示的三维标志商标、图 1-1-7 所示的颜色组合商标、图 1-1-8 所示的声音商标等。我国现行《商标法》并未接受气味商标，但在《商标法修订草案(征求意见稿)》中，商标构成要素增加了“其他要素”，为气味商标的接受提供了可能。

商标说明：申请商标为立体商标。

使用方式：商标由卡通三维形状组成，使用于服务提供场所、周边产品以及线上线下各类宣传物料上。

图 1-1-6　三维标志商标图样及设计说明

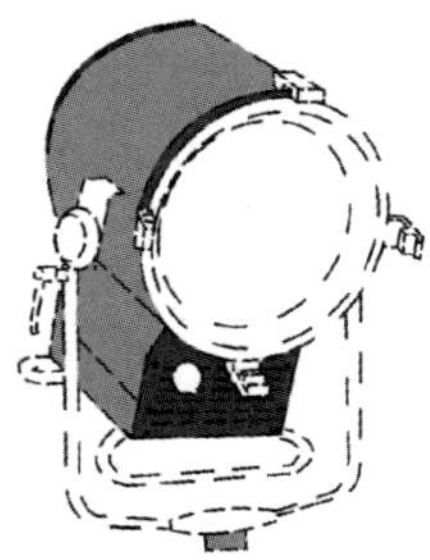

商标说明：灯具反光碗外壳边框、圆柱灯身后盖、圆柱灯身的长方体底座前侧及后侧为蓝色。圆柱灯身壳体及圆柱灯身长方体底座侧面为银色。银色 Pantone414C，蓝色 Pantone3015。

图 1-1-7　颜色组合商标图样及设计说明

本件声音商标以人声念出“hello kugou”，主要由“c、♯f、g、e”四个音组成。呈现在五线谱上是以 4/4 拍记谱，共两小节。第二小节为全体止。“hello kugou”由年轻女性配音，“hello”与“kugou”间没有明显停顿，语速中速，声音连贯，音调轻松。

商标说明：用于酷狗音乐播放器软件及硬件启动问候语。

图 1-1-8　声音商标图样及设计说明

2.依据使用对象不同，商标可分为商品商标和服务商标

顾名思义，商品商标是使用在有形商品之上的商标，其使用对象是具有物质形态、实实在在的商品，而服务商标的使用对象是服务内容，不具备物质形态，是无形的抽象体。1999 年，原国家工商行政管理局商标局出台的《关于保护服务商标若干问题的意见》中，对服务商标进行了界定：“服务商标是指提供服务的经营者，为将自己提供的服务与他人提供的服务区别而使用的标志。服务商标由文字、图形及其组合构成。”依据我国现行的商标注册用《类似商品和服务区分表》，1-34 类为商品类别，包括化学品、化妆品、药品、机器、手工具、医用器械、贵金属、纺织物、食品、饮料等商品；35—45 类为服务类别，包括广告、金融、电信、建筑、教育、餐饮、医疗、法律等服务项目。在商品类别上注册的商标即为商品商标，在服务类别上注册的商标即为服务商标。

3.依据管理和使用方式不同，商标可分为普通商标、集体商标和证明商标

未特殊说明的商标，为普通商标。

依据《商标法》第三条的相关规定，集体商标是指以团体、协会或者其他组织名义注册，供该组织成员在商事活动中使用，以表明使用者在该组织中成员资格的标志。比如，安吉县旅游商品协会在 35 类服务项目上申请注册的“安喆有礼及图形”集体商标（见图 1-1-9）。

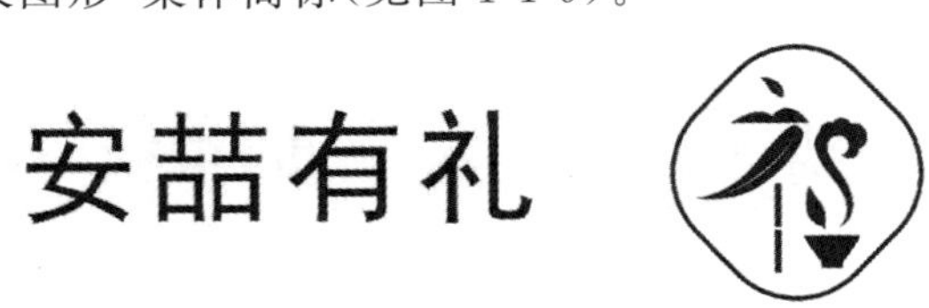

图 1-1-9　“安喆有礼”及图形集体商标

证明商标是指由对某种商品或服务具有监督能力的组织所控制，而由该组织以外的单位或个人使用于商品或服务，用以证明该商品或服务的原产地、原料、制造方法、质量或者其他特定品质的标志。

地理标志商品来源于特定地区，该地区特殊的自然或人文因素决定了商品具有特定的品质、信誉或其他特征，可以申请集体商标或证明商标予以保护。如图 1-1-10、图 1-1-11 所示，高青黑牛协会在 29、31 类相关商品上申请的“高青黑牛”、冠县优质农产品协会在 5 类商品上申请的“冠县灵芝”等。

图 1-1-10 “高青黑牛”地理标志证明商标　　图 1-1-11 “冠县灵芝”地理标志证明商标

四、商标的功能

商标的功能是不断丰富和发展的，区别商品或服务的来源是商标最基本的功能，除此之外，它还具有质量保证、广告以及表彰的功能。

1.区别商品或服务来源功能

商标的显著性决定了商标具有可识别性，市场主体通过商标来表明商品或服务的来源，消费者通过商标来区别同类商品或服务的提供者，了解商品或服务的优劣，便于作出购买决策，这样商标就成了企业进行市场开拓、市场竞争的重要工具。比如，在智能手机商品上，“华为”“SAMSUNG”“XIAOMI”“苹果”等商标(见图 1-1-12)，与各自的手机供应商紧密联系，经过长期的推广使用，消费者一看到该商标就能与其手机供应商联系起来，为其甄选、购买手机提供了便利。

图 1-1-12 部分知名智能手机商标

2.质量保证功能

商标在向消费者传达商品来源信息的同时，也传递着商品的质量信息，消费者通过重复购买来奖励商品质量较好的企业，通过拒绝购买来惩罚商品质量较差的企业。企业为了维护市场份额，吸引消费者重复购买，不得不注重质量管控，维持并提高商品质量，维护来之不易的商誉，于是商标逐渐成为商品质量的代名词。石家庄三鹿集团股份有限公司的“三鹿”商标（见图 1-1-13），曾集驰名商标、免检产品、中国名牌等众多荣誉于一身，在三鹿集团鼎盛时期，曾被国内某机构评估价值超过 100 亿元（本书后续无特殊说明的，均指人民币）。后因三聚氰胺毒奶粉事件，“三鹿”商标的美誉度跌落到冰点，在美誉度、联想度、参与度和忠诚度等方面几乎都化为零，最终在企业破产清算中以 730 万的价格进行了拍卖。

图 1-1-13 “三鹿”商标

3.广告功能

“酒香也怕巷子深”，品牌要成功，除了保证商品质量外，还需要宣传推广，建立良好的品牌形象。商标可以作为短小精悍的广告，发挥宣传推广商品的作用。中国人相信“中华老字号”，像“六必居”的酱菜、“王致和”的臭豆腐、“瑞蚨祥”的衣帽、“张一元”的茶叶（见图 1-1-14），大家认为其经过了历史的考验后仍能坚持下来，其商品一定质量上乘，即使其早已进行改制，脱离了原创家族的质量管控，但消费者在选购时仍会带有明显的倾向性，使其蕴含着宣传推广商品的巨大商业价值。

图 1-1-14 部分“中华老字号”商标

4.表彰功能

商标在区别商品的同时，也在区别使用该商品的人，商标不仅仅是商品质量的象征，还是个人身份乃至生活方式的象征，从一个人购买和消费的品牌，可以看出他的生活层次、生活方式和社会地位。离开了商标的表彰功能，质量再好的商品，也只有消费者自己知道，旁人无从知晓，这也就解释了为什么有许多消费者喜欢买名牌商品、大牌商品（如图 1-1-15 所示）。

图 1-1-15　部分世界知名商标

第二节　商标权简介

一、商标权的定义及特征

商标权是指商标所有人在一定地域范围内，依法直接支配特定商标，并排除他人非法干涉的知识产权。

市场主体基于经营需要自主申请商标注册，取得注册商标专用权。商标权具有以下特征：

1.商标权是一种有限的支配权。商标所有人不能对有形无体的商标实施占有，而只能依赖于法律途径来行使商标权。

2.商标权是一种扩展性的禁止权。商标注册人不仅拥有商标支配权内含的禁止权，还扩展至商标支配权界限之外的禁止领域。任何第三方若违反诚信原则，未经授权即使用商标注册人特定的标识与特定商品或服务之间的对应关系以谋取商业利益（如在相同商品上使用相同商标），或者通过混淆（如在相同商品上使用近似商标、在类似商品上使用相同或近似商标）、逆向假冒、攀附（如在不同类别商品上使用商标持有人的知名商标）等手段以谋求利益，均被视为侵犯商标权。面对此类侵权行为，商标注册人有权采取禁止措施。

3.商标权是一种特殊的民事权利，兼具一定程度的公权力属性，属于知识产权范畴。法律赋予商标注册人商标权，既旨在维护商标注册人的私人利益，也在于保障消费者的合法权益。

4.商标权涵盖了注册商标的权益以及未注册商标的权益。对于商标权的获取途径，不同国家和地区各有不同，由此导致商标权的保护对象亦有所区别。商标权的保护对象并非商标标志本身，而是该标志与特定商品或服务项目之间的特定对应关系。

5.商标权具有地域性特征，商标注册人仅在特定地理区域内享有商标权，超出该地理界限则不再拥有此权利。随着国际知识产权保护体系的构建，商标权的适用地域正在呈现逐步扩大的态势。

二、商标权的内容

商标权的核心在于赋予商标所有人对特定标识与特定商品或服务之间的对应关系的支配权，而非直接支配商标标识本身。商标权的具体内容因实现方式不同，表现为不同的形态，一般而言，包括商标专用权、商标使用许可权、商标转让权及商标专用权质押等。同时，作为一种受法律保护的知识产权，商标权利又受到各种限制。

1.商标专用权

商标专用权是指商标注册人独占性使用该商标的权利，即由法律赋予商标权人在指定的商品或服务上专门使用其注册商标的权利，是商标权的基本权利，其他权利都是从该权利中派生出来的。在实行注册制的国家，商标权利自核准注册之日起产生。该权利除了含有商标权人对自己商标进行使用的权利外，还意指商标权人有权禁止其他人在相同或者类似的商品或者服务上使用相同或者近似的商标标识。使用注册商标，可以在商品、商品包装、说明书或者其他附着物上标注册商标或者注册标记。注册标记包括㊟和Ⓡ，标注在商标的右上角或者右下角。

2.商标使用许可权

商标权人除有权在自己提供的商品或者服务之上加注商标，实施商标权以外，还可以许可他人在他人生产的商品或者服务上加注商标。《商标法》第四十三条规定，商标注册人可以通过签订商标使用许可合同，许可他人使用其注册商标。许可人应当监督被许可人使用其注册商标的商品质量。被许可人应当保证使用该注册商标的商品质量。《商标法》不但明确了许可合同的备案由许可人来完成，而且还规定许可需要由商标局进行公告。商标使用许可未经备案不得对抗善意第三人。

3.商标转让权

关于商标权能否转让、转让是否受严格的条件限制，各国立法和司法实践态度不一。《保护工业产权巴黎公约》在第六条第四款“商标的转让”中，仅仅规定了商标连同厂商或者牌号一起转让的情形，但这种连同厂商或者牌号一起转让的地域范围仅限于某一成员国内。我国《商标法》规定了商标转让的主要步骤：转让人与受让人之间签订转让协议，共同向商标局提出转让申请，注册商标经商标局核准后予以公告，受让人自公告之日起享有商标专用权。

注册商标专用权因转让以外的继承等其他事由发生移转的，接受该注册商标专用权的当事人应当凭有关证明文件或者法律文书到商标局办理注册商标专用权移转手续。注册商标专用权移转的，注册商标专用权人在同一种或者类似商品上注册的相同或者近似的商标，应当一并移转；未一并移转的，由商标局通知其限期改正；期满未改正的，视为放弃该移转注册商标的申请，商标局应当书面通知申请人。商标移转申请经核准的，予以公告。接受该注册商标专用权移转的当事人自公告之日起享有商标专用权。

4.商标专用权质押

商标权人除可以自己使用商标、许可他人使用商标、转让商标专用权外，还可以将商标专用权质押给他的债权人，用于担保其债务的履行，由此实现通过商标进行融资。为充分发挥商标专用权无形资产的价值，促进经济发展，国家知识产权局制定了《注册商标专用权质押登记程序规定》。该规定明确指出，自然人、法人或者其他组织以其注册商标专用权出质的，出质人与质权人应当订立书面合同，并向国家知识产权局办理质权登记。

三、商标权取得原则

1.自愿注册原则

《商标法》第四条规定，自然人、法人或者其他组织在生产经营活动中，对其商品或者服务需要取得商标专用权的，应当向商标局申请商标注册。由该规定可知，商标使用人不需要取得商标专用权的，可以不申请商标注册。商标是否注册并不影响商标标注的商品在市场上流通。但是，对于某些特殊商品，因其特殊性质，国家必须强化对其管理。我国《商标法》第六条规定，法律、行政法规规定必须使用注册商标的商品，必须申请商标注册，未经核准注册的，不得在市场上销售。

目前，我国只强制烟草制品进行商标注册。《中华人民共和国烟草专卖法》第十九条规定："卷烟、雪茄烟和有包装的烟丝必须申请商标注册，未经核准注册的，不得生产、销售。"综上所述，我国商标权取得，从严格意义上来说是以自愿注册为原则，以强制注册为例外。

2.诚实信用原则

《商标法》在第七条中明确将"诚实信用原则"作为申请商标注册和使用商标的一般原则，同时又在具体条文中规定了诚实信用原则的执行。例如，《商标法》第三十二条规定："申请商标注册不得损害他人现有的在先权利，也不得以不正当手段抢先注册他人已经使用并有一定影响的商标。"

诚实信用原则不仅约束注册商标申请人、使用人和未注册商标使用人的行为，还约束商标代理机构的行为。《商标法》第十九条规定："商标代理机构应当遵循诚实信用原则，遵守法律、行政法规，按照被代理人的委托办理商标注册申请或者其他商标事宜；对在代理过程中知悉的被代理人的商业秘密，负有保密义务。委托人申请注册的商标可能存在本法规定不得注册情形的，商标代理机构应当明确告知委托人。商标代理机构知道或者应当知道委托人申请注册的商标属于本法第十五条和第三十二条规定情形的，不得接受其委托。"商标代理机构违反《商标法》规定的，由国务院知识产权行政部门记入信用档案；情节严重的，商标局、商标评审委员会可以决定停止受理其办理商标代理业务并予以公告。对于商标代理机构违反诚实信用原则，侵害委托人合法利益的，应当依法承担民事责任，并由商标代理行业组织按照章程规定予以惩戒。

3.分类注册和一标多类原则

我国《商标法》第二十二条第一款规定，商标注册申请人应当按规定的商品分类表填报使用商标的商品类别和商品名称，提出注册申请，第二款规定，商标注册申请人可以通过一份申请就多个类别的商品申请注册同一商标，该两款规定分别确定了分类和一标多类的商标注册原则。我国《商标法》规定的这一注册原则与《商标注册马德里协定》的规定是一致的。申请人可以按照“一标一类”，即一类商品一件商标一份申请书的方式，也可以按照“一标多类”，即多类商品一件商标一份申请书的方式提交注册申请。

4.申请在先原则

我国采用商标注册制，实行先申请原则，同时兼顾先使用人权益。商标注册申请作为固定的书面证据，可以清楚地表明商标权的主体，明晰地划定权利边界。通过国家常设机构的事前审查，可以有效地降低注册商标权之间的冲突。而且，一经核准注册，商标即在全国范围内享受保护。

除保护注册商标外，也有未注册商标享受保护的情况。《商标法》关于未注册驰名商标的保护规定以及对恶意注册商标无效宣告等规定表明，未注册但已使用的商标可以在异议程序、不予注册复审程序、无效宣告程序中获得保护，但仍需通过申请注册程序获得注册商标专用权。

对于同日申请的情况，我国《商标法》第三十一条规定：“两个或者两个以上的商标注册申请人，在同种商品或者类似商品上，以相同或者近似的商标申请注册的，初步审定并公告申请在先的商标；同一天申请的，初步审定并公告使用在先的商标，驳回其他人的申请，不予公告。”我国《商标法实施条例》第十九条规定：“两个或者两个以上的申请人，在同一种商品或者类似商品上，分别以相同或者近似的商标在同一天申请注册的，各申请人应当自收到商标局通知之日起30日内提交其申请注册前在先使用该商标的证据。”

5.优先权原则

在我国的商标注册中，因为实行先申请原则，这样申请日期对于能否获得商标注册和《商标法》的保护就至关重要。我国《商标法》规定了外国和本国两种优先权。《商标法》第二十五条规定了外国优先权，即商标注册申请人自其商标在外国第一次提出商标注册申请之日起6个月内，又在中国就相同商品以同一商标提出商标注册申请的，依照该国同中国签订的协议或者共同参加的国际条约，或者按照相互承认优先权的原则，可以享有优先权。

依照前款要求优先权的，应当在提出商标注册申请的时候提出书面声明，并且在3个月内提交第一次提出的商标注册申请文件的副本；未提出书面声明或者逾期未提交商标注册申请文件副本的，视为未要求优先权。

《商标法》第二十六条规定了本国优先权，又称展览会优先权，即商标在中国政府主办的或者承认的国际展览会展出的商品上首次使用的，自该商品展出之日起6个月内，该商标的注册申请人可以享有优先权。依照前款要求优先权的，应当在提出商标注册申请的时候提出书面声明，并且在3个月内提交展出商品的展览会名称、在展出商品上使用该商标的证据、展出日期等证明文件；未提出书面声明或者逾期未提交证明文件的，视为未要求优先权。

四、商标权取得模式

（一）原始取得

原始取得又称直接取得，即商标权的产生，主要包含申请、形式审查、实质审查、异议、驳回复审等多个环节。

1.申请

商标申请是取得商标权利程序的第一步。商标申请行为是一个典型的民事法律行为，其直接目的是设立商标专用权。商标权是一种私权，国家不会主动保护一个商标。自然人、法人或者其他组织在生产经营活动中，对其商品或者服务需要取得商标专用权的，应当向商标局申请商标注册。提交商标申请并缴纳相应的费用是当事人明确希望在指定的商品或服务中就申请的商标取得专用权的意思表示。商标局基于商标申请的时间和范围进行商标审查，经商标局核准注册的商标为注册商标，商标注册人享有商标专用权，受法律保护。

2.形式审查

商标申请后，由商标局进行形式审查，主要审查申请人资格是否符合商标法律规定，申请人地址是否正确，申请人名义、章戳是否与营业执照一致，申请人要求核定的商品或者服务是否填写得具体、规范，分类是否准确，是否符合其经营范围，通过代理的代理人委托书是否合乎要求，商标及商标图样的质量、规格、数量是否符合要求，应附的证件、说明是否完备，商标注册申请规费是否缴纳，书写要求是否合格等内容。

3.实质审查

形式审查通过后，商标局将进行全面的实质审查，包括对不能注册的绝对理由和相对理由的主动审查。具体来说，申请注册的商标，凡不符合《商标法》有关规定或者同他人在同一种商品或者类似商品上已经注册的或者初步审定的商标相同或者近似的，由商标局驳回申请，不予公告。两个或者两个以上的商标注册申请人，在同一种商品或者类似商品上，以相同或者近似的商标申请注册的，初步审定并公告申请在先的商标；同一天申请的，初步审定并公告使用在先的商标，驳回其他人的申请，不予公告。

4.异议

对初步审定公告的商标，自公告之日起3个月内，在先权利人、利害关系人认为违反《商标法》第十三条第二款和第三款、第十五条、第十六条第一款、第三十至三十二条规定的，或者任何人认为违反《商标法》第四条、第十至十二条、第十九条第四款规定的，可以向商标局提出异议。公告期届满无异议的，予以核准注册，发给商标注册证，并予公告。

2023年公布的《〈商标法〉修改征求意见稿》拟取消商标异议后的不予注册复审程序；同时，着力优化异议审查模式，将从增加简易审查程序、实现异议案件繁简分流、论证对复杂案件引入质证环节和口头审理方式等方面进行探索，全面提升商标异议审查质量和效率，让各方争议在行政程序中得到有效化解，更好地发挥异议程序的价值和作用。

5.驳回复审

对驳回申请、不予公告的商标，商标局将书面通知商标注册申请人。商标注册申请人不服的，可以自收到通知之日起15日内向商标评审委员会申请复审，由商标评审委员会作出决定，并书面通知申请人。当事人对商标评审委员会的决定不服的，可以自收到通知之日起30日内向人民法院起诉。需要注意的是，由于前面提到的机构改革的原因，商标评审委员会的职能已经并入商标局的评审部门，以下皆同。

同时，如果商标申请人就部分驳回的申请提起复审，商标局实际操作中也将撤回原初步审定，等待复审的生效决定。

（二）继受取得

继受取得，又称传来取得，商标所有人权利的取得基于他人既存的商标权，其权利的范围、内容等都以原有的权利为依据。继受取得的方式有以下四种：

1.通过商标权的转让获得权利

通过商标权的转让获得权利主要包括：通过转让合同将商标权转让给受让方；企业破产、终止时，通过拍卖的方式获得该企业的商标权；以债权人身份获得债务人享有的商标权，以抵偿债务人所欠债务。

2.通过继承或赠予等方式获得商标权

这是指商标所有人因死亡或其他原因，将商标专用权移转给其合法的继承人或权利义务的承担者。

3.通过企业合并而获得商标权

新企业或变更后的企业将承受被合并企业的有形资产、无形资产及各项债权债务，其中包括商标权。

4.因其他合法根据而获得商标权

因其他合法根据而获得商标权，如因合伙而共有商标权等。

五、商标权管理部门

新中国成立后，我国的商标注册工作先后由中央私营企业局、中央工商行政管理局、国家市场监督管理总局和国家知识产权局主管。1978 年，国家工商行政管理总局成立，内设商标局。2018 年，原国家工商行政管理总局的职责与其他相关机构的职责整合，组建市场监督管理总局。同时，将国家知识产权局的职责、原国家工商行政管理总局的商标管理职责、原国家质量监督检验检疫总局的原产地地理标志管理职责整合，重新组建国家知识产权局，由市场监督管理总局管理。

根据 2023 年发布的党和国家机构改革方案，国家知识产权局由市场监督管理总局管理的国家局调整为国务院直属机构。商标、专利等领域执法职责继续由市场监管综合执法队伍承担，相关执法工作接受国家知识产权局专业指导。

此外，各级海关、公安部门以及法院、检察院也依据各自的法定职责行使商标执法权。

1.国家知识产权局

国家知识产权局主要负责对商标执法工作的业务指导，制定并指导实施商标权确权和侵权判断标准，制定商标执法的检验、鉴定和其他相关标准。市场监督管理总局负责组织指导商标执法工作。国家知识产权局内部,条法司承担行政复议、行政应诉等工作,拟定商标、原产地地理标志审查政策和授权确权判断标准,组织实施申请、受理、授权等工作。战略规划司拟定全国知识产权工作发展规划和商标、原产地地理标志等审查、注册、登记计划。知识产权保护司组织拟定商标侵权判断标准及保护执法的检验、鉴定和其他相关标准,承担商标评审行政裁决工作,承担原产地地理标志、特殊标志和奥林匹克标志、世界博览会标志等官方标志相关保护工作,承担指导地方知识产权争议处理、维权援助和纠纷调处工作。知识产权运用促进司承担指导和规范知识产权无形资产评估工作,承担商标专利质押登记和转让许可备案管理等有关工作。公共服务司承担商标信息的传播利用相关工作。

2018 年 11 月,原国家工商行政管理总局商标局、商标评审委、商标审查协作中心整合为国家知识产权局商标局。其主要职责为:承担商标审查注册、行政裁决等具体工作;参与商标法及其实施条例、规章、规范性文件的研究制定;参与规范商标注册行为;参与商标领域政策研究;参与商标信息化建设、商标信息研究分析和传播利用工作;承担对商标审查协作单位的业务指导工作;组织商标审查队伍的教育和培训;完成国家知识产权局交办的其他事项。

2.地方商标执法部门

地方商标执法部门主要指市场监督管理部门以及具有商标行政执法权的相关部门,此外还包括上海市浦东新区知识产权局、长沙市知识产权局等具有商标执法权的知识产权管理部门。其主要负责监督检查商标使用行为,确保商标使用符合法律法规的规定,开展市场巡查,对违反商标法使用商标的行为进行调查和处理,同时开展商标法律法规的宣传教育,指导企业正确使用和管理商标等。

3.海关

2018 年 3 月,国务院发布新修订的《中华人民共和国知识产权海关保护条例》,目的是实施知识产权海关保护,促进对外经济贸易和科技文化交往,维护公共利益。知识产权海关保护,是指海关对与进出口货物有关并受我国法律、行政法规保护的商标专用权、著作权和与著作权有关的权利、专利权实施的保护。海关有权在进出口环节对涉嫌侵犯商标权的商品进行监管和查处，防止假冒伪劣商品流入或流出市场。同时商标权利人可以向海关申请备案，一旦海关发现涉嫌侵犯备案商标权的商品试图进出口，可以采取扣留措施，可以为商标权利人提供必要的信息和协助，以便权利人采取进一步的行动，如提起诉讼。这是国际上通行的做法，旨在打击侵犯商标权的违法行为。

4.人民法院

我国设立了北京、上海、广州以及海南自贸区知识产权法院，除了上述四个知识产权法院，我国还在南京、苏州、武汉、成都、杭州、宁波、合肥、福州、济南、青岛、深圳、天津、郑州、长沙、西安、南昌、兰州、长春、乌鲁木齐、海口、厦门、景德镇、重庆、温州、无锡、徐州、沈阳等地设立了27个知识产权法庭。人民法院受理不服国家知识产权局作出的复审决定或者裁定的行政案件、不服国家知识产权局作出的有关商标的其他行政行为的案件、商标权权属纠纷案件、侵害商标权纠纷案件、确认不侵害商标权纠纷案件、商标权转让合同纠纷案件、商标使用许可合同纠纷案件、商标代理合同纠纷案件、申请诉前停止侵害注册商标专用权案件、申请停止侵害注册商标专用权损害责任案件、申请诉前财产保全案件、申请诉前证据保全案件以及其他类型的商标案件。

5.人民检察院、公安部门

商标刑事案件，由公安部门侦查，并由人民检察院审查起诉。市场监管及海关部门查处商标侵权假冒案件中发现构成犯罪的，应该移送公安部门办理。人民检察院还负责商标民事和行政案件的法律监督工作，根据需要，进行抗诉或提出检察建议。

6.港澳特区商标注册机关

香港知识产权署协助制定香港特区的知识产权法例和政策，提供商标、专利及外观设计的注册服务及负责与知识产权有关的教育及宣传工作。澳门特别行政区经济财政司经济局负责协助制定经济活动范畴、知识产权范畴以及其他法律规定属其范畴的经济政策；具体包括协助制定管理知识产权的政策，并执行有关工作，商标的注册事务由经济局知识产权厅负责。

六、商标国际注册

商标国际注册申请有以下三种途径：

1.单一国家注册

单一国家注册,是指直接向各个国家商标主管机关分别递交注册申请的注册方式,是商标国际保护常用的一种方式。由于世界各国对商标保护的法律与体制不同,其商标注册与保护的原则、程序、期限、有效期、使用要求以及费用等有较大差别。例如,美国等国家采用“使用在先”原则,即最先使用者优先获得商标权,而绝大多数国家则采用“申请在先”原则,即最先申请者优先获得商标权;各国注册所需的时间也差异较大,短的仅需半年左右,长的则需四至五年。

2.区域性组织注册

区域性组织注册,是指通过区域经济共同体组织内部进行市场协调,在其所有成员国统一申请注册。在该共同体内部获得商标注册后,商标将在所有成员国受到保护。这种方式适合在区域性组织范围内运营的企业,可以享受统一的商标保护。

3.马德里体系国际注册

马德里体系国际注册,是指通过马德里体系进行国际注册。马德里体系由世界知识产权组织(WIPO)管理,截至2024年,马德里联盟有115个成员,覆盖131个国家。其最大的特点就是只需要提交一份申请就可以在多个缔约国进行注册。这种方式适合希望在多个国家申请保护其商标的企业,可以简化注册流程,节省时间和费用。

第三节 商标法历史沿革

商标法是指调整商标注册、使用、管理和保护商标专用权而发生的各种法律关系的法律规范的总和。商标法是较早纳入国际保护体系的法律之一,而今已成为市场经济法律体系中重要的一环。

一、世界商标立法沿革

世界商标立法最早可追溯至19世纪初,商标法律制度的产生和发展经历了以下几个时期。

1.19世纪初:商标法律制度的初建期

商标作为一种私有财产得到法律保护,最早见于法国。1803年,法国制定《关于工厂、制造场和作坊的法律》，用刑法来规范商标的使用。该法第十六条将假冒商标视为私自伪造文件罪予以处罚。1804 年，法国颁布《拿破仑法典》，首次将商标权与其他财产权相提并论，并为之提供同等的法律保护。1803 年、1809 年，法国先后颁布了两部《备案商标保护法令》，这是世界上最早关于商标注册的法律，也是世界上第一部保护商标权的成文法。

2.19 世纪中叶：商标法律制度的发展期

1857 年，法国颁布《关于以使用原则和不审查原则为内容的制造标记和商标的法律》，这是世界上第一部具有现代意义的成文商标法。该法首次确立了主要以使用为产生商标权基础的商标法律制度，没有确定商标注册的法定地位。1862 年，英国颁布《商品标记法》，该法主要用于规制欺骗性标识，同样没有引入注册制度。直到 19 世纪 70 年代以后，逐步建立起商标注册制度（比如 1870 年美国的《美利坚合众国联邦商标条例》、1874 年德国的《商标保护法》、1875 年英国的《注册商标法》），对于已注册商标给予成文法的保护，而对于未注册的商标，英国仍旧靠禁止假冒商品来保护。

3.19 世纪末：商标立法的逐步完善期

现代商标法律制度以 1883 年缔结的《保护工业产权巴黎公约》（以下简称《巴黎公约》）为起点，把商标作为工业产权的保护对象纳入了多边的国际公约保护范围，这标志着商标制度开始进入现代阶段。之后又陆续签订了一些和商标有关的国际公约和协定，如 1891 年的《商标国际注册马德里协定》《制止商品产地虚假或欺骗性标记马德里协定》（两份文件后简称《马德里协定》），商标的保护日益呈现国际化趋势。同时，商标注册使用与不注册使用并行，进行商标注册才能取得商标的专用权。比如，1884 年日本颁布了本国第一部以注册原则为基本方针的《商标条例》，1894 年德国颁布了以审查原则为基础的《注册商标法》。

4.20 世纪上半叶：商标法律制度的带动影响期

这段时期商标立法以英国和美国最为典型。1938 年 4 月，英国制定了新的商标法，该法的制定使英国商标法律与欧共体其他国家相协调。该商标法使英国在这个领域的法律符合当时的商业实践需要，带动并影响了大多数英联邦国家的商标立法。1946 年 7 月，美国通过了《兰哈姆法》，该法整合了以往的司法实践，并正式引入服务商标的注册，在世界商标立法史上第一次以注册形式实现对服务商标的保护。

5.20 世纪下半叶:商标法律制度的修改调整期

这一阶段,商标保护的国际化趋势更加明显,围绕《巴黎公约》,一系列商标国际保护条约缔结,如 1957 年的《商标注册用商品和服务国际分类尼斯协定》(以下简称《尼斯协定》),1958 年的《保护原产地名称及其国际注册里斯本协定》,1973 年的《商标注册条约》《建立商标图形国际要素分类维也纳协定》,1994 年的《与贸易有关的知识产权协定》,1996 年开始施行的《欧洲共同体商标条例》等,标志着商标法律制度的发展进入一个新时期。其间,为适应世界经济的快速发展和对商标国际保护的要求,各国纷纷修改商标法,其中以法国、美国商标立法调整最为明显。1964 年,法国出台《关于以注册原则为内容的商标和服务标记的法律》,确立了商标权利仅由注册获得及审查原则。1988 年,美国通过《商标法修正法案》,允许根据“意图使用”申请商标注册,满足了现代企业先确权后使用的需求。1992 年,法国制定了世界第一部《知识产权法典》,商标法位列第二部分工业产权第七卷之下。1993 年,南美洲通过《卡塔赫那协定》,世界首次确立了驰名商标的认定标准。

6.21 世纪初:商标法律制度的国际协调期

随着 1994 年世界贸易组织的建立,商标法国际协调的进程进一步加快。《尼斯协定》得以通过,加入《马德里协定》的国家和地区数量大幅提升,《与贸易有关的知识产权协议》(《TRIPS 协议》)对商标百年发展的成果进行了总结,提出了新的保护标准和执法要求。1994 年签订的《商标法条约》,在简化商标注册程序方面迈出重要步伐。2006 年签署的《商标法新加坡条约》促进了加拿大、俄罗斯等国家和地区商标注册程序的优化。2015 年 10 月《跨太平洋经济伙伴关系协定》(TPP)的签署推动了日本修订国内商标制度。2015 年 12 月《欧盟商标条例》《协调成员国立法指令》的更新,为欧盟各成员国商标制度改革提供了依据,指明了方向,极大地推动了欧盟商标制度一体化,德国、法国、英国、西班牙、芬兰、丹麦、波兰等纷纷对国内的商标法进行了修改。2020 年签署的《区域全面经济伙伴关系协定》(RCEP)为商标的保护提供了平衡、包容的方案。

二、中国商标立法沿革

中国商标使用的历史可以追溯至先秦。北宋时期济南刘家针铺的“白兔商标”是我国目前发现的第一枚完全意义上的商标。中国正式使用“商标”一词，是在1840年鸦片战争后。而系统的商标立法则发生在清末民初。新中国成立以后，有了专门的商标立法。改革开放后，中国商标立法的进程逐步加快。自1982年制定第一部《商标法》开始，在四十余年的时间内，又经历了1993年、2001年、2013年、2019年四次修改。中国在修改完善国内商标法的同时，也在推动与国际商标立法接轨的进程。下面我们将做一详细介绍。

（一）清末民初的商标立法

1840年鸦片战争以后，随着我国开始沦为半殖民地半封建社会，西方国家商品纷纷涌入中国，为保护其商标专用权，纷纷要求清政府制定商标法。1902年、1903年，清政府先后与英国、美国分别签订《续议通商行船条约》，规定了建立牌号注册局，相互保护、防止假冒牌号等内容，中美双边条约中首次出现“商标”一词。1903年，清政府设立商部，欲成立商标登录局，并着手制定商标章程草案。

1904年，清政府颁布实施了中国历史上第一部商标法规《商标注册试办章程》。该章程规定中国实行注册原则和申请在先原则；注册商标的有效期为20年，期满可以续展。虽然章程中的保护商标专用权等内容，为中国后来的商标立法奠定了基础，但其局限性也是不言而喻的，立法的目的主要是保护外国人的利益。章程颁布以后，未建立“商标注录局”，仅在津、沪两地海关办理商标挂号，报商部备案，不进行审查注册。海关挂号制度实施达20年，挂号商标2.59万件，多为外国商标。

（二）中华民国时期的商标立法

1.1923年《商标法》颁布

1913年，北洋政府将工商部改为农商部，管理商标法规的制定、修改及企业商标备案工作。1923年5月，农商部商标局颁布了《商标法》《商标法施行细则》以及各项公文程式，结束了长达20年的“海关挂号”，其内容在中国第一部商标法规的基础上，增加了对侵权行为的处罚等内容。1923年9月，北洋政府农商部商标局编辑出版了第一本《商标公报》。1927年12月，国民政府在南京设立全国注册局，专业办理商标等注册事项。1928年12月，国民政府把全国注册局中分管商标注册的业务工作划出，成立隶属工商部的商标局。

2.1930 年《商标法》颁布

1930 年国民党政府颁布了《商标法》，并于 1935 年、1938 年做了两次修改，均借鉴了国外的商标法，例如 1932 年颁布的《商标法实施细则》中的商品分类表就是日本商标法商品分类表的翻版。1932—1934 年，商标注册 2.5 万件，其中外国人商标 1.7 万件，占 68%。到中华人民共和国成立前，我国注册商标约有 5 万件。

（三）中华人民共和国成立后的商标立法

1.改革开放前的商标立法

（1）1950 年《商标注册暂行条例》通过

为保护一般工商业商标的专用权，中华人民共和国成立以后，废除了民国时期的《商标法》，于 1950 年 8 月通过了新中国第一部商标法规——《商标注册暂行条例》及《商标注册暂行条例施行细则》，实行全国商标统一注册制度，在全国范围内保护商标专用权，凡未经注册的商标不受保护。商标注册采用自愿注册原则，实行申请在先和审查原则，注册商标有效期为 20 年。废除外国在中国的特权，规定国民党政府商标局核准注册的商标应重新注册，现行商标法的诸多规定脱胎于此。《商标注册暂行条例》及《商标注册暂行条例施行细则》的实施，维护了生产者和经营者的利益，保护了注册商标专用权人的权益，促进了我国国民经济的发展。

（2）1957 年《关于实行商标全面注册的意见》出台

1957 年 1 月，国务院发出《转发中央工商行政管理局〈关于实行商标全面注册的意见〉的通知》，决定实行商标全面注册。通知要求，凡能够使用商标的商品都要使用商标，凡商标都必须注册，未经注册的商标不得使用。在商标注册上也将原来商标先经审定然后刊登公告，4 个月内如无人提出异议始予注册并颁布《商标注册证》的程序，改为商标一经核准后即予注册、刊登公告并颁发《商标注册证》。

（3）1963 年《商标管理条例》公布

1963 年 3 月，国务院公布了《商标管理条例》。同年 4 月，国家工商行政管理局发布了《商标管理条例实施细则》。沿用了商标全面注册原则，简化了申请注册的审定程序，明确了商标是商品质量的标志，强调了商标的管理监督职能，同时对立法宗旨、主管机关、监督方式等方面做了具体规定。到“文化大革命”前，全国注册商标达 5.26 万件。“文化大革命”期间，商标法制遭到破坏，商标注册工作被迫停止，商标的管理、使用处于混乱状态。

2.改革开放初期的商标立法

(1)全国商标统一注册秩序恢复

1978年，国务院成立国家工商行政管理总局，下设商标局，恢复了商标的统一注册。1979年11月1日，开始办理全国商标的注册工作。随着改革开放方针政策的确立和国内国际经济形势的需要，同年5月，国家开始制定新的商标法。1979年，中国《刑法》通过，该法第一百二十七条首次规定了假冒注册商标罪。1980年，中国递交《建立世界知识产权组织公约》加入书，正式成为世界知识产权组织成员国。

(2)1982年《中华人民共和国商标法》颁布

为了加强商标管理，保护商标专用权，促使生产者保证商品质量和维护商标信誉，以保障消费者的利益，促进社会主义商品经济的发展，1982年8月，第五届全国人大常委会通过《中华人民共和国商标法》(以下简称《商标法》)并于1983年3月1日生效。这是中华人民共和国的第一部商标法，也是我国第一部知识产权单行法。1983年，国务院发布《中华人民共和国商标法实施细则》。该法共八章四十三条，以法律形式确立了保护商标专用权，确立了申请在先和使用在先相结合、自愿注册和强制注册相结合、行政保护与司法保护相结合等原则，是我国商标制度的重大改革。该法既立足国内，具有中国特色(比如由商标局主管全国商标注册和管理工作，各级工商行政管理部门通过商标管理，监督商品质量)，又借鉴吸收了国外商标立法经验(如商标的转让和许可制、注册商标的有效期和续展及商标禁用条款的规定等)。该法及其细则的制定与实施，使我国的商标活动有法可依，商标管理走向制度化和法律化，标志着我国知识产权保护制度的建立和逐步完善。

这一时期，中国的商标法律制度开始与国际接轨。1985年，中国正式加入《巴黎公约》;1988年11月，我国正式采用《尼斯协定》和《商标图形要素国际分类》;1989年10月，中国加入《商标国际注册马德里协定》，这是中国加入的第一个知识产权领域专门进行国际注册的条约。

3.市场经济初步建立时期的商标立法

(1)1993年《商标法》颁布

为了适应社会主义市场经济的发展和加入世贸组织的需要，1993年2月，第七届全国人大常委会通过《关于修改〈中华人民共和国商标法〉的决定》,这是《商标法》的第一次修改。该法条文仍保留了四十三条,但对商标注册、使用和保护等方面进行了一系列的调整和优化:扩大了商标保护的范围,增加了对服务商标的注册和保护;加大了对商标侵权行为的打击力度;增加了县级以上行政区划的地名或者公众知晓的外国地名不得作为商标注册的规定;增加了"伪造他人注册商标标识或者销售伪造注册商标标识,销售明知是假冒注册商标的商品"等行为的处罚规定;明确了注册不当商标的撤销规定,使《商标法》进一步适应经济发展的要求。

(2)中国加入尼斯联盟

1994 年 5 月 5 日,中国向世界知识产权组织总干事递交了《尼斯协定》加入书;同年 8 月 9 日,中国正式成为尼斯联盟成员国。1995 年,中国作为第四个国家加入《马德里议定书》。与此同时,为配合 1997 年和 1999 年香港、澳门回归祖国的需要,香港自 2000 年 4 月 4 日开始实施新的商标条例,澳门则在回归前 1999 年 12 月 13 日颁布了包括《商标法》在内的《工业产权法律制度》。

4.全面建立市场经济时期的商标立法

(1)2001 年《商标法》颁布

这一时期,随着改革的不断深化,经济发展和扩大开放都需要有更为完善的商标法律制度。2001 年 10 月 27 日,第九届全国人大常委会通过《关于修改〈中华人民共和国商标法〉的决定》。这是《商标法》的第二次修改,条文增加至 64 条。此次修改扩大了商标权的主体和客体,首次将集体商标、证明商标纳入《商标法》;商标构成要素增添了新内容,准予注册立体商标;增加了对驰名商标保护的内容,明确了认定驰名商标时应考虑的因素;商标确权程序中增加了司法审查,加大了工商行政管理部门查处商标侵权行为的手段,增加了诉前申请财产保全、证据保全等救济措施。2001 年《商标法》的修改,不仅对国内商标法律制度的完善产生了积极影响,也对世界商标法律制度的发展提供了借鉴和参考。同年 12 月 11 日,中国正式加入世界贸易组织,《TRIPS 协议》对中国生效。

(2)配套法律制度的实施

为配合 2001 年《商标法》施行,2002 年 1 月 9 日和 10 月 12 日,最高人民法院先后发布了《关于审理商标案件有关管辖和法律适用问题的解释》(已修改)、《商标民事纠纷司法解释》(已修改)。2002 年 8 月 3 日,国务院发布了《商标法实施条例》(已修改)。2002 年 9 月 17 日,国家工商行政管理总局发布了《商标评审规则》(已修改)。2008—2010 年,最高人民法院先后出台了《权利冲突司法解释》(已修改)、《驰名商标司法解释》和《商标授权确权意见》。

5.中国特色社会主义市场经济深化和扩展时期的商标立法

(1)2013 年《商标法》颁布

为有效解决中国商标注册和保护中存在的实际问题,积极应对经济发展和国际化程度不断提高的新形势,2013 年 8 月 30 日,第十二届全国人大常委会通过了《关于修改〈中华人民共和国商标法〉的决定》,这是《商标法》的第三次修改。此次修改,扩大了申请注册商标的标志范围,明确“声音”可以申请注册商标;完善了注册商标显著性的规定,区分了本身缺乏显著特征的注册商标和因使用不当而丧失显著特征的注册商标两种不同情形的处理方法;增加了关于商标审查时限的规定,对申请注册的商标,商标局应当自收到商标注册申请文件之日起 9 个月内审查完毕,延长了商标续展时间,由 6 个月改为 12 个月;完善了商标注册异议制度,限定了提出异议的主体和理由,同时也简化了商标异议的程序。

(2)2019 年《商标法》颁布

2019 年 4 月 23 日,第十三届全国人大常委会通过了《关于修改〈中华人民共和国商标法〉的决定》,这是《商标法》的第四次修改。本次修改的要点主要有三点:一是对不以使用为目的的恶意注册治理机制和措施进行明确,《商标法》第四条规定,“不以使用为目的的恶意商标注册申请,应当予以驳回”;二是加强商标权的保护,提高了侵权赔偿标准,惩罚性赔偿倍率由原来的 1—3 倍提高到 1—5 倍,并且将法定赔偿额度由原来的 300 万提高到 500 万;三是强化了商标代理机构的责任机制,《商标法》第十九条规定:“商标代理机构知道或者应当知道委托人申请注册的商标属于本法第四条、第十五条和第三十二条规定情形的,不得接受其委托。”

(3)2023 年《〈商标法〉修改草案》公布

根据国家知识产权局 2023 年 1 月公布的第五次《商标法》的征求意见稿,《商标法》将由 2019 版的八章七十三条扩充为十章一百零一条。修改的内容主要考虑顺应时代发展要求,服务经济社会高质量发展;维护社会公平正义,营造公平竞争的市场秩序;完善商标授权确权程序,固化“放管服”改革成果；强化商标使用义务，引导商标注册回归制度本源；加强商标专用权保护，打击商标侵权行为；加强商标监督管理，规制商标违法行为等。

(4)配套法律制度的制定和实施

2019年，国家市场监督管理总局出台《规范商标申请注册行为若干规定》。2020年，《民法典》吸纳《民法总则》中有关商标、地理标志的原则规定，并制定了知识产权惩罚性赔偿制度；国家知识产权局出台《商标侵权判定标准》《商标注册档案管理办法》。同年，中美签署《中美经贸协议》(第一阶段)，中欧签订《地理标志保护与合作协定》，中国加入《区域全面经济伙伴关系协定》(RCEP)。2020—2021年，最高人民法院出台审理商标授权确权行政案件、审理涉及驰名商标保护民事纠纷案件、审理商标民事纠纷案件等司法解释。2021年，国家知识产权局出台《商标一般违法判断标准》《商标审查审理指南》。2022年，国家市场监管总局发布《商标代理监督管理规定》。2024年，国家知识产权局、国家市场监管总局联合印发《商标侵权案件违法经营额计算办法》。

三、商标立法基本原则

1.注册原则和使用原则

世界各国商标法确认商标专用权所采用的基本原则有两种：一是注册原则；二是使用原则。注册原则，是指商标专用权通过注册取得。不管该商标是否使用，只要符合商标法的规定，经商标主管机关核准注册之后，申请人即取得该商标的专用权，受到法律的保护。中国、法国是采用注册为主取得商标权模式的典型国家。使用原则是指商标通过使用即可产生权利。根据这一原则，最先使用者可以获得商标专用权，美国是采用商标权使用取得制度的国家，以商标的实际使用或意图使用作为获得注册的前提条件。在美国，由商标注册获得的基本是程序中的权利，作为财产权的商标权只能来自商标的使用，英国和德国则兼顾使用取得与注册取得，两国的立法与司法经验表明，重视两种路径才更可能是兼顾公平与效率的选择。

2.保护合法在先权利原则

申请在先原则是由注册原则派生出来的重要程序性原则，指以申请日期为依据，受理在先申请人的商标注册申请，驳回在后申请人的申请。我国《商标法》采用申请在先为主、使用在先为辅的原则来确定商标权。《商标法》第三十一条规定:“两个或者两个以上的申请人,在同一种商品或者类似的商品上,以相同或者近似的商标申请注册的,初步审定并公告申请在先的商标;同一天申请的,初步审定并公告使用在先的商标,驳回其他人的申请,不予公告。”美国《商标法》遵循使用在先原则,即在商标正式核准注册前,官方会给出一定期限,要求申请人在特定产品或服务上进行使用,并提供相应使用证据,由此可反对他人对相同或近似商标的混淆使用。

3.自愿注册原则

自愿注册原则是指商标使用人根据需要和意愿,自行决定是否申请商标注册,为目前世界上绝大多数国家实行的原则。在自愿注册原则下,如果企业选择不注册商标,就意味着它不打算享受商标注册所带来的利益,就应当承受因不注册而产生的一切风险,如商标被抢注。我国实行的是以自愿注册为主、以强制注册为补充,二者相结合的原则,对某些涉及国计民生或人身健康的少数特殊商品,要求必须使用注册商标。我国《商标法》第六条规定:“法律、行政法规规定必须使用注册商标的商品,必须申请商标注册,未经核准注册的,不得在市场销售。”目前我国规定强制性注册的商标只针对烟草制品(包括卷烟、雪茄烟和有包装的烟丝),使用未注册商标的烟草制品禁止生产和销售。虽然商标注册是自愿的,但对企业来说,注册商标有其重要性和必要性。注册商标可以保护企业的知识产权,防止他人未经许可擅自使用相似的商标;有助于提高企业的知名度和美誉度,吸引更多的消费者选择企业的产品或服务;可以为企业带来一定的经济利益,在商标有效期内,企业可以独家使用该商标,并可以通过许可、转让等方式获得经济收益;同时,在商标纠纷中,拥有注册商标的企业往往能获得更有利的法律保护。

4.注册审查原则

审查原则是指商标主管机关在授予商标专用权之前,对商标注册申请既进行形式审查,又进行实质审查,经审查符合注册条件的,方准予注册。中国、美国都采取审查原则,但又有区别。中国先形式审查,再实质审查,形式审查主要检查申请材料的格式和完整性,实质审查则涉及商标的合法性、显著性等,整个审查周期一般为3—4个月,复审请求期限为30日。美国的形式审查和实质审查则实行一站式审查,审查周期一般为3—6个月,若发现存在驳回理由的,美国专利商标局会发出审查意见通知书,申请人必须在答复期内(60 天至 6 个月)进行答复,否则将被视为放弃申请。法国、尼日利亚的商标申请主要采用形式审查制度,即主要检查申请文件的完整性和格式是否符合要求,而不进行深入的商标实质内容审查。形式审查制度有助于商业活动的灵活性和鼓励创新,与此同时也会带来商标纠纷风险。

5.诚实信用原则

诚实信用原则作为整个民法领域的一项基本原则在《商标法》中发挥着重要的作用,这体现在商标权的确立、管理与保护等各项实践活动中。我国《商标法》第七条明确规定:“申请和使用商标,应当遵循诚实信用原则。”《商标法》第三十二条关于“不得损害他人现有的在先权利和以不正当手段抢先注册他人已经使用并有一定影响的商标”的规定,第六十八条关于“商标代理机构违反诚实信用原则”的规定等均体现了这一原则。综观世界各国的商标立法,同样遵循诚实信用的基本原则。例如美国《商标法》规定,凡以任何虚假手段取得商标注册的,负有损害赔偿责任;英国《商标法》规定,故意侵犯他人商标权者,最高可判处 10 年监禁;德国《商标法》规定,以营业方式侵犯他人商标权的,处 5 年以下监禁或处罚金。诚实守信的基本原则,既保证了公平竞争的良好市场秩序,也保证了商标制度的良性运转。

6.集中注册、分级管理的原则

除了上述原则,中国商标法律制度还有自己的特色。集中注册、分级管理就是我国商标法律制度的突出特点之一。《商标法》第二条规定:“国务院工商行政管理部门商标局主管全国商标注册和管理的工作。”目前全国的商标注册工作统一由国家知识产权局商标局负责,上海、广州、重庆、济南、郑州等五个商标审查协作中心和知识产权检索咨询中心接受商标局委托,开展商标审查辅助工作,其他任何机构无权办理商标注册,明确了集中注册的原则。结合 2023 年机构改革实际,参照《中华人民共和国商标法修订草案(征求意见稿)》第三条规定,目前国务院知识产权行政部门负责全国商标注册、管理和商标品牌工作,并负责处理商标争议事宜。县级以上知识产权管理部门负责本区域内的商标管理工作。实行分级管理,有利于把商标管理工作与当地的实际情况紧密地结合起来,使商标行政管理工作经常化、制度化。

7.商标行政确权与司法终局原则

这是我国商标法律制度的又一个突出特点。根据《商标法》规定,商标局负责集中统一注册商标，通过受理商标注册申请、审查、公告、异议、核准注册等一系列程序决定是否核准商标注册。商标评审委员会负责处理商标争议事宜，当事人不服商标局有关商标权事宜的裁决的，可以向商标评审委员会申请复审，商标评审委员会应当在法定期限内作出复审决定，当事人对商标评审委员会作出的关于涉及注册商标专用权的决定、裁定不服的，可以自收到通知之日起 30 日内向人民法院起诉，人民法院应该通知相关程序的当事人、对方当事人作为第三人参加诉讼。并行保护的原则为当事人解决商标纠纷提供了便利，有利于商标专用权的保护，体现了我国商标法律制度的日臻完善。

前沿思考

随着经济的发展和市场竞争的加剧，目前的商标类型除了文字、图形等传统商标，也出现了各种新型商标，气味商标就是其中之一。所谓“气味商标”就是指以某种特殊气味作为区别商品和服务来源的标志。目前世界上许多国家包括美国、英国等可以申请注册气味商标，成功案例如1990年美国的鸡蛋花香味的绣花线、1994年英国的苦啤酒味的飞镖羽毛等商标。

综观全球各国，气味商标数量总体较少，其原因是气味商标申请和审查均有一定的难度。比如欧盟要求气味商标必须能以图文形式呈现，英国要求气味商标必须以图文表示。从审查要点上来说，气味商标须具有显著性，同时要求气味商标在申请审查过程中申请材料和气味样本具有精准的可视性、可描述性。

气味商标等非传统商标是可注册的标志类型，不应在商标授权相关法律规范的适用上被歧视对待。无论是应对商标标志类型逐步扩展的实际，还是对接国际规则所需，中国应加强对包括气味商标在内的非传统商标注册及审查机制的研究探索，我们也希望，随着科技的进步，通过不断丰富样本载体，来推进气味商标等非传统商标的注册。

第二章　商标注册申请

第一节　商标注册申请的主体

一、普通商标的申请人

《商标法》第四条规定："自然人、法人或者其他组织在生产经营活动中，对其商品或者服务需要取得商标专用权的，应当向商标局申请商标注册。不以使用为目的的恶意商标注册申请，应当予以驳回。"《商标法》规定商标注册申请的主体包括自然人、法人、其他组织以及外国人或者外国企业。

1.自然人

自然人是指具有民事权利能力和民事行为能力的个人，包括中国人、外国人和无国籍人。中国自然人申请商标注册受到限制，仅能以以下身份提起：

(1)个体工商户。

(2)农村承包经营户。

(3)个人合伙经营者。

(4)其他依法获准从事经营活动的自然人。

(5)外国自然人(港澳台自然人参照办理)。

2.法人

《中华人民共和国民法典》第五十七条规定，法人是具有民事权利能力和民事行为能力，依法独立享有民事权利和承担民事义务的组织。申请注册商标的法人组织主要包括企业法人、事业单位法人、社会团体法人等。包含中国法人和外国法人(港澳台法人参照办理)。

3.其他组织

其他组织是指合法成立,有一定的组织机构和财产,但又不具备法人资格的组织。例如:经民政部门核准登记领取社会团体登记证的社会团体;依法登记领取营业执照的合伙企业;依法登记领取我国营业执照的中外合作经营企业、外资企业;依法成立的社会团体的分支机构、代表机构;依法设立并领取营业执照的法人的分支机构;依法设立并领取营业执照的商业银行、政策性银行和非银行金融机构的分支机构;依法登记领取营业执照的乡镇企业、街道企业;其他符合本条规定条件的组织等。

注意:根据《中共中央办公厅、国务院办公厅关于党政机关兴办经济实体和党政机关干部从事经营活动问题的通知》(中办发〔1992〕5 号)的规定,党政机关不得经商、办企业,因此不能从事经营活动,不能作为商标注册申请人提出商标注册申请。

《商标法》第十七条规定,外国人或者外国企业在中国申请商标注册的,应当按其所属国和中华人民共和国签订的协议或者共同参加的国际条约办理,或者按对等原则办理。《商标法实施条例》第五条第四款规定,外国人或者外国企业,是指在中国设有经常居所或营业场所的外国人或者外国企业。外国人或者外国企业在中国申请商标注册和办理其他商标事宜的,应当委托依法设立的商标代理机构办理,但在中国有经常居所或者营业场所的外国人或外国企业除外。

二、集体商标、证明商标和地理标志的申请人

1.集体商标申请人

集体商标,是指以团体、协会或者其他组织名义注册,供该组织成员在商事活动中使用,以表明使用者在该组织中的成员资格的标志。集体商标不是个别企业的商标,而是多个企业或个人组成的某一组织成员共同拥有和使用的商标。

申请集体商标的商标注册申请人的主体资格为经依法登记的,具有法人资格的企业或事业单位,应为某一组织,可以是工商业团体、协会或者其他集体组织,而不是某个单一企业或个体经营者。

2.证明商标申请人

证明商标，是指由对某种商品或者服务具有监督能力的组织所控制，而由该组织以外的单位或者个人使用于其商品或者服务，用以证明该商品或者服务的原产地、原料、制造方法、质量或者其他特定品质的标志。

申请证明商标的主体为对某种商品或者服务的特定品质具有检测和监督能力的组织。

3.地理标志申请人

地理标志，是指标示某商品来源于某地区，该商品的特定质量、信誉或者其他特征主要由该地区的自然因素或者人文因素所决定的标志。《集体商标、证明商标注册和管理办法》第八条规定，作为集体商标、证明商标申请注册的地理标志，可以是该地理标志标示地区的名称，也可以是能够标示某种商品来源于该地区的其他可视性标志。

申请以地理标志作为集体商标注册的团体、协会或其他组织，其成员应当来自该地理标志标示的地区范围内。

申请以地理标志作为证明商标、集体商标注册的，应当附送管辖该地理标志所标示地区的县级以上人民政府或者主管部门的批准文件及其他规定内容。

三、共同申请人

《商标法》第五条规定："两个以上的自然人、法人或者其他组织可以共同向商标局申请注册同一商标，共同享有和行使该商标专用权。"《商标法实施条例》第十六条规定，共同申请注册同一商标或者办理其他共有商标事宜的，应当在申请书中指定一个代表人；没有指定代表人的，以申请书中顺序排列的第一人为代表人。共同申请人中可以全部是国内申请人或全部为国外申请人，也可以既有国内申请人也有国外申请人；可以全部是自然人或全部为企业或其他组织，也可以既有自然人也有企业或其他组织。这类商标即共有商标，共有商标的申请人即共同申请人，也被称为"共有人"。申请主体可以是两个以上的自然人或其他组织，但共有的商标权是一个商标权，而不是数个商标权。

第二节　商标的构成要素

我国《商标法》第八条规定，任何能够将自然人、法人或者其他组织的商品与他人的商品区别开的标志，包括文字、图形、字母、数字、三维标志、颜色组合和声音等，以及上述要素的组合，均可以作为商标申请注册。

一、文字商标

文字商标，是指纯粹使用文字、数字所构成的商标，是最常见的商标表现形式，采用的文字包括汉字、汉语拼音字母、少数民族文字和外国文字等。文字商标中的文字字体既可以是印刷体，也可以是书写体或美术体等（如图2-2-1所示）。由于文字是商标中的显著部分，更为直观，其文字、字形、字音、字义、书写方式等起着主要的认读作用，表达意思明确，易于区别判断，便于保护。

鸿元阁　碧珍

图2-2-1　文字商标

二、图形商标

图形商标，是指以图形构成的商标（如图2-2-2所示）。早期的图形商标大多为花鸟鱼虫、飞禽走兽、名山大川、人物头像等，比文字商标的历史更为久远。其特点是直观艺术性强，同时不受语言的限制。需要特别指出的是人物肖像图形商标。申请商标含有人物图形若为真人肖像，如自然人将自己的肖像作为商标进行注册申请，应当予以说明。如申请人将他人肖像作为商标图样进行注册申请，除予以说明，还需附送肖像人的授权书并经公证；肖像人已死亡的，应附送申请人有权处置该肖像的公证书，公证书应当包括肖像人的肖像。

图 2-2-2　图形商标

三、三维标志商标

三维标志商标，通常也称为立体商标，指由三维标志或含有其他标志的三维标志构成的商标，可以是商品本身的形状、商品的包装物或以其他三维为标志（如图 2-2-3 所示）。以三维标志申请注册商标的，仅由商品自身的性质产生的形状、为获得技术效果而需有的商品形状或者使商品具有实质性价值的形状，不得注册；同时规定，以三维标志申请商标注册的，应当在申请书中予以声明，说明商标的使用方式，并提交能够确定三维形状的图样，提交的商标图样应当至少包含三面视图。

图 2-2-3　三维标志商标

三维标志包含文字的，文字部分应标识在三维形状视图中的正确位置，不可独立于视图之外。

四、颜色组合商标

颜色组合商标是指由两种或两种以上颜色色块构成的商标(如图 2-2-4 所示),不得为单一颜色,其构成要素为颜色。以颜色组合申请商标注册的,该商标图样应当是表示颜色组合方式的色块,或是表示颜色使用位置的图形轮廓。该图形轮廓不是商标构成要素,必须以虚线表示,不得以实线表示。

图 2-2-4　颜色组合商标

五、声音商标

声音商标是非传统商标的一种,同样要求具有显著性,便于识别。根据《商标法实施条例》的规定,以声音标志申请商标注册的,应当在申请书中予以声明,提交符合要求的声音样本,对申请注册的声音商标进行描述,说明商标的使用方式。对声音商标进行描述,应当以五线谱或者简谱对申请用作商标的声音加以描述并附加文字说明(如图 2-2-5 所示);无法以五线谱或者简谱描述的,应当以文字加以描述;商标描述与声音样本应当一致。

商标说明:声音由引子、主题和尾声三段构成:引子由铜管演奏,分解的大三和弦旋律庄严而神圣;中段为弦乐演奏的主题;结尾由三个音构成。

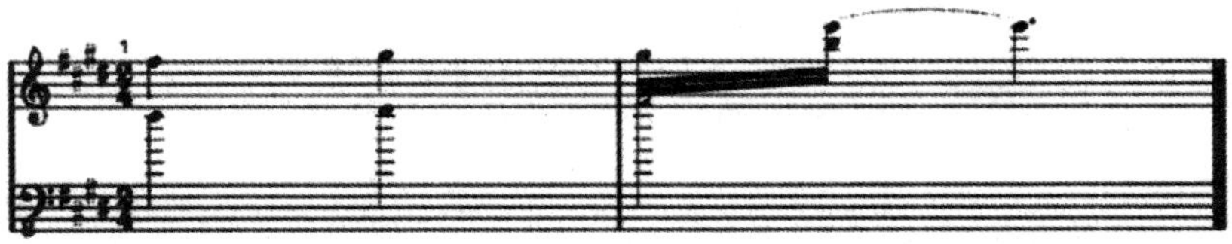

商标说明：本声音商标是爱奇艺出品视频的片头曲，全长 5 秒，共 2 小节，四分之二拍慢板节奏，E 大调。整段声音商标前奏部分为下滑音、顺波音和上滑音三个合成的物体弹性声音；两个小节为整段声音商标主题部分，曲调为 E 大调，旋律为 F 到 G 各一拍，最后一个小节由十六分音符 G 回到一级音程 BE 上，该声音商标结束。

图 2-2-5　声音商标

第三节　商品和服务分类

一、分类标准

商标注册用商品和服务分类表，是指为了方便商标注册申请，由国家商标注册机关按照商品的功能用途、材料原料、生产工艺、销售场所以及服务的性质、对象、方式、目的等标准，将商品或者服务分为若干类，并按照一定的顺序排列组成分类表。商标注册申请人应当按规定的商品分类表填报使用商标的商品类别和商品名称。指定使用在商品上的商标为商品商标，指定使用在服务上的商标为服务商标。商标注册用商品和服务分类表，由商标注册部门制定并公布。

中国作为尼斯联盟成员国，采用《商标注册用商品和服务国际分类》（即“尼斯分类”）。商标注册部门将尼斯分类的商品和服务项目划分类似群，并结合实际情况增加我国常用商品和服务项目名称，制定《类似商品和服务区分表》。

《类似商品和服务区分表》中某一类别的标题原则上指出了归入该类的商品和服务范围；注释援引了尼斯分类的注释，为正确确定商品和服务类别提供了思路；各类包括的类似群组名称是对该群组下面的商品或服务项目的简单概括和提领。

认定商品或服务是否类似，应以相关公众对商品或服务的一般认识综合判断，不能以《类似商品和服务区分表》机械地判断类似关系。同时，《类似商品和服务区分表》不能穷尽所有的类似商品和服务项目，所列举的项目具有示范作用,体现的是分类体系和规则。

二、同一种或者类似商品或者服务的判断

按照《商标法》第三十条及第三十一条的规定,在同一种或者类似商品或者服务上已经存在在先申请或者已注册商标的,在后相同或者近似的商标不能获准注册。因此,对于具体商品或者服务之间是否构成类似关系对商标申请注册及保护具有重要意义。

"同一种商品或者服务",一般指名称相同的商品或者服务,也存在名称不相同但实质相同,相关公众一般认为属于同一事物的商品或者同一方式的服务。

"类似商品",是指功能、用途、所用原料、销售渠道、消费对象等方面具有一定的共同性,如果使用相同的、近似的商标,易使相关公众认为其存在特定联系,使消费者误认为是同一企业生产的商品。

"类似服务",是指在服务的目的、内容、方式、对象等方面具有一定的共同性,如果使用相同的、近似的商标,易使相关公众认为其存在特定联系,使消费者误认为是同一企业提供的服务。

"商品或服务类似群组",是商标主管部门为了商标检索、审查、管理工作的需要,总结多年的实践工作经验,并广泛征求各部门意见,把某些存在特定联系、容易造成误认的商品和服务组合到一起,编制而成。

大多数情况下,《类似商品和服务区分表》中同一个类似群内的商品或者服务之间构成类似,不同类似群的商品或者服务之间原则上不构成类似。如类似群"2111 隔热用具"中的商品,与类似群"2112 家务用具"中的商品,不构成类似商品。

在一些特定的情况下,同一个类似群内的商品或者服务项目之间并不全部构成类似,区分表按照类似关系将此类商品或者服务项目进一步分为若干部分,同一部分内的商品或者服务之间原则上构成类似,不同部分间的商品或者服务项目的类似关系需结合相关类似群后的"注"部分进行具体判断。如类似群"1703 橡胶;树脂;纤维制品"中将商品分为四个部分,并在随后的"注"中指明各部分之间商品不类似,且第四部分各商品之间互不类似。

对于某些特定的类似群或者单独的商品或者服务项目,可能存在与其他类似群或者其他类似群中相关商品或者服务构成交叉检索或者类似的情

况，此类情形也需结合相关类似群后的“注”部分进行具体判断。如类似群“0907 通信导航设备”后的“注”表明，该类似群中的“电话机”商品与类似群0903 中的“电传真设备、传真机”构成类似商品。

对于《类似商品和服务区分表》中未涵盖的商品或者服务的类似关系判断，应基于相关公众的一般认知力，并综合考虑具体商品的功能、用途、主要原料、生产部门、消费对象、销售渠道等因素，或者服务的目的、内容、方式、对象、场所等因素进行综合判断。

在商标注册审查和驳回复审案件审理中，原则上以《类似商品和服务区分表》为判断依据，在商标异议、不予注册复审、无效宣告案件审查审理中涉及商品或者服务类似判定的，参照《类似商品和服务区分表》，并结合《商标审查审理指南》相关原则进行个案判定。

在个案审查审理中，可以结合实际情况，对不在《类似商品和服务区分表》范围内，但仍有一定类似关系的商品或者服务，在混淆可能性判断中进行处理。

三、部分行业商品和服务分类情况

申请人选择商品类别时，要注意有很多商品项目虽然从市场的角度来看是同一领域商品，但是《类似商品和服务区分表》中则是根据其不同的材料或功能而将其划分在不同的类别上。《类似商品和服务区分表》中每个类别有相应的标题、注释、类似群、具体商品或者服务项目。类别标题指出了归入本类的商品或者服务项目的大致范围（如：《类似商品和服务区分表》第41 类标题为“教育；提供培训；娱乐；文体活动”）；“注”部分对本类主要包括及不包括哪些商品或者服务项目作了说明（如：《类似商品和服务区分表》第32 类“注”部分指出该类主要包括不含酒精的饮料及啤酒，且列明了尤其包括及尤其不包括的具体商品项目）；类似群对相关群的商品或者服务进行了归纳（如：类似群“0613 金属容器”）；类似群中列明了具体商品或者服务项目（如：手风琴 150001）；部分类似群下以“注”的形式，对未处于同一类似群但构成类似商品或者服务的交叉检索等相关特殊情况进行了详细说明（如：类似群 1207“注”部分指明该类似群与 1211 类似群类似）。

《类似商品和服务区分表》中列明的商品或者服务不一定是完全的并列关系，某些商品或者服务之间可能存在包含或者交叉关系，申请人在使用时可根据实际经营和使用需要合理选择。申请人根据行业不同选择类别时，可参照表 2-3-1。

表 2-3-1 部分行业商品和服务分类

<table>
<tr><th>行业</th><th>类别类型</th><th>类别及项目</th></tr>
<tr><td rowspan="7">互联网</td><td rowspan="7">关联类别</td><td>第 09 类:应用软件</td></tr>
<tr><td>第 35 类:在线商店</td></tr>
<tr><td>第 38 类:提供在线论坛</td></tr>
<tr><td>第 39 类:GPS 导航服务</td></tr>
<tr><td>第 41 类:提供在线音乐及录像等</td></tr>
<tr><td>第 42 类:互联网搜索引擎</td></tr>
<tr><td>第 45 类:在线社交服务</td></tr>
<tr><td rowspan="6">电子</td><td>核心类别</td><td>第 09 类:电脑、手机、电视机等</td></tr>
<tr><td rowspan="5">关联类别</td><td>第 35 类:组织(商业、广告、展览)交易会等</td></tr>
<tr><td>第 37 类:电子产品的维修服务</td></tr>
<tr><td>第 40 类:电子产品加工服务</td></tr>
<tr><td>第 41 类:在线电子服务下载、在线电子游戏等</td></tr>
<tr><td>第 42 类:计算机软件服务相关</td></tr>
<tr><td rowspan="12">服饰</td><td rowspan="2">核心类别</td><td>第 25 类:服装</td></tr>
<tr><td>第 18 类:皮具、皮包</td></tr>
<tr><td rowspan="10">关联类别</td><td>第 14 类:首饰</td></tr>
<tr><td>第 09 类:太阳镜</td></tr>
<tr><td>第 23 类:丝、线等生产资料</td></tr>
<tr><td>第 24 类:床上用品、纺织工艺品等</td></tr>
<tr><td>第 26 类:服装花边、配料等</td></tr>
<tr><td>第 35 类:销售服务</td></tr>
<tr><td>第 37 类:服装修补、翻新、清洗服务</td></tr>
<tr><td>第 40 类:服装加工</td></tr>
<tr><td>第 42 类:服装设计</td></tr>
<tr><td>第 45 类:服装出租</td></tr>
</table>

续表

行业	类别类型	类别及项目
化妆	核心类别	第 03 类:化妆品、洗衣、洗发等
	关联类别	第 21 类:化妆用具
		第 42 类:化妆品研究
		第 44 类:美容院、整形
首饰	核心类别	第 14 类:珠宝、手表、首饰等
	关联类别	第 37 类:珠宝首饰修理
食品	关联类别	第 29 类:腌腊制品、鱼制食品、干果、豆腐制品、食用油等
		第 30 类:调味品、糕点、方便食品等
		第 31 类:新鲜水果、蔬菜、活动物等
		第 32 类:饮料、果汁、矿泉水、啤酒等
		第 33 类:白酒、红酒、葡萄酒等含酒精饮品等
		第 39 类:物流、配送、仓储等
		第 40 类:食品加工、饮料加工等
		第 44 类:营养与饮食指导、保健等
餐饮	核心类别	第 43 类:餐饮、餐馆、酒店、住宿等
	关联类别	第 08 类:餐具(刀、叉和匙)等
		第 21 类:餐具(刀、叉、匙除外)等
		第 35 类:饭店商业管理
		第 40 类:食品加工、剥制加工等
		第 44 类:营养与饮食指导、保健等
文创	核心类别	第 16 类:印刷品、文具
		第 28 类:玩具
	关联类别	第 3 类:化妆品
		第 20 类:竹子、木头、骨头工艺品
		第 21 类:玻璃、瓷、陶工艺品

续表

行业	类别类型	类别及项目
家居	核心类别	第 20 类:家具、沙发、枕、垫、橱柜、非金属家具部件、玻璃镜子等
	关联类别	第 19 类:地板、木材
		第 24 类:床上用品、床单、被罩、毛巾被、毯子、窗帘、纺织品壁挂塑料家具罩、纺织品制家具罩、家具遮盖物、家具用织物等
		第 37 类:家具修复、家具保养、家具制造(修理)等
家居	关联类别	第 40 类:家具生产加工服务、层压板加工、木器制作、木材加工服务
电器	核心类别	第 09 类:电视机、音响、摄像机等
	关联类别	第 11 类:照明设备、电冰箱、空调、电暖器、热水壶、油烟机、空气净化器等
		第 37 类:电器设备的安装与修理
房产	核心类别	第 36 类:商品房销售、不动产中介
		第 37 类:房产建筑、室内装修
	关联类别	第 40 类:材料处理加工服务、空气调节服务
		第 45 类:物业管理
汽车	核心类别	第 12 类:汽车
	关联类别	第 06 类:汽车车轮锁
		第 11 类:车灯
		第 37 类:汽车保养和修理、汽车清洗
		第 39 类:汽车运输、汽车出租
旅游	核心类别	第 39 类:旅游观光、旅行安排、旅行社、商品包装、物流运输等
	关联类别	第 41 类:假日野营娱乐服务、文娱、体育活动的服务、导游服务
		第 43 类:餐厅、酒店、茶馆、住宿
		第 44 类:疗养院、桑拿服务、庭园设计

续表

行业	类别类型	类别及项目
文娱	核心类别	第 41 类:教育、电视文娱节目、电影、娱乐等
	关联类别	第 09 类:软件程序
		第 16 类:图书期刊报纸等
		第 35 类:电视广告
		第 38 类:电视播放
		第 45 类:在线社交网络服务
医疗	核心类别	第 05 类:药品
		第 44 类:医疗服务
	关联类别	第 10 类:医疗器械
		第 30 类:保健食品
		第 35 类:药品、医疗用品零售或批发服务
商贸	核心类别	第 35 类:销售服务、在线商场
	关联类别	第 39 类:物流运输
金融	核心类别	第 36 类:保险、金融事务、货币事务
	关联类别	第 35 类:会计
机械	核心类别	第 07 类:各型机械
		第 06 类:机械金属零部件
		第 08 类:手工用具和器械
		第 09 类:电子机械产品、机械用精密仪器
		第 12 类:车辆器械和设备、陆海空器械和设备
	关联类别	第 28 类:运动、体育器械
		第 35 类:机械设备的展览展示、代理销售、广告宣传等
		第 37 类:各型机械设备的安装与维修
		第 39 类:仓储运输
		第 40 类:机械加工
		第 42 类:机械研发、材料测试、电子器械软件安装等

续表

行业	类别类型	类别及项目
化工	核心类别	第 01 类:化工产品等
	关联类别	第 02 类:防锈剂、天然树脂等
		第 03 类:研磨材料等
		第 04 类:工业用润滑剂、除尘制剂等
		第 05 类:医用化学试剂、农业用杀菌制剂、空气净化制剂、消毒剂等
		第 07 类:各种化学工业用设备等
		第 17 类:各种橡胶、塑料管绝缘材料,纤维材料等
		第 40 类:化学试剂加工和处理等
		第 42 类:化学分析、研究,工程设计、分析
肥料	核心类别	第 1 类:肥料、化肥
	关联类别	第 5 类:杀虫剂、除莠剂、农药
能源	核心类别	第 04 类:工业用油及油脂、燃料、电源、核能源
	关联类别	第 01 类:化工原料等
		第 11 类:燃料处理设备等
		第 40 类:能源及可再生绿色能源的生产、燃料加工、废物处理服务
建材	关联类别	第 02 类:涂料、油漆及附料、防锈剂和木材防腐剂等
		第 03 类:抛光制剂、抛光用硅藻石、建筑用砂布等
		第 06 类:金属建筑物、金属建筑构件等金属建材
		第 07 类:建筑机械、装卸设备等
		第 17 类:保温、隔热、隔音材料,绝缘制品等橡胶材料
		第 19 类:非金属的建筑材料、建筑用非金属硬管、可移动的非金属建筑物、大理石、石头、混凝土、柏油、沥青
		第 37 类:建筑、建筑物装饰、施工、修理等
		第 40 类:建材加工等

四、不同环节的相关注意事项

在商标申请注册、使用及权利维护等不同环节，经营主体应积极了解商品和服务分类本意并正确运用。

在提出商标申请注册时，首先应结合自身实际需求，基于《类似商品和服务区分表》合理选择指定的商品或者服务项目，既要避免因对分类标准及作用等的不理解，大量提出无实际使用意图的商标注册申请，也要避免因对具体商品或者服务项目的误解而导致的相关商标注册申请。

如以生产相关服装为主营业务的企业，可结合自身需要在第 25 类选择相关商品进行申请注册，而没有必要在与经营范围无关的，如类似群“0713 缝纫、制鞋工业用机械”“3501 广告”“3901 运输及运输前的包装服务”等商品或者服务上提交商标注册申请。

类似群“3503 为他人推销”指的为帮助他人提升其商品或者服务在市场上的销量或者需求，提供具体建议、策划、咨询等服务。普通从事零售或者以批发方式直接向消费者出售自己的商品或者服务的经营主体，不需要在此类申请注册商标。

在初步确定了指定的商品或者服务项目后，申请人应当进行充分的事先检索，具体应在与指定商品或者服务项目同一种或者类似商品或者服务项目上，就相同或者近似标志进行检索，以避免商标申请因存在在先商标而被驳回。如经营主体欲在“皮革保养、清洁和修补”服务上提出商标注册申请，通过查询《类似商品和服务区分表》，确定该商品属于类似群“3716 衣服、皮革的修补、保护、洗涤服务”中的商品，同时，该类似群后“注”部分表明，该服务还与类似群“4010 中皮革修整，鞣革”等商品类似，因此，检索时需要同时对上述两个类似群进行检索。

在应对撤销连续三年不使用商标申请过程中，经营主体可以基于《类似商品和服务区分表》判断商标实际使用业务是否满足在“核定商品”上使用的要求。原则上，实际使用的商品服务项目应当与核准注册的商品服务保持一致。

在商标权维护过程中，经营主体可以基于《类似商品和服务区分表》对类似商品和服务的划分情况，对相关商标在相同或者类似商品服务上进行监测，并可结合商标自身知名度、显著性等情况，对部分商标适当地扩大监控范围。

在借助商标异议、无效宣告、撤销、诉讼等手段维护自身权利或者权益时，也需基于《类似商品和服务区分表》对类似商品服务的划分情况，确定合理的主张范围。

第四节　商标注册申请流程

一、法律依据

《商标法》第四条规定，自然人、法人或者其他组织在生产经营活动中，对其商品或者服务需要取得商标专用权的，应当向国家知识产权局商标局申请商标注册。

二、注册流程

依据《商标法》第二十八条规定，商标局应当自收到商标注册申请文件之日起 9 个月内对申请注册商标审查完毕。一件商标从提交申请到取得商标注册证需要经过如下流程：提出申请—形式审查—实质审查—初步审定并公告—公告期满 3 个月—注册公告并发放电子商标注册证。商标注册流程图详见附录二。

在商标注册申请流程中，商标在每一个环节都可能会遇到一些问题，从而影响商标的审查进度，以下是几种常遇到的情况。

1.补正通知

在提交申请后，商标局收文后会对申请材料进行书面形式审查，对于申请材料符合《商标法》及《商标法实施条例》有关规定的注册申请，形式审查合格；对于不符合《商标法》及《商标法实施条例》有关规定的注册申请，则需要根据不同情形发放补正通知书。申请人应自收到通知之日起 30 日内，按照指定内容补正并交回商标局。在规定期限内补正并交回的，保留申请日期；期满未补正的或者不按照要求进行补正的，商标局不予受理。因此，在提交商标注册申请材料时，一定要确保材料符合相关要求，避免补正及不予受理的情形，影响商标的申请进度。

2.商标异议

根据《商标法》第三十三条规定，对于初步审定的商标，自公告之日起三个月内，在先权利人、利害关系人认为违反《商标法》第十三条第二款和第三款、第十五条、第十六条第一款、第三十条、第三十一条、第三十二条规定的，或者任何人违反《商标法》第十条、第十一条、第十二条规定的，可以向商标局提出异议。如果申请的商标在异议期内被提异议的，商标流程会进入异议程序，从而影响该商标取得商标专用权。

3.同日申请

同日申请是指同一天在相同或类似商品服务上提交的相同或者近似商标，即使是在同一天的不同时间提交的申请，也视为同日申请。同日申请商标进入实质审查阶段后，商标局会发送《商标注册同日申请补送使用证据通知书》，通知申请人提供商标在先使用证据。如果双方在收到通知后30日内未提供使用证据或者证据被认定无效，商标局会通知双方协商；若协商不成，到期后商标局会统一安排抽签，抽签决定商标在先权利归属，再进行实质审查。因此，建议申请人在设计好商标后及时申请注册，避免同日申请的情况，从而提高商标注册成功的概率。

综上所述，从商标注册申请的提交到最终发放商标注册证，商标会经过多个流程，在不同的流程中会遇到不同的问题，相关通知商标局会通过申请人预留的邮箱发送，建议申请人密切关注，及时进行回复。

三、商标申请材料

1.普通商标申请材料

申请普通商标注册，应提交如下材料:《商标注册申请书》，居民身份证明、法人资格证明或其他组织的身份证明文件。申请人为内地(大陆)自然人的，还需提供证明其从事生产经营活动的主体资格证明文件(如个体工商户营业执照、农村土地承包经营合同等)。

2.集体商标申请材料

集体商标彰显的是共性特征，申请注册主体应为集体组织。单一企业、个体经营者或者集团公司不能作为集体商标申请人。应提交如下材料:

(1)《商标注册申请书》。

(2)集体商标申请人主体资格证明文件及复印件，或者加盖申请人印章的有效复印件。

(3)集体商标使用管理规则。

(4)集体成员名单。

(5)委托商标代理机构办理注册申请的,须提交商标代理委托书。

3.证明商标申请材料

申请证明商标,应提交如下材料:

(1)《商标注册申请书》。

(2)证明商标申请人主体资格证明文件及复印件,或者加盖申请人印章的有效复印件,并应当详细说明其所具有的或者其委托机构具有的专业技术人员、专业检测设备等情况,以表明其具有监督该证明商标所证明的特定商品品质的能力。

(3)证明商标使用管理规则。

(4)委托商标代理机构办理注册申请的,须提交商标代理委托书。

四、商标申请办理途径

国内的申请人办理商标注册事宜,可自行办理,也可以委托依法设立的商标代理机构办理。其中自行办理的有两种途径:一是网上办理,申请人通过登录中国商标网(https://sbj.cnipa.gov.cn)申请网上用户进行商标注册申请;二是现场办理,申请人可以前往商标受理大厅、驻中关村国家自主创新示范区办事处、商标审查协作中心及地方商标业务受理窗口办理商标申请事务。

我国香港特别行政区、澳门特别行政区和台湾地区申请人在内地(大陆)没有经常居所或营业场所的,在申请商标注册时,应当委托依法设立的商标代理机构办理。

外国人或者外国企业在中国没有经常居所或营业场所的,在申请商标注册时,应当委托依法设立的商标代理机构办理。

下面我们将重点介绍一下网上办理。

1.网上申请用户注册

通过中国商标网注册商标,首先应注册网上账户。网上申请用户注册具体分为注册用户、安装证书助手、签发证书三个步骤。

(1)注册用户。登录中国商标网,点击“商标网上申请”,选择“网上申请用户登录”,按附件所述流程指引提交用户注册申请后等待商标局审核结果。若审核通过,商标局将发送用户注册成功通知至注册时填写的邮箱。

(2)安装证书助手。提交用户注册申请后,收到用户注册成功通知的,可在邮件中,或进入“商标网上服务系统”首页,右下侧点击“数字证书驱动下载”,下载并安装“证书助手”。

(3)签发软证书激活账户。收到商标局发送的用户注册成功通知,且已安装证书助手的,通过用户名和申请人名称登录。

2.网上提交商标注册申请

已在中国商标网成功注册“网上申请用户”的申请人,可通过网上申请系统在线提交商标注册申请,填写信息时应注意以下事项:

(1)申请人名称。申请人应当填写身份证明文件上的名称。申请人是自然人的,应当填写所附身份证件中的姓名,并在姓名后注明证明文件号码。个体工商户允许以登记的字号作为申请人名义提出商标注册申请。

(2)申请人地址。申请人应当按照身份证明文件中的地址填写。身份证明文件中的地址未冠有省、市、县等行政区划的,申请人应当增加相应行政区划名称。申请人为自然人的,可以填写通信地址。

(3)申请人章戳(签字)。通过商标网上服务系统提交申请的,国内申请人应当在复印件上加盖公章或签字,将已加盖公章或签字的复印件经彩色扫描后上传。所盖印章或者签字应当完整、清晰。申请人为法人或其他组织的,加盖申请人的公章。所盖章戳应与所附身份证明文件中的名称一致。申请人为自然人的,应由申请人本人用签字笔或钢笔签字。

(4)商标申请声明。申请注册集体商标、证明商标的,以三维标志、颜色组合、声音标志申请商标注册的,应当按照申请内容进行勾选,并上传相关文件。

(5)商标说明。申请人应当根据实际情况填写。商标名称应与商标图样一致。商标含有中文的,填写中文规范写法。商标含有英文的,填写英文规范写法、英文的中文含义。商标含有其他外文的,填写外文的中文含义。

以三维标志、声音标志申请商标注册的,应当说明商标使用方式。以颜色组合申请商标注册的,应当提交文字说明,注明色标,并说明商标使用方式。

将他人肖像作为商标图样进行注册申请的,应当予以说明,并勾选“以肖像作为商标申请注册”，上传肖像权人的授权声明书，授权声明书应包括作为商标图样申请的肖像人肖像。自然人将自己的肖像作为商标图样进行注册申请的，应当予以说明，不须附送授权声明书。若商标图样中的人物图形并非真实的人物肖像，只是创作画或电脑制作的虚构的人物形象，应当在商标说明栏中予以说明。

注意：填写商标说明时只能使用简体中文、英文或阿拉伯数字，不得使用其他任何文字或字符。

(6)优先权信息。有优先权的需要按要求提交相关证明文件，若申请人不能立即上传，可以选择优先权证明文件后补。

(7)商品信息。可以通过输入关键字、商品编码或通过查询类别来查询商品的信息，选择该商标的指定商品或服务项目。

(8)商标图样。商标图样文件格式应为JPG格式，图形应清晰，图样文件大小应小于200KB，且图形像素介于“400×400”到“1500×1500”之间。

以三维标志申请商标注册的，应当提交能够确定三维形状的图样，提交的商标图样应当至少包含三面视图，应能够真实、清晰地反映出该三维形状各面的内容(包括图案和文字)。

以颜色组合申请商标注册的，应当提交着色图样。商标图样应当是表示颜色组合方式的色块，或是表示颜色使用位置的图形轮廓。该图形轮廓不是商标构成要素，必须以虚线表示，不得以实线表示。

以声音标志申请商标注册的，应按要求上传图样。应当以五线谱或者简谱对申请用作商标的声音加以描述并附加文字说明；无法以五线谱或者简谱描述的，应当使用文字进行描述，商标描述与声音样本应当一致。

3.收费标准

申请按类别收费，一个类别受理商标注册费为300元(限定本类10个商品。10个以上商品，每超过1个商品，加收30元)，电子申请为270元(限定本类10个商品。10个以上商品，每超过1个商品，加收27元)。

申请集体商标、证明商标的，受理商标注册费1500元，电子申请为1350元。

第五节 其他商标业务申请

一、注册商标续展申请

(一)法律依据

《商标法》第四十条规定,注册商标有效期满,需要继续使用的,商标注册人应当在期满前12个月内按照规定办理续展手续;在此期间未能办理的,可以给予6个月的宽展期。每次续展注册的有效期为10年,自该商标上一届有效期满次日起计算。期满未办理续展手续的,注销其注册商标。

《商标法实施条例》第三十三条规定,注册商标需要续展注册的,应当向商标局提交商标续展注册申请书。商标局核准商标注册续展申请的,发给相应证明并予以公告。

(二)受理条件

1.商标

申请续展的商标应为已注册商标,且为有效状态。对于一标多类的注册商标,续展时可以续展其中部分类别。

2.申请人

续展申请应由商标注册人办理,且申请人名称、地址应与商标档案保持一致。如果注册人的名义、地址发生变更应在及时办理变更手续后进行续展申请。

3.申请日期

商标注册人应当在期满前12个月内按照规定办理续展手续;在此期间未能办理的,可以给予6个月的宽展期。但是在宽展期办理的会产生额外的费用。

4.申请材料

《商标续展注册申请书》、经盖章或者签字确认的居民身份证明、法人资格证明或其他组织的身份证明文件(如企业的营业执照副本,自然人的身份证、港澳居民居住证、台湾居民居住证、护照等)复印件。

委托商标代理机构办理的,提交商标代理委托书。申请文件为外文的,应当附送中文译本，中文译本须经申请人或代理机构或者翻译机构签章确认。

（三）办理途径

1.网上提交

通过中国商标网网上服务系统线上提交申请，网上用户注册可参照本章第四节内容。

2.现场办理

申请人可以前往商标受理大厅、商标审查协作中心及地方商标业务受理窗口办理。

3.委托商标代理机构办理

申请人可以自愿选择任何一家在国家知识产权局商标局备案的商标代理机构办理。所有在国家知识产权局商标局备案的商标代理机构都公布在中国商标网“商标代理”栏目中。

（四）收费标准

纸质申请500元/类，网上申请450元/类。有效期满后在6个月宽展期内提出续展注册申请的，还需缴纳延迟费，纸质申请为250元/类，网上申请为225元/类。

（五）审查结论

1.补正

如果提交的申请文件中申请人名义、地址等与商标档案不一致，商标局将发送补正通知书，申请人应当在30日之内补正回文，期满未回文的，商标局将不予受理。

2.核准续展

如果续展申请符合规定，商标局将核准续展注册，并予以公告，发送续展证明，与商标注册证明配合使用。

3.不予核准

经商标局审查，如果申请人并非商标注册人且无其他利害关系的，商标为无效状态的或超过宽展期的，商标局将不予核准。

二、注册商标转让/移转申请

(一)法律依据

《商标法》第四十二条规定,转让注册商标的,转让人和受让人应当签订转让协议,并共同向商标局提出申请。受让人应当保证使用该注册商标的商品质量。转让注册商标的,商标注册人对其在同一种商品上注册的近似的商标,或者在类似商品上注册的相同或者近似的商标,应当一并转让。对容易导致混淆或者有其他不良影响的转让,商标局不予核准,书面通知申请人并说明理由。转让注册商标经核准后,予以公告。受让人自公告之日起享有商标专用权。

《商标法实施条例》第三十二条规定,注册商标专用权因转让以外的继承等其他事由发生移转的,接受该注册商标专用权的当事人应当凭有关证明文件或者法律文书到商标局办理注册商标专用权移转手续。

(二)受理条件

1.商标应符合的条件

商标转让申请可针对已注册的有效商标或者有效的商标注册申请提出。

为防止因多枚相同或者近似商标由于转让而分属不同经营主体,进而导致相关公众对商品或者服务的来源产生混淆、误认,商标转让人对其商标进行转让时,应当对其名下与转让商标构成在同一种或者类似商品上注册的相同或者近似的商标进行一并转让。

对于转让人领土延伸至中国受保护的相同或者近似的马德里国际注册商标,应当一并转让;对于转让人名下已作出商标注册实质审查结论(含已初步审定、处于驳回复审或者异议程序中的商标)的相同或者近似商标注册申请,应当参照注册商标一并转让;对于转让人名下正在申请中的相同或者近似商标,可以一并转让。

2.申请人应符合的条件

商标转让当事人应当具备相应的民事主体资格、民事权利能力及行为能力。转让人应为商标的注册人,且应与商标档案记录的注册人相关情况一致。注册人存在已在相关登记机关变更名称的,商标转让申请将在变更名义申请获准后再进行审查。受让人应满足《商标法》第四条对商标注册申请主体资格的相关要求。

3.所需的申请材料

商标转让/移转需要以下材料:《转让/移转申请/注册商标申请书》、经盖章或者签字确认的转受让双方居民身份证明、法人资格证明或其他组织的身份证明文件(如企业的营业执照副本,自然人的身份证、港澳居民居住证、台湾居民居住证、护照等)复印件。受让人为内地(大陆)自然人的,还需提供证明其从事生产经营活动的主体资格证明文件(如个体工商户营业执照、农村土地承包经营合同等)。

委托商标代理机构办理的,提交转让人和受让人双方出具的代理委托书。申请文件为外文的,应当附送中文译本,中文译本须经申请人或代理机构或者翻译机构签章确认。

商标注册人已经死亡或终止的,由继受商标的当事人一方办理移转申请。办理时,无须提交商标注册人的身份证明文件及其出具的代理委托书,但接受商标的当事人应当依法提交有关证明文件或者法律文书,证明有权利继受相应的商标权。

(三)办理途径

1.网上提交

通过中国商标网网上服务系统线上提交申请,网上用户注册可参照本章第四节内容。

2.现场办理

申请人可以前往商标受理大厅、商标审查协作中心及地方商标业务受理窗口办理。

3.委托商标代理机构办理

申请人可以自愿选择任何一家在国家知识产权局商标局备案的商标代理机构办理。

(四)收费标准

申请按类别收费,一个类别受理转让注册商标费为500元,电子申请为450元。

(五)审查结论

1.补正

如果提交的申请文件中申请人名义、地址等与商标档案不一致的,或在同一种或者类似商品上注册的相同或者近似的商标未一并转让的,或其他经审查发现的问题需要进一步说明和补充材料的,商标局将发送补正通知书,申请人应当在30日之内补正回文,期满未回文的,商标局将不予受理。

2.核准转让

如果转让申请符合规定,商标局将核准转让,并予以公告,发送转让证明,与商标注册证明配合使用。

3.不予核准

经商标局审查,如果申请人并非商标注册人且无其他利害关系的、商标为无效状态、容易导致混淆或者有其他不良影响的转让,商标局将不予核准。

(六)特殊情形

1.共有商标

申请转让共有商标的,转让申请应经全体共有人一致确认同意,代表人应当在申请书首页转让人章戳处加盖印章,其他共有人名称应当在申请文件附页中列明,并加盖印章,此外还应提交符合相关要求的所有共有人从事经营活动的主体资格证明文件。

申请将商标转让给多人共有的,受让人代表人应当在申请书受让人章戳处加盖印章,其他共有人名称应当在申请文件附页中列明,并加盖印章。

2.集体商标

申请转让集体商标的受让人应具备申请注册集体商标相应的主体资格,同时,申请人除《转让/移转申请/注册商标申请书》外,还需提交以下材料:

(1)加盖转让人公章的转让人身份证明文件复印件。

(2)加盖受让人公章的受让人主体资格证明文件复印件。

(3)加盖受让人公章的转让后的集体商标使用管理规则。

(4)转让后的集体成员名单。

(5)商标转让合同。

3.证明商标

申请转让证明商标的受让人应具备申请注册证明商标相应的主体资格,同时,申请人除《转让/移转申请/注册商标申请书》外,还需提交以下材料:

(1)加盖转让人公章的转让人主体资格证明文件复印件。

(2)加盖受让人公章的受让人主体资格证明文件复印件。

(3)加盖受让人公章的转让后的证明商标使用管理规则。

(4)受让人监督检测能力证明。

(5)商标转让合同。

三、商标申请人或注册人名义、地址变更申请

(一)法律依据

《商标法》第四十一条规定,注册商标需要变更注册人的名义、地址或者其他注册事项的,应当提出变更申请。

《商标法实施条例》第三十条规定,变更商标注册人名义、地址或者其他注册事项的,应当向商标局提交变更申请书。变更商标注册人名义的,还应当提交有关登记机关出具的变更证明文件。商标局核准的,发给商标注册人相应证明,并予以公告;商标局不予核准的,应当书面通知申请人并说明理由。

变更商标注册人名义或者地址的,商标注册人应当将其全部注册商标一并变更;未一并变更的,由商标局通知其限期改正;期满未改正的,视为放弃变更申请,商标局应当书面通知申请人。

(二)受理条件

1.商标

申请变更的商标包括有效注册商标和在申请中的商标。同时,已经注册的商标应当一并变更。

2.申请人

申请名义、地址变更的,申请人应为商标注册人、申请人。

3.申请材料

申请变更需以下资料:《变更商标申请人/注册人名称/地址/联系地址/

变更集体商标/证明商标管理规则/集体成员名单申请书》或《变更商标代理人文件接收人申请书》、经盖章或者签字确认的居民身份证明、法人资格证明或其他组织的身份证明文件(如企业的营业执照副本、自然人的身份证、港澳居民居住证、台湾居民居住证、护照等)复印件。变更注册人名称的提交登记机关出具的变更证明文件。

委托商标代理机构办理的,提交商标代理委托书。申请文件为外文的,应当附送中文译本,中文译本须经申请人或代理机构或者翻译机构签章确认。

(三)办理途径

1.网上提交

通过中国商标网网上服务系统线上提交申请,网上用户注册可参照本章第四节内容。

2.现场办理

申请人可以前往商标受理大厅、商标审查协作中心及地方商标业务受理窗口办理。

3.委托商标代理机构办理

申请人可以自愿选择任何一家在国家知识产权局商标局备案的商标代理机构办理。

(四)收费标准

申请按类别收费,每个类别收费 150 元,电子申请免费。

(五)审查结论

1.补正

如果注册人未对其全部商标一并变更的,或登记机关出具的变更证明文件所述事项与申请变更事项不一致的,商标局将发送补正通知书,申请人应当在 30 日之内补正回文,期满未回文的,商标局将不予受理。

2.核准变更

如果变更申请符合规定,商标局将核准变更,并予以公告,发送变更证明,与商标注册证明配合使用。

3.不予核准

经商标局审查,如果申请人并非商标注册人、商标为无效状态的或超过宽展期的，商标局将不予核准。

四、注册商标专用权质押登记申请

（一）法律依据

《商标法实施条例》第七十条规定，以注册商标专用权出质的，出质人与质权人应当签订书面质权合同，并共同向商标局提出质权登记申请，由商标局公告。

（二）受理条件

1.商标

出质商标应当符合以下条件：

(1)出质注册商标在注册有效期内，未被注销、撤销，未被人民法院查封。

(2)相同近似的商标必须一并出质。

(3)出质商标注册号、担保债权数额和质权登记期限应以质押合同为依据，出质商标注册号、担保数额应与合同规定一致。质押登记期限可以比照主合同合理延长。质押登记期限起始日期不得早于申请日期。

2.申请人

质押登记申请应由质权人和出质人共同办理。

3.申请材料

申请商标质押需要以下资料：申请人签字或者盖章的《商标专用权质权登记申请书》；出质人、质权人办理商标专用权质权登记有关业务的承诺书；主合同和注册商标专用权质权合同原件或经双方盖章确认的复印件；委托商标代理机构办理的，应当提交商标代理委托书。

主合同一般为借款合同、担保合同、授信合同或者其他能证明和此次质权登记有关的合同依据。合同内容应包括借款双方或者多方名称、借款或者授信期限、金额等。相关合同条款无明显违反法律规定内容。质押合同可以是单独的合同，也可以是主合同中的质押条款。合同一般要求提供原件。原件不足的，可提供加盖合同双方当事人印章的复印件，或提供经公证的与原件一致的复印件。

质押合同内容应包括：

(1)出质人和质权人的名称(姓名)及地址(住址)。

(2)被担保债权的种类和数额。

(3)债务人履行债务的期限。

(4)出质商标(商标注册号、名称、类别、专用期等,或提交加盖双方章戳的质押物清单作为合同附件)。

(5)担保的范围。

(6)质押财产交付的时间。

(7)不能包含流质的规定。

(三)办理途径

质押登记申请应以纸质申请方式提交,可以前往商标局商标注册大厅、部分商标业务受理窗口、各商标审查协作中心办理。

(四)审查结论

1.补正

商标质押登记申请不符合有关规定的,商标注册部门应当通知申请人,申请人应当在30日之内补正。申请人逾期不补正或者补正不符合要求的,视为其放弃该质权登记申请,商标注册部门应书面通知申请人。

2.登记发证

根据《注册商标专用权质押登记程序规定》,申请登记书件齐备、符合规定的,予以受理,受理日期即为登记日期。自登记之日起两个工作日内向双方当事人发放《商标专用权质权登记证》。

《商标专用权质权登记证》载明下列内容:出质人和质权人的名称(姓名)、出质商标注册号、被担保的债权数额、质权登记期限、质权登记日期。

3.不予登记

经商标局审查,如果出质人名称与商标档案所记载的名称不一致,且不能提供相关证明证实其为注册商标权利人的,注册商标专用权已经被撤销、被注销或者有效期满未续展的,注册商标专用权已被人民法院查封、冻结的,其他不符合出质条件的,商标局将不予登记。

前沿思考

随着经济社会的发展，我国经营主体和创新主体的知识产权保护意识越来越强，2024年我国商标申请量达678万余件。在商标注册意识增强的同时，很多经营主体和创新主体对商标申请知识缺乏深入了解。下面选取几个常见问题，进行深入分析，以帮助广大经营主体和创新主体更好地进行商标注册和保护。

一、自行办理与委托商标代理机构办理两种途径的区别

自行办理与委托商标代理机构办理两种途径在商标注册申请审查方面并无差别。只是发生联系的方式、提交的书件、文件递交和送达方式稍有不同。

1.在发生联系的方式方面，自行办理的，在办理过程中申请人与国家知识产权局商标局直接发生联系；委托商标代理机构办理的，在办理过程中申请人通过商标代理机构与商标局发生联系，而不直接与商标局发生联系。

2.在提交的书件方面，自行办理的，申请人应按规定提交相关书件；委托商标代理机构办理的，申请人还应提交委托商标代理机构办理商标注册事宜的授权委托书。

3.在文件递交方式方面，申请人自行办理的，由申请人或经办人直接将申请文件递交到国家知识产权局商标局商标注册大厅（也可到商标局在京外设立的商标审查协作中心，或者商标局委托地方市场监管部门或知识产权部门设立的商标业务受理窗口办理），申请人也可以通过网上申请系统提交；委托商标代理机构办理的，代理机构可以将申请文件直接递交、邮寄递交或通过快递企业递交国家知识产权局，也可以通过网上申请系统提交。

4.在文件送达方式方面，申请人自行办理的，商标局的各种文件是送达当事人；委托商标代理机构办理的，文件送达商标代理机构。

二、注册商标续展申请与重新注册申请的区别

注册商标续展申请是商标有效期满需要继续使用而提出的申请，商标注册申请是为了取得商标专用权而提出的申请，两者都需要按照相关规定向商标局提交申请，其主要区别体现在以下几个方面：

1.审查内容不同。注册商标续展申请是为了延续商标的使用期限，其审查内容较为简单，只需审查商标状态是否符合续展要求、申请人的身份证明文件是否与商标档案一致等。而商标注册申请，除了需经过形式审查外，还需要根据《商标法》和《商标法实施条例》进行实质审查。

2.审查周期不同。注册商标续展申请因其审查程序较为简单，一般情况下，商标局在收到申请材料之日起平均1个月时间完成首次审查。而重新提交注册申请，审查程序较为复杂，即使现在压缩商标审查周期，商标注册平均审查周期也在4个月，一般情形商标注册周期也在7个月。

3.费用不同。受理商标续展注册费用高于受理商标注册费用。受理商标续展注册费为一个商标一个类别500元，电子申请450元，而重新注册商标需要缴纳受理商标注册费，一个类别受理商标注册费为300元，电子申请为270元。

4.通过率不同。重新申请商标注册的，存在他人较早或者同日提出相同或者近似商标申请注册的风险，故重新申请商标有注册不成功的风险。而商标续展申请，只要申请材料符合要求，通过率很高。

三、公司简易注销后如何办理商标移转

公司办理简易注销的，因领取营业执照后未开展经营活动也无债权债务关系，所以简易注销不要求企业提供清算报告等文件，有权处分商标的是投资人，需继受商标的当事人依法提交有关证明文件或者法律文书，证明有权利继受相应的商标权。具体包括：简易注销证明、全体投资人承诺书及身份证明文件、全体投资人签字的同意转让书面文件、受让方的营业执照及公司公章等。

同时，办理商标移转业务应注意以下事项：

1.由继受商标的当事人一方办理移转申请。《商标法实施条例》第三十二条第一款规定，注册商标专用权因转让以外的继承等其他事由发生移转

的，接受该注册商标专用权的当事人应当凭有关证明文件或者法律文书到商标局办理注册商标专用权移转手续。

2.相同或近似商标应当一并移转。《商标法实施条例》第三十二条第一款规定，注册商标专用权移转的，注册商标专用权人在同一种或者类似商品上注册的相同或者近似的商标，应当一并移转；未一并移转的，由商标局通知其限期改正；期满未改正的，视为放弃该移转注册商标的申请，商标局应当书面通知申请人。

3.不能用已注销的营业执照和公章办理业务。《民法典》第五十九条规定，法人的民事权利能力和民事行为能力，从法人成立时产生，到法人终止时消灭。因此，公司办理注销后，将不再具有法人资格，即便提交了营业执照和公章，也不产生法律效力。

第三章　商标形式审查

第一节　商标形式审查的概念、法律依据及基本流程

一、商标形式审查的概念

商标形式审查是商标局对商标注册申请的形式要件合法性进行审查的行为，是接受商标申请之后，受理商标申请之前的一个必要程序。

商标形式审查的主要任务是：

1.审查申请人提交的申请文件是否符合《商标法》及《商标法实施条例》的规定，申请手续是否齐备，申请人是否具备申请资格。

2.审查申请人缴纳有关费用的金额和期限是否符合《商标法》及《商标法实施条例》的规定。未在规定期限内足额缴纳费用的，不予受理并书面通知申请人。

3.审查异议、评审、续展等相关申请是否在法定期限内提交。未在法定期限内提交的，不予受理并书面通知申请人。

二、商标形式审查的法律依据

（一）《商标法》相关条款

《商标法》第四条规定，自然人、法人或者其他组织在生产经营活动中，对其商品或者服务需要取得商标专用权的，应当向商标局申请商标注册。不以使用为目的的恶意商标注册申请，应当予以驳回。本法有关商品商标

的规定，适用于服务商标。

《商标法》第五条规定，两个以上的自然人、法人或者其他组织可以共同向商标局申请注册同一商标，共同享有和行使该商标专用权。

《商标法》第八条规定，任何能够将自然人、法人或者其他组织的商品与他人的商品区别开的标志，包括文字、图形、字母、数字、三维标志、颜色组合和声音等，以及上述要素的组合，均可以作为商标申请注册。

《商标法》第十八条规定，申请商标注册或者办理其他商标事宜，可以自行办理，也可以委托依法设立的商标代理机构办理。

外国人或者外国企业在中国申请商标注册和办理其他商标事宜的，应当委托依法设立的商标代理机构办理。

《商标法》第十九条规定，商标代理机构应当遵循诚实信用原则，遵守法律、行政法规，按照被代理人的委托办理商标注册申请或者其他商标事宜；对在代理过程中知悉的被代理人的商业秘密，负有保密义务。

委托人申请注册的商标可能存在本法规定不得注册情形的，商标代理机构应当明确告知委托人。

商标代理机构知道或者应当知道委托人申请注册的商标属于本法第四条、第十五条和第三十二条规定情形的，不得接受其委托。

商标代理机构除对其所代理服务申请商标注册外，不得申请注册其他商标。

《商标法》第二十二条规定，商标注册申请人应当按规定的商品分类表填报使用商标的商品类别和商品名称，提出注册申请。

商标注册申请人可以通过一份申请就多个类别的商品申请注册同一商标。商标注册申请等有关文件，可以以书面方式或者数据电文方式提出。

《商标法》第二十五条规定，商标注册申请人自其商标在外国第一次提出商标注册申请之日起 6 个月内，又在中国就相同商品以同一商标提出商标注册申请的，依照该外国同中国签订的协议或者共同参加的国际条约，或者按照相互承认优先权的原则，可以享有优先权。

依照前款要求优先权的，应当在提出商标注册申请的时候提出书面声明，并且在 3 个月内提交第一次提出的商标注册申请文件的副本；未提出书面声明或者逾期未提交商标注册申请文件副本的，视为未要求优先权。

《商标法》第二十六条规定，商标在中国政府主办的或者承认的国际展览会展出的商品上首次使用的，自该商品展出之日起 6 个月内，该商标的注册申请人可以享有优先权。

《商标法》第二十七条规定，为申请商标注册所申报的事项和所提供的材料应当真实、准确、完整。

《商标法》第七十二条规定，申请商标注册和办理其他商标事宜的，应当缴纳费用，具体收费标准另定。

（二）《商标法实施条例》相关条款

《商标法实施条例》第四条规定，《商标法》第十六条规定的地理标志，可以依照《商标法》和本《条例》的规定，作为证明商标或者集体商标申请注册。

以地理标志作为证明商标注册的，其商品符合使用该地理标志条件的自然人、法人或者其他组织可以要求使用该证明商标，控制该证明商标的组织应当允许。以地理标志作为集体商标注册的，其商品符合使用该地理标志条件的自然人、法人或者其他组织，可以要求参加以该地理标志作为集体商标注册的团体、协会或者其他组织，该团体、协会或者其他组织应当依据章程接纳其为会员；不要求参加以该地理标志作为集体商标注册的团体、协会或者其他组织的，也可以正当使用该地理标志，该团体、协会或者其他组织无权禁止。

《商标法实施条例》第五条规定，当事人委托商标代理机构申请商标注册或者办理其他商标事宜，应当提交代理委托书。代理委托书应当载明代理内容及权限。外国人或者外国企业的代理委托书还应当载明委托人的国籍。

外国人或者外国企业的代理委托书及与其有关的证明文件的公证、认证手续，按照对等原则办理。

申请商标注册或者转让商标，商标注册申请人或者商标转让受让人为外国人或者外国企业的，应当在申请书中指定中国境内接收人负责接收商标局、商标评审委员会后继商标业务的法律文件。商标局、商标评审委员会后继商标业务的法律文件向中国境内接收人送达。

《商标法》第十八条所称外国人或者外国企业，是指在中国没有经常居所或者营业所的外国人或者外国企业。

《商标法实施条例》第六条规定，申请商标注册或者办理其他商标事宜，应当使用中文。

依照《商标法》和本《条例》规定提交的各种证件、证明文件和证据材料是外文的，应当附送中文译文；未附送的，视为未提交该证件、证明文件或者证据材料。

《商标法实施条例》第九条规定，除本《条例》第十八条规定的情形外，对于当事人向商标局或者商标评审委员会提交文件或者材料的日期，有以下规定：直接递交的，以递交日为准；邮寄的，以寄出的邮戳日为准；邮戳日不清晰或者没有邮戳的，以商标局或者商标评审委员会实际收到日为准，但是当事人能够提出实际邮戳日证据的除外。通过邮政企业以外的快递企业递交的，以快递企业收寄日为准；收寄日不明确的，以商标局或者商标评审委员会实际收到日为准，但是当事人能够提出实际收寄日证据的除外。以数据电文方式提交的，以进入商标局或者商标评审委员会电子系统的日期为准。

当事人向商标局或者商标评审委员会邮寄文件，应当使用给据邮件。当事人向商标局或者商标评审委员会提交文件，以书面方式提交的，以商标局或者商标评审委员会所存档案记录为准；以数据电文方式提交的，以商标局或者商标评审委员会数据库记录为准，但是当事人确有证据证明商标局或者商标评审委员会档案、数据库记录有错误的除外。

《商标法实施条例》第十条规定，商标局或者商标评审委员会的各种文件，可以通过邮寄、直接递交、数据电文或者其他方式送达当事人；以数据电文方式送达当事人的，应当经当事人同意。当事人委托商标代理机构的，文件送达商标代理机构视为送达当事人。

对商标局或者商标评审委员会向当事人送达各种文件的日期，有如下规定：邮寄的，以当事人收到的邮戳日为准；邮戳日不清晰或者没有邮戳的，自文件发出之日起满 15 日视为送达当事人，但是当事人能够证明实际收到日的除外；直接递交的，以递交日为准；以数据电文方式送达的，自文件发出之日起满 15 日视为送达当事人，但是当事人能够证明文件进入其电子系统日期的除外。文件通过上述方式无法送达的，可以通过公告方式送达，自公告发布之日起满 30 日，该文件视为送达当事人。

《商标法实施条例》第十二条规定，除本条第二款规定的情形外，《商标法》和本《条例》规定的各种期限开始的当日不计算在期限内。期限以年或者月计算的，以期限最后一月的相应日为期限届满日；该月无相应日的，以该月最后一日为期限届满日；期限届满日是节假日的，以节假日后的第一个工作日为期限届满日。《商标法》第三十九条、第四十条规定的注册商标有效期从法定日开始起算，期限最后一月相应日的前一日为期限届满日，该月无相应日的，以该月最后一日为期限届满日。

《商标法实施条例》第十四条规定，申请商标注册的，申请人应当提交其身份证明文件。商标注册申请人的名义与所提交的证明文件应当一致。

前款关于申请人提交其身份证明文件的规定适用于向商标局提出的办理变更、转让、续展、异议、撤销等其他商标事宜。

《商标法实施条例》第十五条规定，商品或者服务项目名称应当按照商品和服务分类表中的类别号、名称填写；商品或者服务项目名称未列入商品和服务分类表的，应当附送对该商品或者服务的说明。

商标注册申请等有关文件以纸质方式提出的，应当打字或者印刷。

本条第二款规定适用于办理其他商标事宜。

《商标法实施条例》第十六条规定，共同申请注册同一商标或者办理其他共有商标事宜的，应当在申请书中指定一个代表人；没有指定代表人的，以申请书中顺序排列的第一人为代表人。

商标局和商标评审委员会的文件应当送达代表人。

《商标法实施条例》第十八条规定，商标注册的申请日期以商标局收到申请文件的日期为准。

商标注册申请手续齐备、按照规定填写申请文件并缴纳费用的，商标局予以受理并书面通知申请人；申请手续不齐备、未按照规定填写申请文件或者未缴纳费用的，商标局不予受理，书面通知申请人并说明理由。申请手续基本齐备或者申请文件基本符合规定，但是需要补正的，商标局通知申请人予以补正，限其自收到通知之日起 30 日内，按照指定内容补正并交回商标局。在规定期限内补正并交回商标局的，保留申请日期；期满未补正的或者不按照要求进行补正的，商标局不予受理并书面通知申请人。

本条第二款关于受理条件的规定适用于办理其他商标事宜。

《商标法实施条例》第二十条规定，依照《商标法》第二十五条规定要求优先权的，申请人提交的第一次提出商标注册申请文件的副本应当经受理该申请的商标主管机关证明，并注明申请日期和申请号。

《商标法实施条例》第九十七条规定，申请商标注册或者办理其他商标事宜，应当缴纳费用。缴纳费用的项目和标准，由国务院财政部门、国务院价格主管部门分别制定。

（三）《集体商标、证明商标注册和管理办法》相关条款

《集体商标、证明商标注册和管理办法》第四条规定，申请证明商标注册的，应当附送主体资格证明文件、使用管理规则和证明其具有的或者其委托机构具有的专业技术人员、专业检测设备等情况的证明材料，以表明其具有监督该证明商标所证明的特定商品品质的能力。

《集体商标、证明商标注册和管理办法》第五条规定，申请以地理标志作为证明商标、集体商标注册的，应当附送管辖该地理标志所标示地区的县级以上人民政府或者主管部门的批准文件。以地理标志作为证明商标、集体商标注册的，应当在申请书件中说明下列内容：

（1）该地理标志所标示的商品的特定质量、信誉或者其他特征。

（2）该商品的特定质量、信誉或者其他特征主要由该地理标志所标示地区的自然因素或者人文因素所决定。

（3）该地理标志所标示的地区的范围。

申请以地理标志作为证明商标、集体商标注册的应当提交具有的或者其委托机构具有的专业技术人员、专业检测设备等情况的证明材料。外国人或者外国企业申请以地理标志作为证明商标、集体商标注册的，申请人应当提供该地理标志以其名义在其原属国受法律保护的证明。

《集体商标、证明商标注册和管理办法》第六条规定，集体商标、证明商标的使用管理规则应当依法制定，对注册人、集体成员和使用人具有约束力，并包括下列内容：

（1）使用该集体商标或者证明商标的宗旨。

（2）使用该集体商标的商品的品质或者使用该证明商标证明的商品的原产地、原料、制造方法、质量或者其他特定品质等。

（3）使用该集体商标或者证明商标的手续。

（4）使用该集体商标或者证明商标的权利、义务。

（5）集体商标的集体成员或者证明商标的使用人违反其使用管理规则应当承担的责任。

（6）注册人对使用该集体商标或者证明商标商品的检验监督制度。

证明商标的使用管理规则还应当包括使用该证明商标的条件。

集体商标、证明商标使用管理规则应当进行公告。注册人修改使用管理规则的，应当提出变更申请，经国家知识产权局审查核准，并自公告之日起生效。

三、商标形式审查的基本流程

（一）书式审查

书式审查是各类商标注册申请审查的首道程序，主要是对商标注册申请的文件、提交的资料以及申请书和代理委托书等填写内容进行审查。不合格的直接下发不予受理通知书。针对部分合格的申请文件，商标注册部门书面通知申请人予以补正，补正合格的发放受理通知书，不合格的发放不予受理通知书。

（二）形式审查

形式审查主要是对书式审查没有问题的商标进入到下一个环节的审查，包括分卡的确立、图形要素的划分等。这一环节为商标的实质审查打下了基础，重要性不言而喻。下面两节我们将对书面审查、形式审查进行详细介绍，此不赘述。

（三）缴费规则

《商标法》第七十二条规定，申请商标注册和办理其他商标事宜的，应当缴纳费用，具体收费标准另定。《商标法实施条例》第十八条规定，申请手续不齐备、未按照规定填写申请文件或者未缴纳费用的，商标局不予受理，书面通知申请人并说明理由。申请手续基本齐备或者申请文件基本符合规定，但是需要补正的，商标局通知申请人予以补正。

依照上述规定，缴纳费用是申请商标注册以及办理其他商标事宜的必要手续，根据《商标法实施条例》第十八条的规定，未缴纳费用的，商标业务申请不予受理。该条同时规定的可补正情形仅限于申请手续基本齐备或者申请文件基本符合规定的情况，而未缴纳费用不属于可以补正的情形。因此，申请人需明确缴费规则并按要求缴费以尽可能避免产生以上法律后果。

第二节　书式审查

一、书式审查的基本要求

（一）主体适格

申请人需具有申请注册商标的主体资格。依据《商标法》第四条及《商标法实施条例》第十三条的规定，自然人、法人或者其他组织在生产经营活动中，对其商品或者服务需要取得商标专用权的，应当向国家知识产权局申请商标注册。因此，自然人、法人或者其他组织都可以作为商标申请注册的主体。商标书式审查要确认申请人是否为适格主体，检查申请人的名称、地址等信息是否与提交的身份证明文件一致，如果是通过代理机构办理，需要确认代理机构是否依法设立，并检查代理内容、权限等是否合规。

（二）材料完备

1.申请书

办理商标注册申请，应当提交下列文件：

（1）每一件商标注册申请应当提交《商标注册申请书》1 份。

（2）申请人为法人或其他组织的，应当在申请书的指定位置加盖公章；申请人为自然人的，应当由申请人使用钢笔或签字笔在指定位置签字确认。

2.商标图样

（1）每一件商标注册申请应当提交 1 份商标图样。以颜色组合或者着色图样申请商标注册的，应当提交着色图样；不指定颜色的，应当提交黑白图样。

（2）商标图样必须清晰，便于粘贴，用光洁耐用的纸张印制或者用照片代替，长和宽应当不大于 10 厘米，不小于 5 厘米。商标图样应粘贴在《商标注册申请书》指定位置。

（3）以三维标志申请商标注册的，申请人应当提交能够确定三维形状的图样，该商标图样应至少包含三面视图。

（4）以颜色组合申请商标注册的，商标图样应当是表示颜色组合方式的色块，或是表示颜色使用位置的图形轮廓。该图形轮廓不是商标构成要素，必须以虚线表示，不得以实线表示。

(5)以声音标志申请注册商标的，应当在商标图样框里对声音商标进行描述，同时报送符合要求的声音样本。

3.商品或服务项目

商标注册用商品和服务国际分类共有 45 个类别，其中商品 34 个类别、服务 11 个类别。指定使用在商品上的商标为商品商标，指定使用在服务上的商标为服务商标。商标注册申请人可以通过一份申请就多个类别的商品或者服务项目申请注册同一商标。填报时，应按类别对应填写类别号、商品或者服务项目名称。

申请人申请商标注册时，应首先考虑使用《类似商品和服务区分表》中已列出的标准名称。在申报时，应填写具体的商品和服务项目名称，即《类似商品和服务区分表》中六位代码之前的具体名称。申请人也可选择商标注册部门公布的《类似商品和服务区分表》以外可接受商品和服务项目名称。申请人在使用《类似商品和服务区分表》中的标准名称以及《类似商品和服务区分表》以外可接受名称时，应当依照提交申请时施行的尼斯分类和《类似商品和服务区分表》版本进行申报，不得申报提交申请时已经失效或尚未生效的商品和服务项目名称。

4.填写符合规定

申请书填写应当正确，包括商标名称、类别、申请人信息等，做到指定的商品或者服务的类别正确、名称规范具体。商标图样应符合规定，应做到清晰可辨。

5.手续齐全

申请人提交的申请文件要符合《商标法》及《商标法实施条例》的规定，申请手续要齐备，发现申请手续不齐备、未按规定填写申请文件的，商标注册部门不予受理，书面通知申请人并说明理由。

6.缴纳费用

申请人办理商标申请，应当按规定及时足额缴纳费用。一个类别受理商标注册费 300 元人民币(限定本类 10 个商品/服务项目，本类中每超过 1 个另加收 30 元人民币)。受理集体商标注册费 1500 元人民币。受理证明商标注册费 1500 元人民币。

二、书式审查的结论

(一)书式审查合格

经书式审查,对于申请文件符合《商标法》及《商标法实施条例》有关规定的商标注册申请,包括经过补正符合形式审查要求的商标注册申请,应当认为书式审查合格。

(二)需要补正情形

根据《商标法实施条例》第十八条规定:申请手续基本齐备或者申请文件基本符合规定,但是需要补正的,商标局通知申请人予以补正,限其自收到通知之日起30日内,按照指定内容补正并交回商标局。在规定期限内补正并交回商标局的,保留申请日期;期满未补正的或者不按照要求进行补正的,商标局不予受理并书面通知申请人。

在书式审查中,需要补正的情况主要有:

(1)申请人为自然人,身份证件号码未按要求填写的。

(2)申请书中未详细填写地址,或者申请人地址与身份证明文件不一致的。

(3)申请书中申请人名称、外国申请人的国内接收人名称中含有繁体字、日文文字的,或是外国申请人中文名称未完整翻译为中文的。

(4)外国申请人申请书中英文名称或地址与身份证明文件不一致,或者未填写申请人英文名称或地址的,或者英文名称或地址含有非英文文字的。

(5)外国申请人申请书中填写内容与身份证明文件不一致的,或者未填“申请人国籍/地区”的。

(6)外国申请人未填写申请书中“外国申请人的国内接收人”“国内接收人地址”“邮政编码”栏的,或者填写内容不正确的,例如非中国内地(大陆)地址的。

(7)国内申请人填写申请书中“外国申请人的国内接收人”“国内接收人地址”栏的。

(8)未在“商标申请声明”栏声明以三维标志、颜色组合、声音标志申请商标注册,但在“商标说明”栏内明确说明以三维标志、颜色组合、声音标志申请商标注册的。如果经补正,申请人仍未在“商标申请声明”栏声明的,视为不以三维标志、颜色组合、声音标志申请商标注册，不对其所附相关文件进行审查。

(9)申请书中申请人章戳与申请人名称一致，但非公章的(例如合同章等)。

(10)声明申请注册集体商标或证明商标，附送相关文件不齐备，或者未附送相关文件的。

(11)申请书中的商标图样不清晰，图形或文字难以辨认的。

(12)含有商标注册标记的。

(13)需要对商标图样中的文字或商标设计予以说明而未说明的。

(14)声明以三维标志申请商标注册，但商标图样不符合要求的，或者未在申请书中报送商标使用方式的。

(15)声明以颜色组合申请商标注册，但商标图样不符合要求的，或者未在申请书中报送商标使用方式的，或者未在申请书中列明颜色名称或色号的。

(16)声明以声音标志申请商标注册，但商标描述或者声音样本不符合要求的，或者未在申请书中报送商标使用方式的，或者未附送声音样本的。

(17)商品或者服务项目名称填写不规范、不具体、不明确的。

(18)商品或者服务项目不属于申请类别的。

(19)商品或者服务项目跨类或类别不明确的。

(20)商品或者服务项目为中国不接受的。

(21)申请地理标志商标，指定商品不准确的。

(22)委托商标代理机构办理，申请书中代理机构章戳并非公章的(例如代理章等)，或者代理人未在申请书上签字的，包括签字明显不是人名的。

(23)委托商标代理机构办理，未提交委托书原件的，或者委托书中委托人国籍、委托事项填写内容不正确的，或者委托人章戳非公章的(例如合同章等)。

(24)申请人为未成年人，但未提供申请人监护人证明材料的。

(25)经审查后，需要申请人报送其他相关材料的。

(26)申请事项中存在依照《商标法》及《商标法实施条例》规定应补正的其他情形。

遇到以上情况，商标局在书式审查环节会下发《商标注册申请补正通知书》。

（三）不予受理情形

有以下申请手续不齐备、未按照规定填写申请文件情形的，不予受理并书面通知申请人：

（1）商标注册使用书式不正确或申请书式不规范的。

（2）未填写申请书中申请人名称或申请人地址的。

（3）以纸质方式提交，商标注册申请书未打字或印刷的，或者内容打印不清晰、无法辨认的，或者章戳加盖在文字上造成商标注册申请书部分内容不清晰、无法辨认，影响后续审查的。

（4）外国申请人的申请人名称或申请人地址未翻译为中文的，或者其英文名称或地址未使用英文规范填写的。

（5）申请书中申请人名称、章戳或者签字与报送的身份证明文件三者不一致的。

（6）声明两个以上申请人共同申请注册同一商标，但未报送其他共同申请人身份证明文件，或者未报送申请书附页的。

（7）证明文件为外文，但未报送中文译文的，或者中文译文与申请书中内容不一致的。

（8）未在申请书中图样框内打印或粘贴商标图样的，或者打印或粘贴的商标图样超过规定大小范围的。

（9）补正后变更商标图样的。

（10）补正后商标图样仍不够清晰，图形或文字难以辨认的。

（11）补正后商标图样中仍含有商标注册标记的。

（12）声明以三维标志申请商标注册，补正后商标图样仍不符合要求的，或者仍未在申请书中报送商标使用方式的。

（13）声明以颜色组合申请商标注册，补正后商标图样仍不符合要求的，或者仍未在申请书中报送商标使用方式的，或者仍未在申请书中列明颜色名称或色号的。

（14）声明以声音标志申请商标注册，补正后商标描述或声音样本仍不符合要求的，或者仍未在申请书中报送商标使用方式的，或者仍未附送声音样本的。

（15）未在申请书中填写商品或者服务项目名称的。

(16)补正后商品或者服务项目名称仍不符合申报要求的。

(17)补正后商品或者服务项目超过原申报范围的。

(18)委托商标代理机构办理,代理机构未在申请书上盖章的,或者章戳不清晰无法辨认的,或者与申请书或委托书中代理机构名称不一致的。

(19)委托商标代理机构办理,但未提交代理委托书的;声明两个以上申请人共同申请注册同一商标,但未报送其他共同申请人委托书的。

(20)委托商标代理机构办理,委托人未在委托书上盖章或签字的,或者委托人章戳或者签字不清晰无法辨认的,或者与委托人名称、申请书中申请人名称不一致的。

(21)委托商标代理机构办理,委托书未载明代理机构名称的,或者与申请书中内容不一致的。

(22)未报送申请人身份证明文件的,或者报送的文件与申请人不一致的,或者文件不清晰、无法辨认的,或者文件超出载明的有效期已失效的,或者明显存在造假情形的。

(23)申请人和其他共同申请人未提供或所提供的文件未能有效证明其从事生产经营活动,不符合《商标法》第四条"自然人、法人或者其他组织在生产经营活动中,对其商品或者服务需要取得商标专用权的,应当向商标局申请商标注册"相关规定的。

(24)农村承包经营户在其自营的农副产品以外提出商标注册申请的。

(25)商标代理机构申请注册其代理服务以外其他商标的。例如:申请人营业执照上的经营范围中明确含有"商标代理"或"知识产权代理",但申报第 45 类 4506 类似群组相关服务以外其他商品或者服务项目的。

(26)申请书内容涂改且影响后续审查,但申请人或代理机构未在涂改之处盖章或签字确认的。

(27)申请商标不符合《商标法》第八条要求的。

(28)要求申请人予以补正,申请人期满未补正或者不按照要求进行补正的。

(29)其他应当不予受理的情形。

第三节　形式审查

一、商标形式审查分卡

在商标审查过程中，分卡工作非常重要。商标分卡主要是指对商标中的各个组成部分进行分类和划分，以方便商标审查员在检索过程中能准确、快速地定位到在先完全相同或者近似商标，其主要应用于文字商标的要素分类中。分卡一般可划分为汉字要素分卡、拼音要素分卡、英文要素分卡、数字要素分卡等。

（一）商标名称的确定

商标可以由文字、图形、字母、数字、三维标志、颜色组合或上述要素的组合组成，如何对商标进行命名就成了商标形式审查的第一道程序。一般情况下，申请人指定申请的商标为三维标志商标的，商标名称确定为“三维标志”；以颜色组合注册商标的，商标名称确定为“颜色组合”；以声音申请注册商标的，商标名称确定为“声音商标”；其他的普通商标则是按照其申请商标图样中的相关要素予以确定。

1.商标仅包含汉字、英文、数字中的一种要素的，原则上按照其申报的商标图样所含文字确定商标名称，如“长城”“SMILE”“263”等（见图 3-3-1）。

图 3-3-1　部分单一要素商标

2.商标中含有汉字、英文、数字三种要素中的两项及以上的，通常一般消费者按照惯常的呼叫顺序确定该商标名称，如“阳光 SHOW”“国窖 1573”等（见图 3-3-2）。

图 3-3-2 部分组合要素商标

3.商标中仅包含图形的，该商标名称确定为“图形”；商标图样仅有少数民族文字（如满文、蒙文等）、除英文以外的外国文字（如日文、阿拉伯文等）、自造字、非规范汉字以及文字艺术化、图形化较为明显的，原则上命名为“图形”。

4.商标中同时含有前文所述图形及文字中的一种或几种要素的，商标名称的确定按照单一要素商标和组合要素商标的相关原则确定，不在商标名称中体现“图形”。

（二）商标分卡要素划分

商标分卡是商标开展实质审查前的一个关键环节，分卡划分得是否准确，有可能直接关系到商标实质审查结论是否正确。因此，如何正确地划分分卡要素，便成为商标审查的关键一环。

1.汉字要素

商标图样中含有汉字的，应当划分汉字要素分卡。在划分汉字分卡的同时，应当划分相对应的拼音分卡。如图 3-3-3 所示。

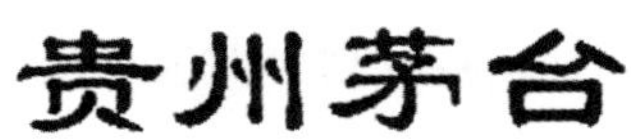

图 3-3-3 “贵州茅台”商标

商标名称：贵州茅台

汉字分卡：贵州茅台

拼音分卡：GUI ZHOU MAO TAI

2.拼音要素

如上所述，商标图样中含有汉字的，应当划分汉字要素对应的拼音分卡。汉字为多音字的，原则上应划分惯常读音的拼音分卡；如汉字为臆造词的，应划分汉字中多音字的所有拼音分卡以及它们的组合。如图 3-3-4、图 3-3-5 所示。

商标图样中含有英文且能够拼读的，应当划分拼音分卡。

长生传

图 3-3-4 “长生传”商标

商标名称：长生传

汉字分卡：长生传

拼音分卡：ZHANG SHENG CHUAN；ZHANG SHENG ZHUAN；CHANG SHENG CHUAN；CHANG SHENG ZHUAN

NIHAO

图 3-3-5 “NIHAO”商标

商标名称：NIHAO

英文分卡：NIHAO

拼音分卡：NI HAO；NI HA O

3.英文要素

商标图样中含有两个以上字母的，应当划分英文分卡；可拼读为拼音的，应划分对应的拼音分卡。如商标中同时含有汉字和拼音且一一对应的，此时不划分英文分卡。

英文字母组合为英文单词的，应划分对应的意译汉字分卡，其意译汉字分卡也应划分对应的拼音分卡。见图 3-3-6、图 3-3-7。

CHANGHONG 长虹

图 3-3-6 “长虹”商标

商标名称：长虹

汉字分卡：长虹

拼音分卡：CHANG HONG

WARMLIGHT

图 3-3-7 “WARMLIGHT”商标

商标名称:WARMLIGHT

英文分卡:WARMLIGHT

意译分卡:温暖的光

汉字分卡:温暖的光

拼音分卡:WEN NUAN DE GUANG

4.字头要素

商标图样中含有 1—2 个字母的,应当划分字头分卡。该字头有意译含义或能拼读为拼音的,参照英文要素分卡划分,并加立相应的汉字分卡。见图 3-3-8。

BA

图 3-3-8 “BA”商标

商标名称:BA

字头分卡:BA

拼音分卡:BA

5.数字要素

商标图样中含有阿拉伯数字的,应当划分数字要素分卡,见图 3-3-9。

0539

图 3-3-9 “0539”商标

商标名称:0539

数字分卡:0539

6.声音要素

如申请注册的商标为声音商标,应划分对对应的声音要素编码,其根据声音要素的性质分为音乐性质的声音商标和非音乐性质的声音商标。

音乐性质的声音商标，其声音要素编码为 S1。

非音乐性质的声音商标，其声音要素编码为 S2。其中又根据发音来源的不同具体划分为：

人的声音，声音要素编码为 S2.1。

动物的声音，声音要素编码为 S2.2。

自然界的声音，声音要素编码为 S2.3。

机械设备的声音，声音要素编码为 S2.4。

其他声音，声音要素编码为 S2.5。

例如：我国第一件声音注册商标，是中国国际广播电台所注册的第 14503615 号声音商标（见图 3-3-10），其声音要素编码为 S2.1；S1。

商标说明：该声音商标是中国国际广播电台广播节目的开始曲，全长 40 秒，共 18 小节，四分之二拍慢板节奏，G 大调和 C 大调交替转换。前四小节为整段声音商标前奏部分，曲调为 G 大调；中间 11 小节为整段声音商标主题部分，曲调为 C 大调，其中第十二、十三小节播音员报出"中国国际广播电台"的呼号后音乐延续两小节，主题部分结束；最后三小节钢琴再次奏响主题音乐，转调回 G 大调，该声音商标结束。

图 3-3-10　第 14503615 号声音商标

7.图形要素

商标中含有图形部分的，应当加立图形要素分卡。图形要素是指将商标图样中的各式各样图形，通过编码的形式体现到审查环节，以便于商标实质审查过程中根据相同的图形要素进行在先相同或近似的检索，从而进一步提升商标审查的效率。下一节还要对图形进行详细介绍，在此不再赘述。

二、商标形式审查分类

我国作为尼斯联盟成员国，采用《商标注册用商品和服务国际分类》（又称《尼斯分类》），其根据商品和服务项目划分类似群组。国家知识产权局商标局以此为基础，结合实际情况增加了我国常用的商品和服务名称，制定了《类似商品和服务区分表》，以供商标审查审理部门和商标申请人使用。目前，我国所使用的分类书版本为《类似商标和服务区分表——基于尼斯分类第十二版（2025 文本）》。

（一）《类似商品和服务区分表》在形式审查中的应用

《类似商品和服务区分表》中的类似商品和服务，是商标主管部门为了商标检索、审查、管理工作的需要，总结多年来的实践工作经验，并广泛征求各部门的意见，把某些存在特定联系、容易造成误认的商品或服务组合到一起编制而成的，其可以作为商标审查人员、商标代理人和商标注册申请人判断类似商品或者服务的参考，也可以作为行政机关和司法机关在处理商标案件时判断类似商品或服务的参考。

在商标形式审查实践中，《类似商品和服务区分表》是审查员的工具书，形式审查员按照商标申请人所报商品或服务项目，将商标划分到不同的大类及类似群，以供实质审查员在商标审查时进行商品和服务项目的对比。按照现行《尼斯分类》将商品和服务分成 45 个大类。其中商品为第 1 类至第 34 类，共计 34 个类别；服务项目为第 35 类至第 45 类，共计 11 个类别。

（二）商品类别介绍

商品是指市场经营主体为消费者提供的有形产品。根据功能、用途、原料等特征划分为 34 个类别：

第一类：用于工业、科学、摄影、农业、园艺和林业的化学品；未加工人造合成树脂，未加工塑料物质；灭火和防火用合成物；淬火和焊接用制剂；鞣制动物皮毛用物质；工业用粘合剂；油灰及其他膏状填料；堆肥，肥料，化肥；工业和科学用生物制剂。

例如，金正大生态工程集团股份有限公司所申请注册的商标（见图 3-3-11），指定使用在“农业肥料；肥料；磷肥（肥料）；化学肥料；肥料制剂；植物肥料；苯胺；硝酸；磷酸”等商品上。

金正大
Kíngenda

图 3-3-11 “金正大 KINGENDA”商标

第二类：颜料，清漆，漆；防锈剂和木材防腐剂；着色剂，染料；印刷、标记和雕刻用油墨；未加工的天然树脂；绘画、装饰、印刷和艺术用金属箔及金属粉。

例如，立邦控股（新加坡）私人有限公司所申请注册的商标（见 3-3-12），指定使用在“油漆凝集剂；茜素染料；铝涂料；苯胺染料；防腐剂；防锈制剂；石棉颜料；整修汽车表面用油漆；杀菌颜料；油漆用粘合剂；沥青清漆；黑亮漆”等商品上。

立邦漆
PAINT

图 3-3-12 “立邦漆 PAINT”商标

第三类：不含药物的化妆品和梳洗用制剂；不含药物的牙膏；香料，香精油；洗衣用漂白剂及其他物料；清洁、擦亮、去渍及研磨用制剂。

例如，雅诗兰黛有限公司所申请注册的商标（见图 3-3-13），指定使用在“肥皂；香皂；美容皂；洗发液；护发素；洗面奶；非医用洗浴制剂；浴液；洗衣剂；清洁制剂；洗洁精；抛光制剂；研磨材料；香料；化妆品用香料；香精油；头发护理制剂；化妆品”等商品上。

ESTEE LAUDER
雅诗兰黛

图 3-3-13 “雅诗兰黛 ESTEELAUDER”商标

第四类：工业用油和油脂，蜡；润滑剂；吸收、润湿和粘结灰尘用合成物；燃料和照明材料；照明用蜡烛和灯芯。

例如，山东中惠泽贸易有限公司所申请注册的商标（见图 3-3-14），指定使用在“石油（原油或精炼油）；润滑油；燃料油；汽油；柴油；煤油；汽车燃料；挥发性混合燃料；煤；气体燃料”等商品上。

中惠泽

图 3-3-14 “中惠泽”商标

第五类：药品，医用和兽医用制剂；医用卫生制剂；医用或兽医用营养食物和物质，婴儿食品；人用和动物用膳食补充剂；膏药，绷敷材料；填塞牙孔用料，牙科用蜡；消毒剂；消灭有害动物制剂；杀真菌剂，除莠剂。

例如，鲁南制药集团股份有限公司所申请注册的商标（见图 3-3-15），指定使用在“人用药；医药制剂；原料药；培养细菌用介质”等商品上。

鲁南

图 3-3-15 “鲁南”商标

第六类：普通金属及其合金，金属矿石；金属建筑材料；可移动金属建筑物；普通金属制非电气用缆线；金属小五金具；存储和运输用金属容器；保险箱。

例如，广东雅洁五金有限公司所申请注册的商标（见图 3-3-16），指定使用在“普通金属合金；锌合金；金属门；金属窗”等商品上。

雅洁

图 3-3-16 “雅洁”商标

第七类：机器，机床，电动工具；马达和引擎（陆地车辆用的除外）；机器联结器和传动机件（陆地车辆用的除外）；除手动手工具以外的农业器具；孵化器；自动售货机。

例如，山东临工工程机械有限公司所申请注册的商标（见图 3-3-17），指定使用在“装载机；带后铲的斗式装载机；轮式装载机；滚轧机；压路机；铲土机；推土机；起重机；升降机；装卸设备；卸料斗（机械卸斗）；挖掘机；筑路机”等商品上。

图 3-3-17 “SDLG”商标

第八类：手工具和器具（手动的）；刀、叉和匙餐具列；除火器外的随身武器；剃刀。

例如，张小泉股份有限公司所申请注册的商标（见图 3-3-18），指定使用在“剪刀；美工刀；磨刀器具；斩骨刀；切刀”等商品上。

图 3-3-18 “张小泉”商标

第九类：科学、研究、导航、测量、摄影、电影、视听、光学、衡具、量具、信号、侦测、测试、检验、救生和教学用装置及仪器；处理、开关、转换、积累、调节或控制电的配送或使用的装置和仪器；录制、传送、重放或处理声音、影像或数据的装置和仪器；已录制和可下载的媒体，计算机软件，录制和存储用空白的数字或模拟介质；投币启动设备用机械装置；收银机，计算设备；计算机和计算机外围设备；潜水服，潜水面罩，潜水用耳塞，潜水和游泳用鼻夹，潜水员手套，潜水呼吸器；灭火设备。

例如，索尼集团公司所申请注册的商标（见图 3-3-19），指定使用在“电留声机；录音播放机；扩音设备；内线自动电话机；无线电收发两用机；有线电设备、无线电设备；半导体器件；信号和遥控设备；各种收音机；扩音机；电唱机；录音机；留声机；各种录音；录像磁带”等商品上。

图 3-3-19 “SONY”商标

第十类：外科、医疗、牙科和兽医用仪器及器械；假肢，假眼和假牙；矫形用物品；缝合材料；残疾人专用治疗装置；按摩器械；婴儿护理用器械、器具及用品；性生活用器械、器具及用品。

例如，威高集团有限公司所申请注册的商标（见图 3-3-20），指定使用在“外科医生和医生用器械箱；电动牙科设备；牙科医生用扶手椅；透析器；外科仪器和器械；验血仪器”等商品上。

图 3-3-20 “威高 WEGO”商标

第十一类：照明、加热、冷却、蒸汽发生、烹饪、干燥、通风、供水以及卫生用装置和设备。

例如，九阳股份有限公司所申请注册的商标（见图 3-3-21），指定使用在“奶瓶用电加热器；烘蛋奶饼的电铁模；电力煮咖啡机；电动制酸奶机；微波炉（厨房用具）；面包机；电铁锅；电热水壶；果蔬清洗消毒机；冰箱；制冰淇淋机；制冰机和设备；空调；个人用电风扇；空气净化装置和机器；厨房用抽油烟机；电动干衣机；织物蒸汽挂烫机；电暖器；非医用电热毯；电饭煲；煎烤机；加湿器；蒸波炉”等商品上。

图 3-3-21 “九阳 JOYOUNG”商标

第十二类：运载工具；陆、空、海用运载装置。

例如，重庆长安汽车股份有限公司所申请注册的商标（见图 3-3-22），指定使用在“汽车;小汽车;汽车底盘;陆地车辆推进装置;车身;汽车车轮;汽车减震器;陆地车辆用电动机;陆地车辆用离合器;摩托车”等商品上。

图 3-3-22 “长安汽车”商标

第十三类:火器;军火及弹药;炸药;焰火。

例如,浏阳市烟花爆竹总会所申请注册的商标(见图 3-3-23),指定使用在“烟花;爆竹”等商品上。

图 3-3-23 “浏阳花炮 LIUYANG FIREWORKS”商标

第十四类:贵金属及其合金;首饰,宝石和半宝石;钟表和计时仪器。

例如,山东梦金园珠宝首饰有限公司所申请注册的商标(见图 3-3-24),指定使用在“银饰品;手镯(珠宝);铜制纪念品;装饰品(珠宝);装饰别针;珍珠(珠宝);项链(宝石);戒指(珠宝);玉雕首饰;银制工艺品”等商品上。

图 3-3-24 “梦金园”商标

第十五类:乐器;乐谱架和乐器架;指挥棒。

例如,广州珠江钢琴集团股份有限公司所申请注册的商标(见图 3-3-25),指定使用在“中西乐器;乐器弦轴;乐器键盘;乐器弦;吹奏乐器的管口;乐器盒;小提琴腮托;琴码;乐器制音器;乐器用弱音器”等商品上。

图 3-3-25 “珠江 PEAIL RIVER”商标

第十六类：纸和纸板；印刷品；书籍装订材料；照片；文具和办公用品（家具除外）；文具用或家庭用黏合剂；绘画材料和艺术家用材料；画笔；教育或教学用品；包装和打包用塑料纸、塑料膜和塑料袋；印刷铅字，印版。

例如，上海晨光文具股份有限公司所申请注册的商标（见图 3-3-26），指定使用在“证书；文件托架（文具）；装订线；装订带（装订书用）；纸；日历；书籍装订装置和机器（办公设备）；黑板；切纸刀（办公用品）；家具除外的办公必需品；印台；办公用打孔、切纸两用机；办公桌用书写垫；夹子（文具）；印章架”等商品上。

图 3-3-26 “晨光 M&G”商标

第十七类：未加工和半加工的橡胶、古塔胶、树胶、石棉、云母及这些材料的代用品；生产用成型塑料和树脂制品；包装、填充和绝缘用材料；非金属软管和非金属柔性管。

例如，江阴海达橡塑股份有限公司所申请注册的商标（见图 3-3-27），指定使用在“生橡胶或半成品橡胶；合成橡胶；橡皮圈；密封环；防水圈；松罐盖用橡胶带；挡风雨条；通风排气机支板；挡风雨条材料；橡皮塞子；橡皮减震器；橡胶减震缓冲器；管道垫圈；补裂缝用化学化合物；补漏用化学合成物”等商品上。

图 3-3-27 “海达”商标

第十八类：皮革和人造皮革；动物皮；行李箱和背包；雨伞和阳伞；手杖；鞭，马具和鞍具，动物用项圈、皮带和衣服。

例如，路易威登马利蒂所申请注册的商标（见图3-3-28），指定使用在“包；背包；手提包；旅行包；手提旅行箱；公文箱；带轮购物袋；购物网袋；行李箱；手提箱；旅行箱；非专用化妆包；旅行用具（皮件）；旅行用衣袋；旅行用鞋袋；皮制帽盒；皮革或皮革板制盒；钱包（钱夹）；（女式）钱包”等商品上。

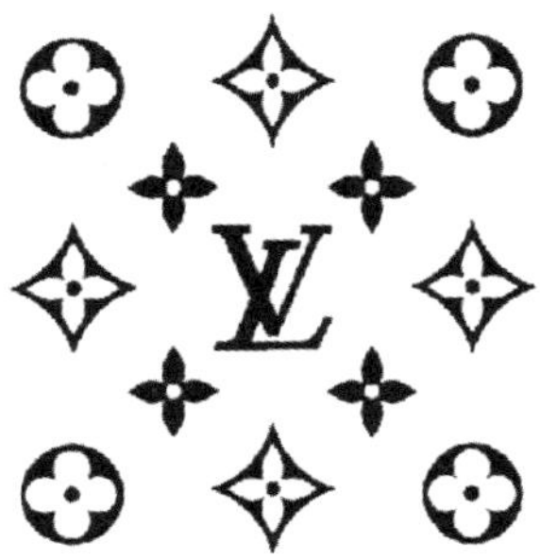

图3-3-28 “LV图形”商标

第十九类：非金属的建筑材料；建筑用非金属硬管；柏油，沥青；可移动非金属建筑物；非金属纪念碑。

例如，红星美凯龙家居集团股份有限公司所申请注册的商标（见图3-3-29），指定使用在“非金属建筑物；非金属耐火建筑材料；混凝土建筑构件；建筑用玻璃；建筑用非金属砖瓦；建筑用沥青制成物；石膏（建筑材料）；石料；涂层（建筑材料）”等商品上。

图3-3-29 “美凯龙·空间美学 ARTS PALACE”商标

第二十类：家具，镜子，相框；未加工或半加工的骨、角、鲸骨或珍珠母；贝壳；海泡石；黄琥珀，存储或运输用非金属容器。

例如，广东林氏家居股份有限公司所申请注册的商标(见图 3-3-30)，指定使用在“家具；竹木工艺品；桌子；床；垫褥(亚麻制品除外)；家具用非金属附件；存储和运输用非金属容器；工作台；镜子(玻璃镜)；门用非金属附件”等商品上。

图 3-3-30 “林氏木业”商标

第二十一类：家用或厨房用器具和容器；梳子和海绵；刷子(画笔除外)；制刷原料；清洁用具；未加工或半加工玻璃(建筑用玻璃除外)；玻璃器皿、瓷器和陶器；烹饪用具和餐具(刀、叉、匙除外)。

例如，浙江苏泊尔股份有限公司所申请注册的商标(见图 3-3-31)，指定使用在“电动牙刷；隔热容器；家庭用陶瓷制品；厨房用具；日用玻璃器皿(包括杯、盘、壳、缸)；饮用器皿；电梳”等商品上。

图 3-3-31 “苏泊尔 SUPOR”商标

第二十二类：绳索和细绳；网；帐篷和防水遮布；纺织品或合成材料制遮篷；帆；运输和贮存散装物用麻袋；衬垫和填充材料(纸或纸板、橡胶、塑料制除外)；纺织用纤维原料及其替代品。

例如，广东骆驼服饰有限公司所申请注册的商标(见图 3-3-32)，指定使用在“蒙古包；吊床；帐篷”等商品上。

图 3-3-32 “CAMEL”商标

第二十三类：纺织用纱和线。

例如，魏桥纺织股份有限公司所申请注册的商标（见图 3-3-33），指定使用在“纱；棉线和棉纱；纺织线和纱；纺织用弹性纱和线”等商品上。

图 3-3-33 “魏桥”商标

第二十四类：织物及其替代品；家庭日用纺织品；纺织品制或塑料制帘。

例如，洁丽雅家居股份有限公司所申请注册的商标（见图 3-3-34），指定使用在“纺织品制墙上挂毯；纺织品毛巾；床罩；毛巾被；床单；纺织品制家具罩；纺织织物”等商品上。

图 3-3-34 “洁丽雅 GRACE”商标

第二十五类：服装，鞋，帽。

例如，李宁体育（上海）有限公司所申请注册的商标（见图 3-3-35），指定使用在“服装；裤子；鞋（脚上的穿着物）；运动衫；风衣；羽绒服装；游泳衣；游泳裤；帽子；袜；手套（服装）；T 恤衫；运动鞋”等商品上。

图 3-3-35 “李宁”商标

第二十六类：花边，编带和刺绣品，缝纫用饰带和蝴蝶结；纽扣，领钩扣，饰针和缝针；人造花；发饰；假发。

例如，海澜之家品牌管理有限公司所申请注册的商标（见图 3-3-36），指定使用在“衣边带；衣服装饰品；纽扣；拉链；假发；针；人造盆景；服装垫肩；修补纺织品用热粘合补片；亚麻织品标记用数字”等商品上。

图 3-3-36 “海澜之家 HLA”商标

第二十七类：地毯，地席，亚麻油地毡及其他铺在已建成地板上的材料；非纺织品制壁挂。

例如，河南省华德科技股份有限公司所申请注册的商标（图 3-3-37），指定使用在“地毯；地板覆盖物；体操垫；非纺织品挂毯（墙上挂帘帷）；汽车用垫毯；防滑垫；地毯底衬；垫席；地垫；门前擦鞋垫”等商品上。

图 3-3-37 “华德 HD”商标

第二十八类：游戏器具和玩具；视频游戏装置；体育和运动用品；圣诞树用装饰品。

例如，婴贝儿科技有限公司所申请注册的商标（见图 3-3-38），指定使用在“锻炼身体器械；球拍用吸汗带；狩猎用哨子；游泳池（娱乐用品）；塑胶跑道；合成材料制圣诞树；圣诞树用装饰品（照明用物品和糖果除外）；抽奖用刮刮卡；伪装掩蔽物（体育用品）；拉拉队用指挥棒”等商品上。

图 3-3-38 “婴贝儿 RINGBELL”商标

第二十九类：肉，鱼，家禽和野味；肉汁；腌渍、冷冻、干制及煮熟的水果和蔬菜；果冻，果酱，蜜饯；蛋；奶，奶酪，黄油，酸奶和其他奶制品；食用油和油脂。

例如，内蒙古蒙牛乳业（集团）股份有限公司所申请注册的商标（见图 3-3-39），指定使用在“奶茶（以奶为主）；酸奶；牛奶制品；牛奶；奶油（奶制品）；黄油；奶粉；牛奶饮料（以奶为主）；可可牛奶（以奶为主）；奶酪”等商品上。

图 3-3-39 “蒙牛”商标

第三十类：咖啡、茶、可可及其代用品；米，意式面食，面条；食用淀粉和西米；面粉和谷类制品；面包、糕点和甜食；巧克力；冰淇淋，果汁刨冰和其他食用冰；糖，蜂蜜，糖浆；鲜酵母，发酵粉；食盐，调味料，香辛料，腌制香草；醋，调味酱汁和其他调味品；冰（冻结的水）。

例如，桃李面包股份有限公司所申请注册的商标（见图 3-3-40），指定使用在“面包；糕点；冰制品；豆制品；盒饭”等商品上。

图 3-3-40 “桃李”商标

第三十一类：未加工的农业、水产养殖业、园艺、林业产品；未加工的谷物和种子；新鲜水果和蔬菜，新鲜芳香草本植物；草木和花卉；种植用球茎、幼苗和种子；活动物；动物的饮食；麦芽。

例如，库尔勒国鸿种业有限责任公司所申请注册的商标(图 3-3-41)，指定使用在“未加工谷种；蘑菇繁殖菌；谷种；植物种子；植物种籽；菌种”等商品上。

图 3-3-41 “拓农种业”商标

第三十二类：啤酒；无酒精饮料；矿泉水和汽水；水果饮料及果汁；糖浆及其他用于制作无酒精饮料的制剂。

例如，可口可乐公司所申请注册的商标(见图 3-3-42)，指定使用在“水(饮料)；汽水；不含酒精饮料；水果饮料(不含酒精)；果汁饮料(饮料)；制饮料、有味水、矿泉水、汽水、不含酒精饮料、能量饮料、运动饮料、水果饮料和果汁用糖浆；制饮料、有味水、矿泉水、汽水、不含酒精饮料、能量饮料、运动饮料、水果饮料和果汁用浓缩饮料制剂；制饮料、有味水、矿泉水、汽水、不含酒精饮料、能量饮料、运动饮料、水果饮料和果汁用粉状饮料制剂；啤酒；可乐；姜汁饮料”等商品上。

图 3-3-42 “COCA COLA”商标

第三十三类：酒精饮料(啤酒除外)；制饮料用酒精制剂。

例如，四川省宜宾五粮液集团有限公司所申请注册的商标(见图 3-3-43)，指定使用在“白酒；烧酒；蒸馏酒精饮料；蒸馏饮料；鸡尾酒；葡萄酒；酒(饮料)；酒精饮料(啤酒除外)；汽酒；黄酒”等商品上。

图 3-3-43 “五粮液”商标

第三十四类：烟草和烟草代用品；香烟和雪茄；电子烟和吸烟者用口腔雾化器；烟具；火柴。

例如，山东中烟工业有限责任公司所申请注册的商标(见图 3-3-44)，指定使用在“香烟；香烟嘴；烟斗；烟袋；香烟盒；烟罐；烟灰缸”等商品上。

图 3-3-44 “泰山”商标

(三)服务类别介绍

服务项目是指市场经营主体为消费者提供的无形的有价值服务，其根据服务所属的行业，并结合服务的目的、内容、方式、对象等因素进行分类，划分为以下 11 个类别：

第三十五类：广告；商业经营、组织和管理；办公事务。

例如，恒隆地产(商标)有限公司所申请注册的商标(见图 3-3-45)，指定使用在“广告；广告宣传；张贴广告；广告传播；广告空间出租；进出口代理；组织商业展览；推销(替他人)；替他人采购(替其他企业购买商品或服务)”等服务项目上。

图 3-3-45 “恒隆广场”商标

第三十六类：金融，货币和银行服务；保险服务；不动产服务。

例如，中国中信集团有限公司所申请注册的商标（见图 3-3-46），指定使用在“共有基金；资本投资；基金投资；金融服务；金融管理；抵押贷款；有价证券经纪；证券和公债经纪；金融分析；金融咨询；金融信息；发行有价证券；证券交易行情；碳信用证经纪；经纪；担保；信托；受托管理”等服务项目上。

图 3-3-46 “中信证券”商标

第三十七类：房屋建筑；安装和修理服务；采矿，石油和天然气钻探。

例如，北京万科企业有限公司所申请注册的商标（见图 3-3-47），指定使用在“建筑咨询；建筑；室内装潢修理；医疗器械的安装和修理；家具保养；清洗；消毒；娱乐体育设备的安装和修理；电器的安装和修理；加热设备的安装和修理”等服务项目上。

图 3-3-47 “万科·幸福家”商标

第三十八类：电信服务。

例如，中国电信集团有限公司所申请注册的商标（见图 3-3-48），指定使用在“光纤通信；移动电话通信；电信设备出租；语音邮件服务；电话会议服务；视频会议服务；提供互联网聊天室；提供数据库接入服务；电话通信；信息传送；计算机辅助信息和图像传送；电子邮件传输；电子公告牌服务（通信服务）；提供全球计算机网络用户接入服务”等服务项目上。

图 3-3-48 “中国典型”商标

第三十九类：运输；商品包装和贮藏；旅行安排。

例如，携程计算机技术（上海）有限公司所申请注册的商标（见图 3-3-49），指定使用在“运送旅客；交通信息；运输；导航；贮藏信息；旅行社（不包括预订旅馆）；运载工具（车辆）出租；安排游览；快递服务（信件或商品）；旅行预订”等服务项目上。

图 3-3-49 “携程”商标

第四十类：材料处理；废物和垃圾的回收利用；空气净化和水处理；印刷服务；食物和饮料的防腐处理。

例如，四川百欣汇企业管理有限公司所申请注册的商标（见图 3-3-50），指定使用在“定做材料装配（为他人）；碾磨加工；大理石加工；水处理和净化；废物和垃圾的回收利用；食品加工；陶瓷加工；金属处理；木材砍伐和加工；雕刻”等服务项目上。

图 3-3-50 “英联发展”商标

第四十一类：教育；提供培训；娱乐；文体活动。

例如，北京中公教育科技有限公司所申请注册的商标（见图 3-3-51），指定使用在“教育；培训；讲课；安排和组织培训班；流动图书馆；文字出版（广告宣传材料除外）；书籍出版；在线电子书籍和杂志的出版；除广告外的版面设计；录像带录制；图书出版；函授课程”等服务项目上。

图 3-3-51 “中公网校”商标

第四十二类:科学技术服务和与之相关的研究与设计服务;工业分析、工业研究和工业品外观设计服务;质量控制和质量认证服务;计算机硬件与软件的设计与开发。

例如,北京奇虎科技有限公司所申请注册的商标(见图 3-3-52),指定使用在“计算机编程;计算机软件设计;计算机软件维护;计算机系统设计;计算机软件安装;把有形的数据或文件转换成电子媒体;计算机软件咨询;计算机病毒的防护服务;提供互联网搜索引擎”等服务项目上。

图 3-3-52 “360”商标

第四十三类:提供食物和饮料服务;临时住宿。

例如,六洲酒店集团所申请注册的商标(见图 3-3-53),指定使用在“饭店;汽车旅馆;提供膳宿旅馆;饭店膳宿预订和膳宿预订;假日食宿信息和咨询服务;酒吧服务;鸡尾酒会;咖啡馆;餐馆;快餐馆;提供食物和饮料的备办宴席服务;提供有关饭店的电子信息服务;提供旅馆、食宿信息咨询;会议室出租;临时住宿处出租”等服务项目上。

图 3-3-53 “假日酒店”商标

第四十四类:医疗服务;兽医服务;人或动物的卫生和美容服务;农业、水产养殖、园艺和林业服务。

例如,山东姜玉坤视光科技有限公司所申请注册的商标(见图 3-3-54),指定使用在“眼镜行;医疗诊所;整形外科;美容院;动物饲养;庭院风景;卫生设备出租；疗养院；园艺；饮食营养指导”等服务项目上。

图 3-3-54 “姜玉坤”商标

第四十五类：法律服务；为有形财产和个人提供实体保护的安全服务；交友服务，在线网络社交服务；殡仪服务；临时照看婴孩。

例如，山东方宇商标事务所有限公司所申请注册的商标（见图 3-3-55），指定使用在“调解；仲裁；知识产权咨询；版权管理；知识产权许可；知识产权监督；法律研究；诉讼服务；计算机软件许可（法律服务）；域名注册”等服务项目上。

图 3-3-55 “方宇”商标

（四）商品及服务的类似及交叉关系

类似商品是指商品在功能、用途、所用原料、销售渠道、消费对象等方面具有一定的共同性，如果使用相同、近似的商标，易使相关公众认为其存在特定联系，使消费者误认为是同一企业生产的商品。

在《类似商品和服务区分表》中，一个类似群内的商品和服务项目原则上是类似的商品和服务。例如，在第八类商品中，“磨刀石”和“磨刀钢”同属 0801 类似群组，如果商标申请人所申请商标中的商品中包含“磨刀石”，同他人在“磨刀钢”商品上已经注册的、初步审定的商标或者申请在先的商标相同或近似，则该申请人所申请的商标在“磨刀石”上将无法获得初步审定。

在同一类别或者跨类别也可能存在商品或服务项目交叉的情形，这些在《类似商品和服务区分表》中每一个类似群组的“注”部分均有标注。例如，在第 25 类中，“服装”这一商品是在 2501—2505 跨类似群保护商品，也就是说当商标申请人所申报的商标在“服装”商品上获准注册，在 2501—2505

这五个类似群中均能获得商标权保护。同理，跨类别保护为某件商品在功能用途、销售渠道等方面与其他类别的商品相近，例如，第9类的0901群组中的“智能手表”商品，与第14类的1404群组中的“手表”“表带”“原子钟”等所有商品类似，也就是说，如果商标申请人所申请商标中的商品中包含“智能手表”，同他人在14类1404群组上任意商品已经注册的、初步审定的商标或者申请在先的商标相同或近似，则该申请人所申请的商标在“智能”上将无法获得初步审定。

（五）非规范商品及服务的基本情况介绍

商品和服务项目随着经济社会的进步在不断更新、发展，市场交易的状况也在不断发生变化，《类似商品和服务区分表》不可能穷尽所有市场经营过程中的所有事物，因此在商标申请人进行商标申请时，会有《类似商品和服务区分表》中所未涵盖的商品及服务，此即非规范商品及服务。

非规范商品及服务根据具体情况确定是否视为可接受商品或服务，一般情况下根据是否与规范商品具有相同原料、功能或用途进行划分。例如，商标申请人所申请的商品为“辣条”，《类似商品和服务区分表》中未收录该商品，商标形式审查员根据其原料与“以谷物为主的零食小吃”近似，划分该商品至第30类的3006群组。

商标申请人所申报的非规范商品及服务，如不符合商标审查相关要求，视为不接受的商品及服务，应退回申请人进行补正或不予受理。我国目前不接受的商品及服务分为以下几种：

(1)含义不明确或过于宽泛的。例如，申请人所申报的商品为“手套”，根据功能分类，第25类含有“手套(服装)”，第9类含有“防事故用绝缘手套”，第10类含有“绝缘手套”，第21类含有“厨房用隔热手套”等，用“手套”作为商品进行商标注册的表述过于宽泛。

(2)我国未开放或已禁止该商品(服务)的生产经营。如“鸦片”“赌博用机器”“虚拟货币的金融交易”等。

(3)无法确定类似群组的项目。如“煎蛋卷”“豆焖肉”等，具有多种原料组成的商品，无法划分到某一类似群组的商品。

(4)零售服务。如“可下载铃声在先零售服务”等。

(5)其他具有不良影响的项目。如“占星”“组织政治集会”等。

因此，建议市场主体进行商标注册时，尽量参照当年版本的《类似商品和服务区分表》进行商品或服务的填写，可以使商标在形式审查环节快速通过，从而为企业节约时间和经济成本。

三、商标形式审查的图形要素分类

（一）《中国图形要素分类表》

《中国图形要素分类表》，是以《商标图形要素国际分类》（即《维也纳分类》）为基础，参考商标图形要素国际分类原则，结合中国商标工作实际情况而制定的，其原理是用编码的形式表述图形所描绘的内容，从而达到商标审查的对比作用。

例如，商标申请图样中含有星星，则星星则可以用编码表述为1.1.1，如果商标图样中含有三颗星星，则可以用编码表述为A1.1.4。

（二）几种常见的图形描述及其编码

在《中国图形要素分类表》中，编码及后缀越长，则表示的图样越具体。如编码 1 为"天体，自然现象，地图"的总括性描述，而编码 1.1 为"彗星，星"的描述。前文所提到的星，简单的可以根据星星的数量、角数来判断。在实际审查过程中，商标申请人所递交的图样各式各样，也应根据具体的图形进行细化，这考验着形式审查员的观察和甄别能力。

例如：

A1.1.6 同心星，如图 3-3-56 所示。

图 3-3-56 "同心星"商标图形要素

A 1.1.9 四角星（包括表现为 4 个大角和 4 个小角的星，或 4 个大角映射出多个小角的星），如图 3-3-57 所示。

图 3-3-57 四角星商标图形要素

A 1.1.12 六角星或六角以上的星(包括大卫星),如图 3-3-58 所示。

图 3-3-58 六角星或六角以上的星商标图形要素

A 1.1.14 不完整的星,如图 3-3-59 所示。

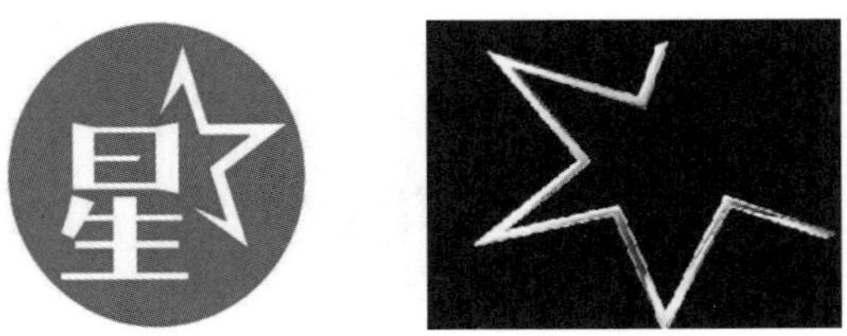

图 3-3-59 不完整的星商标图形要素

1.5.25 其他行星,如图 3-3-60 所示。

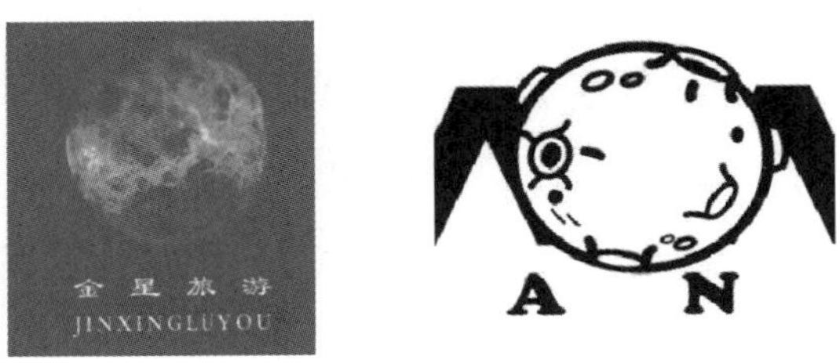

图 3-3-60 其他行星商标图形要素

1.11.1 星座(包括一个或多个),如图 3-3-61 所示。

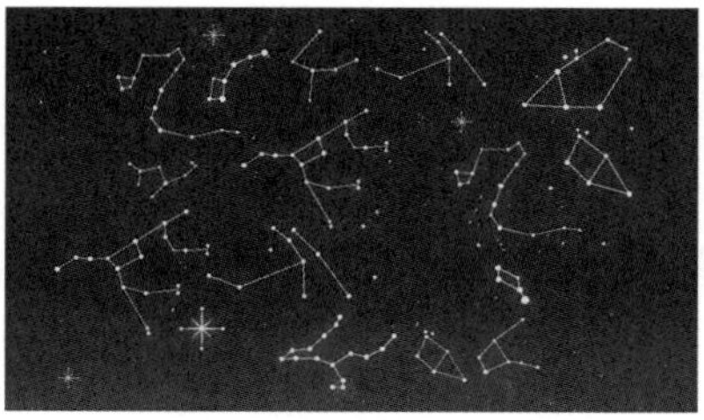

图 3-3-61　星座商标图形要素

1.11.12 星空,星群,如图 3-3-62。

图 3-3-62　星空商标图形要素

第四节　商标形式审查常见问题及解析

在商标形式审查中会遇到一些问题,下面就审查中经常遇到的问题作一解析。

一、商标文字及图样含有重大政治不良影响

商标文字和图样涉及重大不良影响,这是一个比较严重的问题。所谓"不良影响",主要是指商标的文字、图形或者其他构成要素对我国政治、经济、文化、宗教、民族等社会公共利益和公共秩序产生消极的、负面的影响。例如,商标含有带有侮辱性、歧视性的词汇,或者与邪教组织、恐怖组织相关的标志等,这些都可被认定为具有不良影响。这种商标是绝对禁止注册的,并且使用这样的商标也有违法律法规。

商标局在形式审查阶段一旦发现存在涉及重大不良影响的情况,会直

接驳回商标注册申请，并且会以书面形式通知申请人，说明驳回的理由是商标存在不良社会影响。与一些其他的形式审查问题，例如格式错误等问题不同，这种存在不良影响的问题通常不能通过简单修正来解决，因为这涉及商标本身的实质内容违反公序良俗等禁止性规定。如果申请人认识到商标确实存在不良影响，可以选择放弃该商标申请，重新设计商标并再次申请，以确保新商标符合法律规定和社会道德准则。

二、三维标志如何确定唯一的立体形状

三维标志商标，也称为“立体商标”。以三维标志申请商标注册的，应当在申请书“商标申请声明”栏选择“以三维标志申请商标注册”，在“商标说明”栏说明商标使用方式。未声明“以三维标志申请商标注册”的，即便商标图样含有多面视图或者是立体效果图，也按非三维标志商标进行审查。

以三维标志申请商标注册的，申请人应当提交能够体现三维效果且能够识别、确定三维形状的商标图样。提交的商标图样应当至少包含三面视图（如正视图、侧视图、仰视图、俯视图等），且多面视图应属于同一个三维标志。包含多面视图的图样整体长和宽应当不大于 10 厘米，不小于 5 厘米。三维标志包含文字的，文字部分应当标示在三维形状视图中的正确位置，不可独立于视图之外。申请人可在商标说明中对三维标志商标的图样作文字描述，也可以在申请书中对商标中不主张权利部分声明放弃专用权。

对于提交的图样中未尽展示部分，一般视为无特殊设计或无显著特征，可看作基于图样已体现的三维形状的合理延伸，申请人不要求专用权保护。

1.若提交的商标图样能够体现三维效果且能够识别、确定三维形状的，视为三维标志商标。如图 3-4-1 所示，示例中的图样能够体现三维效果，基于生活常识可以推测、识别、确定三维形状，符合申请三维标志商标的形式要件要求。

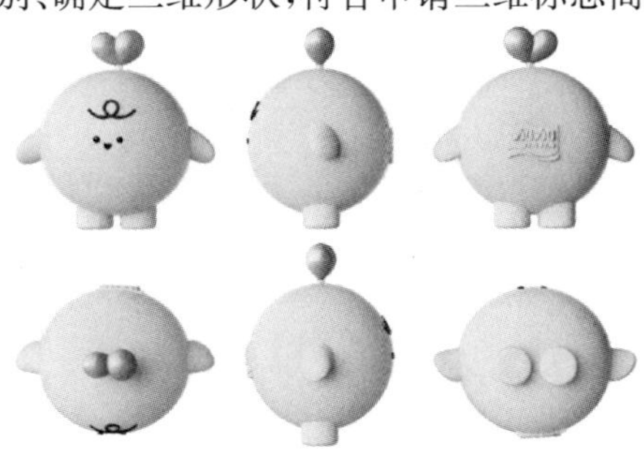

图 3-4-1 某三维标志商标

2.如果申请书中声明是三维标志商标，但提交的商标图样不能体现三维效果或者无法识别、确定三维形状，或者是由两个以上独立的三维形状构成的，则不能视为三维标志商标。如图 3-4-2 所示，该商标未提交确定三维形状的图样，故不能视为三维标志商标。

图 3-4-2　某三维标志商标

如图 3-4-3 所示，从该三维标志的正视图、后视图、侧视图可观察得知玩偶头部应为球状体，但仰视图和俯视图中头部却为立方体，不能形成唯一确定的三维立体形状。

图 3-4-3　某三维标志商标

如图 3-4-4 所示，多面视图中正视图面部纹路和最下部突出位置在侧面视图中没有体现，以及多面视图的比例不一致，不能构成唯一三维立体形状。

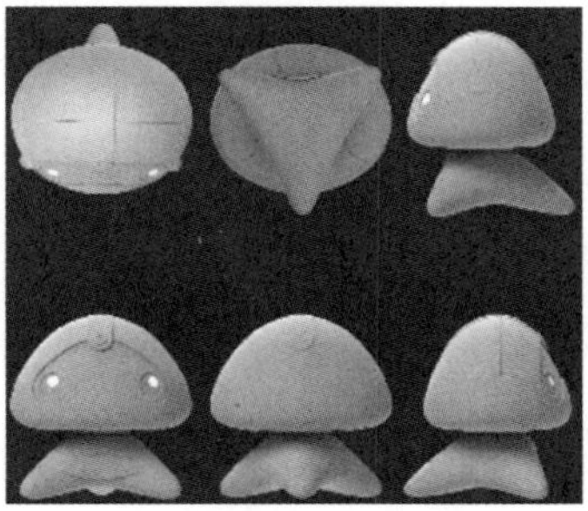

图 3-4-4　某三维标志商标

如图 3-4-5 所示，该三维标志在侧视图中有尾巴，但在后视图及俯视图中无尾巴，难以确定唯一三维形状。

图 3-4-5　某三维标志商标

以上这几种都不能视为三维标志商标。

三、申请声音商标的注意事项

声音商标可以由音乐性质的声音构成，例如一段乐曲；也可以由非音乐性质的声音构成，例如自然界的声音、人或动物的声音；还可以由音乐性质与非音乐性质兼有的声音构成。

申请声音商标，应该注意以下几点：

1.我国法律规定的商标申请为书面形式，纸质的方式或是电子的方式均可。

2.书面形式应当满足以下要求：以声音标志申请商标注册的，应当在商标图样中对申请注册的声音商标进行描述。声音商标描述与声音样本应当一致。商标描述包括五线谱、简谱、文字说明、文字描述，其作为声音商标的商标图样，应当符合图样清晰、可辨识的一般性要求。注意，商标描述与声音样本应当一致，例如声音样本中有歌词的，商标描述中也应说明歌词。整个商标描述（包括五线谱或者简谱以及文字说明）应制作在一份商标图样中。描述应当准确、完整、客观并易于理解。

3.申请人应当提交符合要求的声音样本。声音样本应当存放在一个音频文件中。通过纸质方式提交的，音频文件应当存放在只读光盘中。通过数据电文方式提交的，应按照要求正确上传声音样本。声音样本的音频文件格式为 WAV 或 MP3（声音文件格式），小于 5MB（信息容量单位）。声音样本应当清晰，易于识别。

4.音乐性质声音商标应当用五线谱或简谱加以描述，并附加文字说明。非音乐性质声音商标应当用文字加以描述。文字描述作为该声音商标的商标图样，应当清晰、准确、完整并易于理解。兼有音乐性质与非音乐性质的声音商标，应当用五线谱或简谱对音乐性质部分进行描述并附加文字说明，用文字对非音乐性质部分进行描述。

5.申请人应当说明以何种方式或者在何种情形下使用声音商标。例如：在打开、关闭或使用商品过程中使用；在开始、结束或提供服务过程中使用；在经营或服务场所使用；在公司网站上使用；在广播、电视、网络或者户外等广告宣传中使用等。

四、放弃专用权及其说明

商标专用权，是指由法律授予商标权人在指定商品或服务上使用其注册商标的排他性权利。而放弃商标部分专用权，从某种意义上看，是以放弃某部分标志的专用权换取商标在整体上获得注册，声明放弃专用权的部分不在商标整体的保护范围之内。

一般认为商标放弃专用权的部分是指《商标法》第十一条规定的缺乏显著性的禁注标志。曾经我国商标申请在审查时，如果商标中包含了商品或服务的通用名称、图形、型号的，是需要主动声明放弃通用名称部分的专用权的。但现在，已经无需商标申请人主动放弃某部分的商标专用权，即便申请人未在申请时明确声明放弃某部分的专用权，商标局审查员也会将该部分视为放弃商标专用权去审查。

商标申请人向商标局提出商标申请的过程中，既可以声明放弃所申请的商标中某部分的专用权，也可以不作此项声明。在具体操作上，商标申请人在提交商标注册申请时，可以根据自身情况选择是否放弃某部分标志的专用权。这需要在申请文件中明确声明，并由商标局进行审查。

五、商标申请时应提供的特殊相关证明文件

1.在第16类“报纸；期刊；杂志”等相关商品上需要提供的文件

在“报纸、期刊、杂志、新闻刊物”等4项商品上，申请注册含有国家名称、县级以上行政区划地名，中央国家机关所在地特定地点的名称或标志性建筑物的名称及缺乏显著特征的标识等情形，需申请人提供有关部门核发的报纸、期刊出版许可证明等相关证据材料，以证明该标识是经批准使用的报纸、期刊名称。

2.包含县级以上行政区划地名的证明文件

根据《商标法》第十条第二款规定，县级以上行政区划地名原则上不得作为商标使用，但地名具有其他含义、作为集体商标、证明商标组成部分或已经注册使用地名的商标除外。

(1)申请商标由无其他含义的县级以上行政区划地名和其他显著性文字组成，整体地名含义较强，需同时满足以下条件：

①申请人经商标所含地名人民政府或其上一级人民政府授权。

②申请商标经过长期使用已经取得显著性。

③申请商标在相关行业中具备较高知名度或相关消费群体中广为知晓。

④申请指定的商品或者服务属国家政策明确支持的产业。

(2)商标由无其他含义县级以上行政区划地名和商品或服务通用名称组成，除满足以上条件外，还需满足以下条件：

①指定商品或服务与商标所含商品或服务同用名称一致或密切相关。

②指定商品或服务特定品质并非由当地自然和人文因素决定，但其声誉与商标所含地名密切关联，不会误认为地理标志。

(3)商标所含地名为省级行政区划的，除满足以上条件外，还需满足以下条件：

①申请商标已在全国范围内具有较高知名度。

②申请指定商品或服务属国家政策明确支持且重点扶持的产业。

③申请指定商品或服务为当地支柱产业，对当地经济发展贡献巨大且在全国行业中占较高比重。

3.商标同日申请应提供的使用证据

确认为同日申请的商标，商标局应当发出《商标注册同日申请补送使用证据通知书》，通知申请人自收到通知之日起30日内提交申请注册前在先使用该商标的证据。

《商标法》及其《商标法实施条例》所称商标的使用，包括将商标用于商品、商品的包装或者容器以及商品交易文书上，或将商标用于广告宣传、展览以及其他商业活动中。

主要的证据应符合：该商标申请人作为商标使用人；在指定的商品或服务项目上使用该商标；该商标使用时间早于商标申请日期；使用地点在《商标法》效力范围内；在商业活动中公开真实使用。

常见的证据有行政审批文件、增值税专用发票、交易文书、交易合同、广告宣传等。

4.商标涉及恶意申请的情形及相关证明文件

《商标法》第四条“不以使用为目的的恶意商标注册申请”指申请人并非基于生产经营活动的需要，而提交大量商标注册申请，缺乏真实使用意图，不正当占用商标资源，扰乱商标注册秩序的行为。

申请人基于防御目的申请与其注册商标标识相同或者近似商标，或申请人为未来业务发展需要，预先适量申请商标的，认定不适用《商标法》第四条。

一般来说，商标局认为商标注册申请可能违反《商标法》第四条的，会向申请人发送《商标注册申请审查意见通知书》，要求申请人就相关商标实际使用情况或者真实使用意图作出说明并提供必要证据。

申请人需要对《审查意见》进行积极回复，可以围绕着以下5个方面提供证据：

(1)申请人有能力且有机会在生产经营活动中使用申请商标。如，首先围绕自身的经济实力、经营规模、知名度、影响力等展开论述，可以提交的证据包括验资报告、企业年报、荣誉证书、行业排名、媒体介绍等；其次申请人可以说明其所在的行业情况和从事的业务领域，可收集的证据包括店铺资料、交易记录、合同、发票等。

(2)申请商标并未损害公共利益或他人合法权益，申请人可以提供沟通记录、设计稿、设计合同等证据证明申请商标由其独创，并未涉及对任何知名标识的模仿。

(3)申请人如已经在生产经营活动中使用了申请商标，那么需要尽量全面地说明该商标的使用情况，可以提供的证明材料包括一切可体现所申请商标的合同、发票、销售页面、订单截图、产品图片、媒体报道等。

(4)申请人具有使用申请商标的计划和准备，申请人就需要向商标局说明品牌当前所处的阶段，其中可能涉及的证据材料包括商业计划书、会议记录、品牌项目沟通记录、产品设计稿、包装设计稿、定做合同、检验报告、作品登记证书、专利文献等。

(5)申请人申请商标具有其他正当理由。

5.共同申请人应提供的证明文件

两个以上申请人共同申请注册同一商标的，应当在“商标申请声明”栏声明，应附送相关文件。申请人未声明的，视为以单一申请人申请商标注册，不对其所附相关文件进行审查。

6.包含他人肖像、姓名的证明文件

未经许可，将他人姓名申请注册商标，属侵犯他人姓名权，他人姓名包括本名、笔名、艺名、译名、别名等。

本人主张姓名权，提交本人相关身份证明文件。

利害关系人主张姓名权，提交特别授权文件。授权文件中应包括完整的商标名称、姓名权人的姓名和身份信息、被授权人名称及授权事项，并由姓名权人签字确认。

未经许可，将他人肖像申请注册商标，属侵犯他人肖像权。肖像指通过影像、雕塑、绘画等方式在一定载体上所反映的特定自然人可以被识别的外部形象。

使用他人肖像申请商标的，要在申请中予以说明，并附上肖像权人的授权声明书以及签字的身份证复印件。授权书中应包括完整的商标申请图样、肖像权人的姓名和身份信息、被授权人名称及授权事项，并由肖像权人签字确认。

前沿思考

在市场经济蓬勃发展的当下，商标作为企业核心的无形资产与市场竞争的有力武器，承载着企业的商业信誉、产品特性等关键信息，对企业的生存与发展至关重要。从恶意制造同日商标现象的出现，到书式审查规定的执行，再到商标设计与注册成功率的关联，这些环节紧密相连，共同构成了商标注册体系的关键节点。深入剖析这三个关键环节键，不仅是完善商标注册制度、净化市场环境的迫切需求，更是推动知识产权理论深化发展、适应经济全球化背景下复杂多变市场格局的重要举措，具有极为重要的理论价值与实践意义。

一、关于恶意制造同日商标

国家知识产权局于2023年9月份发布了《关于商标注册同日申请程序的指引》，其中明确指出，“恶意制造同日商标”的情形无需按照商标注册同日申请审查程序先确定相关商标申请权归属，应予以驳回。

“恶意制造同日商标”是指申请人或关联人在同一日期在相同或近似商品或服务项目上提交多个相同或者近似的商标注册申请，从而规避正常的商标审查流程，或者利用同日商标的审查流程，延缓商标审查周期，等待构成权利障碍的在先商标撤销连续三年不使用注册商标、商标异议等结果，以达到不正当竞争的目的。此类商标申请一般数量较多，明显超出正常生产经营需求，扰乱了正常商标注册秩序，且违背了诚实信用原则。

鉴于恶意制造同日商标的情形多发，目前针对同日商标的审查把控更为严格，恶意制造同日商标的情形也更为隐秘。如申请人与子公司、控股企业或关联企业，甚至联合代理机构共同实施恶意制造同日商标。部分同日商标申请人无法律上的关联关系，但地址近似，所申请商标高度一致，具备相同独创性，“难谓巧合”。因此，恶意制造同日商标呈现数量多、隐蔽性强且难举证的态势。打击恶意制造同日商标，需要进一步加强商标信用体系建设，加强商标代理机构行业自律，简化并完善同日审查流程，鼓励市场主体积极提供恶意制造同日商标线索证据，杜绝同日商标中不公平竞争，维护良好的商标市场秩序。

二、关于书式审查规定

申请人在提交申请时，首先应当重点关注注册主体是否适格。在申请时应当对申请人或申请公司的资格的真实性进行验证，确保申请主体具备合法的商标注册资格。在填写申请书的过程中要确保商标名称、图样、申请类别等符合商标局的具体要求。若是委托代理机构办理，代理委托书需明确授权范围、期限等，符合《商标法》关于代理的相关规定。主张优先权的，需提交符合《巴黎公约》规定的优先权证明文件。除此之外，根据《尼斯分类》选择商标注册类别时，要确保所选类别准确反映商品或服务的本质特征，避免类别混淆，影响商标权的保护范围。

三、关于如何设计商标以提高注册成功率

如前文所述，商标审查过程中，一件商标可划分为汉字要素分卡、拼音要素分卡、英文要素分卡、数字要素分卡等。换言之，也就是一件商标所划分的要素多，所审查的要素也就相应变多，那么被驳回的概率就会增加。因此，市场主体在开展商标申请注册时，如果同时想注册含有汉字、英文、图形的商标，欲组合在一起进行注册，遇到一个要素不符合核准注册的要求，该件商标就会被驳回。这里，笔者建议该情形可拆分为三件分别申请注册，即使其中某个或某几个要素不符合审查通过的要求，其他的商标还有获准注册的可能性，进而提高商标注册的成功率。

第四章　商标实质审查

第一节　商标实质审查的概念、法律依据以及遵循原则

一、商标实质审查的概念

商标注册实质审查，是指商标局依据《商标法》《商标法实施条例》的规定，对商标注册申请合法性的审查，主要是对是否存在法律禁止使用的情形、是否具备商标的显著特征、三维标志商标是否具备功能性、与他人在先申请或者注册的商标权利是否冲突的审查，同时对不以使用为目的的恶意商标注册申请、商标代理机构超出代理服务范围的商标注册申请予以驳回。

二、商标实质审查的法律依据

《商标法》第四条规定，自然人、法人或者其他组织在生产经营活动中，对其商品或者服务需要取得商标专用权的，应当向商标局申请商标注册。不以使用为目的的恶意商标注册申请，应当予以驳回。《商标法》有关商品商标的规定，适用于服务商标。

《商标法》第十条规定，下列标志不得作为商标使用：

（1）同中华人民共和国的国家名称、国旗、国徽、国歌、军旗、军徽、军歌、勋章等相同或者近似的，以及同中央国家机关的名称、标志、所在地特定地点的名称或者标志性建筑物的名称、图形相同的。

（2）同外国的国家名称、国旗、国徽、军旗等相同或者近似的，但经该国

政府同意的除外。

(3)同政府间国际组织的名称、旗帜、徽记等相同或者近似的,但经该组织同意或者不易误导公众的除外。

(4)与表明实施控制、予以保证的官方标志、检验印记相同或者近似的,但经授权的除外。

(5)同“红十字”“红新月”的名称、标志相同或者近似的。

(6)带有民族歧视性的。

(7)带有欺骗性,容易使公众对商品的质量等特点或者产地产生误认的。

(8)有害于社会主义道德风尚或者有其他不良影响的。

县级以上行政区划的地名或者公众知晓的外国地名,不得作为商标。但是,地名具有其他含义或者作为集体商标、证明商标组成部分的除外;已经注册的使用地名的商标继续有效。

《商标法》第十一条规定,下列标志不得作为商标注册:

(1)仅有本商品的通用名称、图形、型号的。

(2)仅直接表示商品的质量、主要原料、功能、用途、重量、数量及其他特点的。

(3)其他缺乏显著特征的。

前款所列标志经过使用取得显著特征,并便于识别的,可以作为商标注册。

《商标法》第十二条规定,以三维标志申请注册商标的,仅由商品自身的性质产生的形状、为获得技术效果而需有的商品形状或者使商品具有实质性价值的形状,不得注册。

《商标法》第十六条第一款规定,商标中有商品的地理标志,而该商品并非来源于该标志所标示的地区,误导公众的,不予注册并禁止使用;但是,已经善意取得注册的继续有效。

《商标法》第十九条第四款规定,商标代理机构除对其代理服务申请商标注册外,不得申请注册其他商标。

《商标法》第三十条规定,申请注册的商标,凡不符合本法有关规定或者同他人在同一种商品或者类似商品上已经注册的或者初步审定的商标相同或者近似的,由商标局驳回申请,不予公告。

《商标法》第三十一条规定，两个或者两个以上的商标注册申请人，在同一种商品或者类似商品上，以相同或者近似的商标申请注册的，初步审定并公告申请在先的商标；同一天申请的，初步审定并公告使用在先的商标，驳回其他人的申请，不予公告。

《商标法》第五十条规定，注册商标被撤销、被宣告无效或者期满不再续展的，自撤销、宣告无效或者注销之日起一年内，商标局对与该商标相同或者近似的商标注册申请，不予核准。

三、商标实质审查的原则

1.诚实信用原则

商标专用权属于民事权利，诚实信用原则是民法的基本原则之一，必然适用于商标注册、使用、管理和保护等各种法律关系。《商标法》总则第七条规定："申请注册和使用商标，应当遵循诚实信用原则。商标使用人应当对其使用商标的商品质量负责。各级工商行政管理部门应当通过商标管理，制止欺骗消费者的行为。"

诚实守信原则贯穿商标申请注册和使用的全过程。在商标申请阶段，申请人应当按照法律法规的有关规定提交的商标注册申请或者其他商标事宜的相关材料，所提交的材料应当是真实、准确且完整的，同时不能以虚构、隐瞒、伪造、欺骗手段试图获得注册，不能以损害社会公共利益或他人权利的方式试图获得注册。在商标使用阶段，主要表现为商标使用人需要保证商品或者服务质量，要在注册核定的商品和服务范围内使用，同时不得攀附他人商誉或者仿冒商标。

2.以注册为主、以使用为补充的原则

我国商标专用权取得以注册为基本原则，采用自愿注册为主、强制注册为辅的注册制度。申请商标注册是获得商标专用权的法定程序，但是是否申请商标注册法律不予强制要求。例外情形是法律、行政法规规定必须使用注册商标的商品，必须申请商标注册。例如烟草制品，未经核准注册的不得在市场上销售。同时，为了使商标申请注册回归以使用为目的的本源，我国商标注册还兼容吸收使用原则理念，强化申请注册商标的使用要求，对在先使用的未注册商标依法予以一定程度的保护。

这一原则的设定，主要基于以下两方面的考虑：一是商标注册申请应出于真实的生产经营活动需要，要以使用为目的，此意体现在《商标法》第四条关于不以使用为目的的恶意商标注册申请的相关表述中。在审查实践中，对于不以使用为目的的恶意商标注册申请，无论是缺乏将商标真实使用于正当生产经营的意图，抑或是通过合理推断其不具有实际使用商标可能性的恶意商标注册申请行为，都属于打击的范畴。二是依法对在先使用的未注册商标予以一定程度的保护。例如，《商标法》第十三条规定："就相同或者类似商品申请注册的商标是复制、模仿或者翻译他人未在中国注册的驰名商标，容易导致混淆的，不予注册并禁止使用。"此处，对于未注册驰名商标予以了保护。再如，《商标法》第三十一条规定："同一天申请的，初步审定并公告使用在先的商标，驳回其他人的申请，不予公告。"此处明确了在同日申请商标中，保护的是使用在先情形。

3.保护合法在先权利原则

合法在先权利是指申请注册商标的申请日之前他人已经依法取得或者依法享有并受法律保护的权利，既包括在先注册取得的商标权以及在先申请、在先实际使用的商标，也包括其他合法在先权利和应予保护的合法权益，如著作权、外观设计专利权、姓名权、肖像权、已登记使用并有一定影响的企业字号以及有一定影响的商品或者服务名称、包装、装潢等。

福建省晋江市一体育股份有限公司申请注册的"乔丹"系列商标，被美国著名运动员迈克尔·乔丹提起诉讼，称该公司侵犯其姓名权。该批次商标经一审、二审和最高人民法院终审判决，认为迈克尔·乔丹就"乔丹"享有姓名权，在争议商标申请日之前，直到2015年，迈克尔·乔丹在我国一直享有较高知名度，未经许可擅自将他人享有在先姓名权的姓名注册为商标，容易使相关公众误认为标记有争议商标的商品与迈克尔·乔丹存在代言、许可等特定联系，应当认定该商标的注册损害他人的在先姓名权，违反了《商标法》的有关规定。

在商标审查审理过程中，保护合法在先权利，即申请注册的商标不得与他人合法在先权利相冲突，不得损害他人现有的合法在先权利。主要对应了《商标法》第三十条、第三十二条的相关规定。

4.标准执行一致原则与个案审查原则

标准执行一致原则与个案审查原则均是商标审查审理所遵循的重要原则，也是法律原则一致性与案件事实差异辩证统一的体现。

标准执行一致原则指的是在商标注册申请、异议、驳回复审、宣告无效等各类商标案件的审查审理过程中，要在法律适用和标准执行上与结论正确的前案保持统一和一致，强调“相同情况相同处理”。例如在审查实践中，依据《商标法》《商标审查及审理标准》执行一致的审查依据，依据《类似商品和服务区分表》等，明确统一的审查基准等。

在遵循标准执行一致原则的基础上，商标审查审理亦应遵循个案审查原则。个案审查原则是指由于不同的商标案件之间，商标指定商品或者服务、商标显著性和知名度、商标的使用情况、消费群体、销售渠道、消费者施加的注意力等诸多事实都存在差异，商标审查的基准点即相关公众的认知会受到社会整体环境和商标使用情况的影响而发生变化，而且，适用标准一致并不意味着结论必然一致，由于各程序审查或审理时考量的因素、当事人提交的证据、案件情形的动态变化等因素不同，即使相同的商标在审查审理时适用标准一致，也可能得出不同的结论。

四川省成都市一餐馆经营者，因店铺招牌含有“青花椒”，被上海某餐饮管理有限公司提起诉讼，认为侵犯了其注册商标专用权。一审法院判决被告立即停止使用“青花椒”字样的标识，并进行民事赔偿，被告不服判决，提出上诉。二审法院认为，“青花椒”是用于指代一种特定调味料的通用名称，因缺乏显著性，不能作为商标注册在调味料上。将“青花椒”申请注册在第43类服务上，可以认为具有一定的显著性，能够起到区分服务来源的作用。但由于餐饮服务和菜品调料之间的天然联系，使得服务商标标识和有青花椒字样的特色菜品在辨识上界限微妙、相互混同，极大地降低了其注册商标的显著性，几乎难以起到通过商标来识别服务来源的作用。其弱显著性特点决定了其保护范围不宜过宽，否则会妨碍其他市场主体的正当使用，影响公平竞争的市场秩序。

该成都餐馆在店招上使用“青花椒”作为鱼火锅的重要调味料，标识中包含的“青花椒”是对其提供的特色菜品鱼火锅中含有青花椒调味料的客观描述，并非商标性使用，没有攀附涉案注册商标的意图，不会导致相关公众产生误认和混淆，其使用行为不构成侵权，不应承担侵权责任。

5.防止权利滥用原则

民事主体申请注册商标，应当有真实使用意图，以满足商标使用需求为目的，并与使用能力相适应，其申请注册商标的行为应当具有合理性和正当性。商标申请人没有使用能力或使用意图却大量注册商标，甚至在注册后即待价而沽或者阻挠他人的行为，不正当占用了商标资源且扰乱了商标注册秩序，属于滥用商标权利，应当结合诚实信用原则，对其申请或请求不予支持。

第二节 不以使用为目的的恶意商标注册申请审查

一、不以使用为目的的恶意商标注册申请的审查依据

2019年4月23日，第十三届全国人民代表大会常务委员会决定对《商标法》进行修改，其中第四条将“自然人、法人或者其他组织在生产经营活动中，对其商品或者服务需要取得商标专用权的，应当向商标局申请商标注册”，修改为“自然人、法人或者其他组织在生产经营活动中，对其商品或者服务需要取得商标专用权的，应当向商标局申请商标注册。不以使用为目的的恶意商标注册申请，应当予以驳回”。新增该条款旨在坚决遏制“不以使用为目的”的恶意商标注册申请行为，坚决打击囤积商标的注册申请行为，有效规范商标申请注册秩序。

国家知识产权局于2021年发布的《商标审查审理指南》中，对不以使用为目的的恶意商标注册申请进行了释义和情形划分。第四条所规定的“不以使用为目的的恶意商标注册申请”是指申请人并非基于生产经营活动的需要，而提交大量商标注册申请，缺乏真实使用意图，不正当占用商标资源，扰乱商标注册秩序的行为。仅损害特定主体的民事权益，不涉及损害公共利益的，不属于该条规定情形。如属于《商标法》其他条款规制的恶意注册情形，适用其他条款。

二、不以使用为目的的恶意商标注册申请的界定

适用于《商标法》第四条所指的“不以使用为目的的恶意商标注册申请”行为，主要包括以下10种情形：

1.商标注册申请数量巨大，明显超出正常经营活动需求，缺乏真实使用意图，扰乱商标注册秩序的

例如，申请人廖某在第3类和第41类上累计提交600余件商标注册申

请。该申请人为个体工商户，经营范围为日用百货、服装鞋帽、皮具箱包、床上用品等。该申请人在先申请的商标中有400余件未在法定期限内缴费，无款不予受理。商标注册部门通过审查意见书程序要求申请人就申请注册商标的意图及使用情况作出说明并提供必要证据。申请人回文中仅提供了在待审商标申请日期之后注册的新的营业执照。未对其申请注册商标的意图及使用情况作出说明并提供必要证据。申请人提交商标注册申请数量巨大且合理性难以解释，明显超出正常经营活动需求，缺乏真实使用意图，属"不以使用为目的的恶意商标注册申请"情形。

又如，申请人冯某自2016年12月26日起累计申请了1700余件商标，部分已经核准注册。2023年4月他又陆续提交了100余件商标注册申请。该申请人提交的有限公司执照显示，注册及实缴资本均为10万元，该公司经营范围为"批发业、零售业、制造业、服务业、知识产权服务、信息传输、计算机服务和软件业"，其名下的某营销中心实缴资本为0，注册资本为3元。申请人在30多个类别上提交了近2000件商标注册申请，明显超出使用范围，申请商标指定类别和业务范围跨度范围较大，如第34类香烟等，明显超出其经营范围。商标注册部门通过审查意见书程序要求申请人就申请注册商标的意图及使用情况作出说明并提供必要证据。申请人申辩为每款不同商品用不同商标命名，原有商标不够用，但未提供在先注册商标详细使用情况说明，其基于使用申请注册的理由难以成立。且申请人在先申请中部分商标已经核准注册，足以满足其生产经营需要，申请人无法对大量提交的新商标注册申请行为作出合理说明且未提供必要证据，该行为属"不以使用为目的的恶意商标注册申请"情形。

2.大量复制、模仿、抄袭多个主体在先具有一定知名度或者较强显著性的商标，扰乱商标注册秩序的

如某自然人在第3类、第5类、第16类、第20类、第45类等商品和服务项目上提交了近百件商标注册申请，其中大部分为"三只松鼠""华莱士""奥利奥""佳洁士""喜茶"等企业字号或者其他独创的、具有较高知名度的商标等形式的商标。

该申请人的商标注册申请大部分为复制、模仿、抄袭多个主体在先具有一定知名度或者较强显著性的商标，且指定类别与他人在先具有一定知名度或者显著性较强的商标核定商品或者服务类别基本相关。这种在类似及

关联性较强的商品或者服务类别上复制、模仿、抄袭多个主体在先具有一定知名度、较强显著性的商标的行为，明显具有牟取不正当利益、扰乱正常商标注册秩序的意图，构成《商标法》第四条所指的“不以使用为目的的恶意商标注册申请”之情形。

又如，某公司在第33类上提交了60余件商标注册申请，均为“葛利斯家族酒庄”“安图尼酒庄”“巴维恩酒庄”等商标形式。

该申请人的商标注册申请均为外国较为知名的酒庄名称，指定类别均为第33类相关商品上，且申请人未作出合理使用说明和解释。这种在相关商品上抢注多个主体在先具有一定知名度、较强显著性的商标的行为，明显具有牟取不正当利益、扰乱正常商标注册秩序的意图，构成《商标法》第四条所指的“不以使用为目的的恶意商标注册申请”之情形。

再如，某自然人在第7类、第8类、第12类、第28类商品上提交了70余件商标注册申请，其中大部分为“小咪米家军”“小咪米松下家”“惠普倍思童”“惠普米小为”等形式商标。

该申请人的商标注册申请大部分为同音、拆分重组等方式复制、模仿、抄袭多个主体在先具有一定知名度或者较强显著性的商标，如“小米”“松下”“惠普”等，且指定类别与他人在先具有一定知名度或者显著性较强的商标核定使用的商品或者服务类别基本相同或相关。这种在类似及关联性较强的商品或者服务类别上复制、模仿、抄袭多个主体在先具有一定知名度、较强显著性的商标的行为，明显具有牟取不正当利益、扰乱正常商标注册秩序的意图，构成《商标法》第四条所指的“不以使用为目的的恶意商标注册申请”之情形。

3.对同一主体具有一定知名度或者较强显著性的特定商标反复申请注册，扰乱商标注册秩序的

此类反复申请注册的行为如属于《商标法》其他条款规制的恶意注册情形的，应适用其他条款。

如“马石油酷腾”商标原申请人为自然人A，在商标注册申请审查时该商标已由自然人A转让给自然人B。

该案申请商标“马石油酷腾”与同一主体在先注册且具有一定显著性的“马石油”和“酷腾”商标的简单组合文字相同，且未形成明显区别于引证商标的新含义，双方商标构成近似。自然人A申请20余件商标，除该案申请

的“马石油酷腾”商标外，还反复在第 1 类、第 4 类等类别上申请与同一主体在先注册的“马石油”“途特力”“酷泰”“迈奇”“欣腾”“炫腾”等商标简单组合而成的“马石油途特力”“马石油酷泰”“马石油迈奇”“马石油欣腾”“马石油炫腾”等文字相同的商标，且自然人 A 未作出合理解释。经查，在自然人 A 申请注册的“马石油”商标无效宣告案件中，曾认定自然人 A 既未提供证据证明其有使用商标的真实意图，也未能提供其商标的合理出处，其大量注册的行为明显超出了正常的生产经营需要，该商标已被宣告无效。综上，自然人 A 申请本案商标的行为是针对同一主体具有一定知名度或者较强显著性的特定商标反复申请注册，扰乱了正常的商标注册秩序，属于不以使用为目的的恶意商标注册申请行为。虽然该商标发生转让，但不影响对《商标法》第四条的适用。因此，该行为已构成《商标法》第四条所指的“不以使用为目的的恶意商标注册申请”之情形。

4.大量申请注册与他人企业字号、企业名称简称、电商名称、域名，有一定影响的商品名称、包装、装潢，他人知名并已产生识别性的广告语、外观设计等商业标识相同或者近似标志的

如某公司在第 40 类服务项目上申请了 50 余件商标，其中 47 件为天猫店铺和淘宝店铺名称。如“戈卡恩”“首咖 FIRSTACA”“橘南小巷”“博乔森”“银河旋风”“坤欧”“山起”等。申请人并未提交上述商标使用证据及商标创作来源，亦未提供其意图使用上述商标的证据，其申请注册商标数量、类别明显超出了市场主体的正常需求。这种大量提交电商名称作为商标的行为，明显具有牟取不正当利益、扰乱正常商标注册秩序的意图，构成《商标法》第四条所指的“不以使用为目的的恶意商标注册申请”之情形。

5.大量申请注册与知名人物姓名、知名作品或者角色名称、他人知名并已产生识别性的美术作品等公共文化资源相同或者近似标志的

如某集团有限公司提交了“西游记”“西游记美猴王”“紫霞仙子”“女儿国”“水帘洞”等 70 余件商标注册申请，指定类别涉及第 6 类及第 41 类等近二十个商品和服务类别上。

该批次申请，均与名著《西游记》有关，包含了作品名称、作品内的人物以及地名，申请人未就上述商标注册申请的使用意图作出合理解释。这种大量提交文学作品名称、人物名称等公共资源作为商标的行为，具有不正当囤积公共资源的意图，构成《商标法》第四条所指的“不以使用为目的的恶意

商标注册申请”之情形。

6.大量申请注册与行政区划名称、山川名称、景点名称、建筑物名称等相同或者近似标志的

如某申请人在14个类别上提交了100余件商标注册申请，其中80余件为“葡萄沟”“城子坦”“仙浴湾”“沙山”“蛤蜊岛”“石城岛”等辽宁省景区名称、街道名称、岛屿名称等。

该申请人为个体工商户。申请人未就上述商标注册申请的使用意图作出合理解释。地名和景点名称属公共资源，不宜由一人大量注册为商标进行独占。这种大量提交地名、景点名称等作为商标的行为，具有不正当囤积公共资源的意图，构成《商标法》第四条所指的“不以使用为目的的恶意商标注册申请”之情形。

又如，某科技有限公司在第9类上提交的20余件商标注册申请，构成形式均为“行政区划简称＋积电”组合，如“甘积电”“浙积电”等。

该公司为自然人投资或控股的有限责任公司，经营范围为工业自动控制系统装置、电子元件及组建的制造、科技中介服务、物业管理等。行政区划名称属公共资源，不宜由一家企业大量注册为商标进行独占，这种大量申请“行政区划＋其他内容”的商标注册行为，具有不正当囤积公共资源的意图，构成《商标法》第四条所指的“不以使用为目的的恶意商标注册申请”之情形。

7.大量申请注册指定商品或者服务上的通用名称、行业术语、直接表示商品或者服务的质量、主要原料、功能、用途、重量、数量等缺乏显著性的标志的

如某科技公司短时间内累计提交1000余件商标注册申请，指定使用第9类、第16类、第35类、第38类、第42类等多个商品或者服务类别上。其中包含“驾校宝典”“招生宝典”“驾考火箭班”“五天学车班”等与汽车、驾考以及教育有关的行业术语的商标。

该申请人为股份有限公司(非上市、自然人投资或控股)，注册资本为4573.59万元，经营范围为“信息技术推广”等。该申请人申请的商标主要包括“驾考学堂”图文系列、“路考宝典”图文系列、“火箭班”图文系列以及“3D练车”“满分教育”“审验服务”“1天火箭班”“3天火箭班”“6.6学车节”“9.9学车节”等样式的商标名称。该申请人虽然对其经营情况和申请商标的行

为作出了说明，但提交的证明材料与申请商标并无关联，且未有其他证据予以佐证，无法形成完整的证据链证明商标申请合理使用，且申请人未对大量提交商标注册且指定商品或者服务上的行业术语作出合理说明，构成《商标法》第四条所指的“不以使用为目的的恶意商标注册申请”之情形。

又如某药物研究院提交了 500 余件商标注册申请，指定使用在第 3 类、第 5 类、第 10 类、第 30 类、第 35 类、第 44 类商品和服务项目上，其中多件为集中申请有关人体器官、治病功能的商标，如“甲苏康”“肤苏康”“痛苏平”等。

商标注册部门通过审查意见书程序要求申请人就申请注册商标的意图及使用情况作出说明并提供必要证据。申请人期限内回文，仅说明了公司成立形式与商标保护意识，未就申请意图作出合理解释，明显超出正常经营活动需要，构成《商标法》第四条所指的“不以使用为目的的恶意商标注册申请”之情形。

再如，某信息科技公司提交 70 余件商标，指定使用在第 9 类等近 20 个类别上，其中大量包含股票术语、交易术语等行业术语方面的商标，如“开盘大吉”“暗盘”“明盘”“收盘”“操盘”等。

商标注册部门通过审查意见书程序要求申请人就申请注册商标的意图及使用情况作出说明并提供必要证据。申请人期限内未回文，未就申请意图作出合理解释，明显超出正常经营活动需要，构成《商标法》第四条所指的“不以使用为目的的恶意商标注册申请”之情形。

8.大量提交商标注册申请，并大量转让商标，且受让人较为分散，扰乱商标注册秩序的

如某公司累计在 30 多个类别上提交了 700 余件商标注册申请，其中 198 件商标注册申请已转让给他人，受让人多达 198 人。

该申请人在大量提交商标注册申请的同时大量转让商标，且受让人较为分散，可以推断出申请人申请并非以使用为目的，而是为了大量售卖商标牟取不当利益，明显缺乏真实使用意图，扰乱了正常的商标注册秩序，构成《商标法》第四条所指的“不以使用为目的的恶意商标注册申请”之情形。

9.申请人有以牟取不当利益为目的，大量售卖，向商标在先使用人或者他人强迫商业合作、索要高额转让费、许可使用费或者侵权赔偿金等行为的

如被异议人先后在 36 个商品或者服务类别上申请注册了 600 多件商

标，其中有130多件不同的商标在网上高价售卖，且部分售卖商标已发生实际转让。同时，被异议人提供的证据表明其曾存在向异议人索取高额转让费的行为。对于上述情形，被异议人未能作出合理解释。据此，本案审查认为被异议人申请注册商标并非以使用为目的，而是大量售卖或索要高额转让费，牟取不当利益。因此，被异议人上述行为已构成《商标法》第四条所指的“不以使用为目的的恶意商标注册申请”之情形。

10.其他可被认定为有恶意的申请商标注册行为的情形

如甲市A品牌策划工作室共提交100余件商标注册申请，商标形式大部分为两三个汉字的任意组合。商标注册部门在审查该申请人提交的商标注册申请时，发现部分商标与甲市B品牌策划工作室、甲市C服装设计工作室申请的商标相同，提交商标注册申请时间相近。经进一步查实，甲市A品牌策划工作室、甲市B品牌策划工作室、甲市C服装设计工作室、甲市D贸易商行均为个体工商户，其法定代表人均为同一自然人，该自然人及上述主体在近一年时间内共提交1200余件商标注册申请。商标注册部门就上述存在特定关系的主体处在审查流程中的全部商标注册申请发出审查意见书，要求申请人就申请注册商标意图及使用情况作出说明并提供必要证据。申请人未在法定期限内回复。

该申请人及与其存在特定关系的主体短期内提交了大量商标注册申请，明显超出正常经营活动需要。申请人未对上述商标申请行为的合理性作出说明，其申请已构成《商标法》第四条所指的“不以使用为目的的恶意商标注册申请”之情形。

以上情形中，第3种情形和第9种情形主要适用于异议与评审程序中；其余情形在注册审查、异议与评审程序中均适用。不以使用为目的的恶意申请注册商标，不限于申请人本人申请注册的商标，也包括与申请人具有串通合谋行为或者具有特定身份关系或者其他特定联系的自然人、法人申请注册的商标。商标转让不影响对商标申请人违反《商标法》第四条情形的认定。

综合上述案例来看，判断是否构成“不以使用为目的的恶意商标注册申请”，需综合考虑申请人所在的行业特点、经营范围、经营资质等基本情况，申请人提交的商标注册申请的数量、类别跨度和时间跨度等整体情况，提交的商标注册申请标志的具体构成、商标实际使用情况，申请人在先是否存在商标恶意注册及侵犯多个主体注册商标专用权等多方面因素，综合判断其申请是否明显不符合商业惯例、明显超出正当经营需要和实际经营能力以及明显具有牟取不正当利益和扰乱正常商标注册秩序的意图。

第三节 绝对理由审查

一、绝对理由审查的概念界定

绝对理由审查指的是依据《商标法》不得作为商标注册或使用的情形的审查，具体来说，绝对理由涉及违反《商标法》上的显著性、非功能性以及公共利益，不考虑对特定权利人的影响，具有绝对性，一般属于商标注册部门依职权主动审理的范围。其中包括《商标法》第四条规定的不以使用为目的的恶意商标注册申请、第十条规定的不得作为商标使用的标志、第十一条规定的缺乏显著特征不得作为商标注册的标志、第十二条规定的具有功能性不得注册的三维标志、第十九条第四款规定的商标代理机构不得申请注册其代理服务以外的商标、第四十四条规定的以欺骗手段或者其他不正当手段取得注册的商标。

本节主要介绍《商标法》第十条规定的不得作为商标使用的标志、第十一条规定的缺乏显著特征不得作为商标注册的标志的审查及典型案例。

二、绝对理由审查的法律依据

（一）依据《商标法》第十条的审查

1.《商标法》第十条释义

《商标法》第十条列举了不得作为商标使用的标志，其目的是禁止损害或可能损害国家尊严、社会公共利益、社会公共秩序、民族团结、宗教信仰等的标志或者违反社会善良风俗、具有其他不良影响的标志获准注册和使用。如果有关标志的注册仅损害特定民事权益，由于《商标法》已经另行规定了救济方式和相应程序，不宜认定其属于具有其他不良影响的情形。“不得作为商标使用”是指除了禁止这些标志作为商标注册外，还禁止上述标志作为商标使用。

本条第一款禁止特定标志、有损公序良俗等公共利益的标志作为商标注册和使用。对含有上述标志的商标注册申请应严格审查审理，原则上禁止注册和使用。标志具有多种含义或者具有多种使用方式，只要其中某一含义或者使用方式容易使公众认为其属于本条第一款所规定情形的，可以认定违反该款规定，标志的具体使用情况一般不予考虑。

本条第二款规定了县级以上行政区划的地名或者公众知晓的外国地名不得作为商标。当然也存在例外情形，例外情况主要包括：一是地名具有除行政区划外的其他含义，且其他含义更易于被一般公众所接受和熟知；二是地名作为集体商标、证明商标组成部分；三是已经注册使用地名的商标继续有效。为保护商标所有权人的合法权益，现行法不追溯该法生效前已经注册的含有上述地名的普通商标。

2.《商标法》第十条分析

(1)同中华人民共和国的国家名称、国旗、国徽、国歌、军旗、军徽、军歌、勋章等相同或者近似的，以及同中央国家机关的名称、标志、所在地特定地点的名称或者标志性建筑物的名称、图形相同的

依据《商标审查审理指南》，本条中的“国家名称”包括全称、简称和缩写，我国国家名称的中文全称是“中华人民共和国”，简称为“中国”“中华”，英文全称是“The People’s Republic Of China”，简称或者缩写为“CHINA”“CHN”“P.R.C”“P.R.CHINA”等。

“国旗”指五星红旗，“国徽”指五星红旗照耀下的天安门，周围是谷穗和齿轮的图案，“国歌”是《义勇军进行曲》，“军旗”是八一五星红旗，“军徽”是八一五角星，“勋章”指的是各种政府授予的荣誉证章，如中国人民解放军功勋荣誉章等。

“中央国家机关的名称、标志、所在地特定地点的名称或者标志性建筑物的名称”包括“全国人民代表大会”“国务院”“中南海”“钓鱼台”“天安门”“新华门”“紫光阁”“怀仁堂”“人民大会堂”等。

同中华人民共和国的国家名称等“相同或者近似”，是指标志整体上与国家名称等相同或者近似。对于含有中华人民共和国的国家名称等，但整体上并不相同或者不相近似的标志，如果该标志作为商标注册可能损害国家尊严的，可以认定属于《商标法》第十条第一款第八项规定的情形。

商标注册审查审理不仅要保护商标注册人的利益，还要承担维护国家尊严、维护社会公共利益和社会主义市场经济秩序以及保护消费者权益的

职责。上述我国国家名称、国旗、国徽等国家标志，与国家尊严紧密相连，因此对与此类标志相关的商标应严格审查审理，原则上禁止上述标志注册和使用。

图 4-3-1 “中国”商标

如某公司申请的“中国”商标（见图 4-3-1），指定使用在“资本投资；金融评估（保险、银行、不动产）；融资服务；金融管理；金融分析；金融咨询；金融信息；通过网站提供金融信息；基金投资；信托”等服务项目上。该商标图形部分含有“中国”字样，应以“同中华人民共和国国家名称相同，不得作为商标使用”为由驳回。

审查实践中也存在个别例外情形，若标志中含有“五星”“红旗”字样或者“五星图案”“红旗图案”，但不会使公众将其与国旗相关联的，不判定为与我国国旗相同或者近似。

（2）同外国的国家名称、国旗、国徽、军旗等相同或者近似的

本条中的“外国的国家名称”包括中文和外文的全称、简称和缩写；“国旗”是由国家正式规定的代表本国的旗帜；“国徽”是由国家正式规定的代表本国的徽记；“军旗”是国家正式规定的代表本国军队的旗帜。

我国在国际交往中遵循“和平共处五项原则”，主张国家不分大小、贫富、强弱，一律平等。为尊重外国国家主权，一切与外国国家名称、国旗、国徽、军旗等相同或者近似的标志，不得作为商标使用。经外国政府同意与其国家名称、国旗、国徽、军旗等相同或近似的标志作为商标使用，不适合本条禁用规定。但申请人应当提交经该国政府同意的书面证明文件。申请人就该商标在相同或类似商品、服务上，在该外国已经获得注册的，视为该外国政府同意。

如某公司申请的“法国科创”商标（见图 4-3-2），指定使用在“教学仪器；衡量器具；导航仪器；测量器械和仪器；物理学设备和仪器；化学仪器和器具；控制板（电）；录音装置；声音复制装置；磁性数据介质；CD 盘（音像）；投币启动设备用机械装置；数据处理设备；计算机软件（已录制）；灭火设备；防事故、防辐射、防火用服装；个人用防事故装置；眼镜；眼镜片；眼镜盒；非医用诊断设备；智能卡（集成电路卡）；救护用防水

法国科创

图 4-3-2 “法国科创”商标

油布;便携式计算机专用包”等商品上。该商标含有“法国”,为外国国家名称,应以“含外国国家名称,不得作为商标使用”为由驳回。

(3)同政府间国际组织的名称、旗帜、徽记等相同或者近似的

本条中的“政府间国际组织”,是指由若干国家和地区的政府为了特定目的通过条约或者协议建立的有一定规章制度的团体。例如:联合国、世界贸易组织、世界知识产权组织、亚太经济合作组织、上海合作组织、欧洲联盟、东南亚国家联盟等,国际组织的名称包括全称、简称或者缩写。

禁止将上述标志作为商标使用和注册的理由在于,非经该国际组织同意,他人将这些标志作为商标使用注册,易使公众误认为这些标志的使用者得到了该组织的授权,或者与该组织存在某种联系。

图 4-3-3 “UN”商标

如某公司申请的“UN”商标(见图 4-3-3),指定使用在“广告;户外广告;计算机网络上的在线广告;广告片制作;货物展出;为零售目的在通信媒体上展示商品;商业橱窗布置;市场营销;商业管理辅助;提供商业信息;替他人推销”服务上。联合国的英文全称为“United Nations”,简称“UN”,故该商标申请应以“同联合国简称相同,不得作为商标使用”为由驳回。

若申请人经政府间国际组织同意,或不会令公众对产品或服务的来源等产生误认的,不适用本项禁用规定。

如某公司申请的“UN”商标(见图 4-3-4),指定使用在“住所代理(旅馆、供膳寄宿处);饭店;咖啡馆;餐厅;餐馆;茶馆;酒吧服务;汽车旅馆;会议室出租;流动饮食供应”服务上。该标志中虽包含联合国简称“UN”,但其由字母和图形构成,具有明确的其他含义,整体上不会误导公众,所以不会被判定为与联合国简称近似。

图 4-3-4 “UN”商标

(4)与表明实施控制、予以保证的官方标志、检验印记相同或者近似的

本条中提到的“实施控制”是指有关官方机构根据法律的规定,掌握和监督某些产品的质量、精度的行为。“予以保证”指有关官方机构根据法律的规定,对质量、精度等方面达到一定要求的产品给予确认的行为。“官方标志、检验印记”,是指官方机构用以表明其对商品质量、性能、成分、原料

等实施控制、予以保证或者进行检验的标志或印记，如丹麦奶酪印记、荷兰商品检验印记等。这些标志仅仅为这些机构所有。本项所指的控制、保证机构通常不是指非官方机构，而是指官方机构。表明实施控制、予以保证的官方标志、检验印记是政府履行职责，对所监管事项作出的认可和保证，具有国家公信力，不宜作为商标使用。如果他人将含有此类官方标志、检验印记或者与之近似的标志进行使用或申请注册，并且未经该组织的授权，则易使公众误认为该使用或注册申请人是这些标志的所有人，或者误认为其已得到有关官方机构的授权，使这种标志的公信力受到损害。

但是，如果官方机构授权他人使用，或者授权他人将官方标记、检验印记申请商标注册的，则该机构和该个人之间已经存在授权与被授权的约定，不适用本项禁用规定。若该标志具有明确的其他含义或者特定的表现形式，不会误导公众的，可不适用本禁用规定。

图 4-3-5 “CCC”商标

如某公司申请的“CCC”商标（见图 4-3-5），指定使用在“提供有关客户信用等级的金融信息；根据客户的债务、证券投资状况对其信用额度进行金融评估；对法律机构、公司、政府部门、金融机构、权威机构进行金融评估；金融评估（保险、银行、不动产）”服务上。“CCC”为中国国家强制性产品认证标志，该商标申请应以“与表明实施控制、予以保证的官方标志、检验印记相同”为由驳回。

(5)同“红十字”“红新月”的名称、标志相同或者近似的

本条中的“红十字”是国际人道主义保护标志，是武装力量医疗机构的特定标志，是红十字会的专用标志。“红新月”是阿拉伯国家和部分伊斯兰国家红新月会专用的，性质和功能与红十字标志相同的标志，是向右弯曲或者向左弯曲的红新月。“红水晶”(图案为白底红色边框的竖立正方形)，系国际人道主义保护公约战场救护的第三个特殊的标志，与“红十字”“红新月”标志具有同等法律效力和地位。

有关标志与“红十字”“红新月”“红水晶”的名称、图案在视觉上基本无差别的，判定为同“红十字”“红新月”“红水晶”的名称、标志相同。

有关标志足以使公众将其误认为“红十字”“红新月”“红水晶”的名称、图案的，判定为同“红十字”“红新月”“红水晶”的名称、标志近似。若标志具有明确的其他含义或者特定的表现形式，不会误导公众的，可不适用本禁用

规定。

RED CRYSTAL

图 4-3-6 “RED CRYSTAL”商标

如某个人申请的“RED CRYSTAL”商标(见图 4-3-6),指定使用在“香;祭祀用香;香木;熏香;香袋;空气芳香剂;香料;化妆品;香皂;去渍剂”商品上。“RED CRYSTAL”可翻译为“红水晶;红色的结晶”,该商标申请应以“同‘红十字’‘红新月’的名称、标志相同或者近似的”为由驳回。

(6)带有民族歧视性的

本条中的“民族歧视性”,是指标志中带有对特定民族进行丑化、贬低或者其他不平等看待该民族的内容。该项旨在禁止带有民族歧视性的标志等作为商标使用和注册。

如某公司申请的“蛮子洞”商标(见图 4-3-7),指定使用在“肉;鱼制食品;家禽(非活);腌制蔬菜;蛋;豆奶(牛奶替代品);豆腐制品;食用油;干食用菌;牛奶制品”商品上。

蛮子洞
man zi dong

图 4-3-7 “蛮子洞”商标

“蛮子”指蛮夷之人,未开化的野蛮人,是对少数民族的一种蔑称,该商标申请应以“标志中带有对特定民族进行丑化、贬低或者其他不平等看待该民族的内容”为由驳回。

(7)带有欺骗性,容易使公众对商品的质量等特点或者产地产生误认的

本条中的“带有欺骗性”,是指标志对其指定商品或者服务的质量等特点或者来源作了超过其固有程度或与事实不符的表示,容易使公众对商品或者服务的质量等特点或者来源产生错误的认识。

判断有关标志是否属于该项情形,必须结合指定的商品或者服务本身特点进行具体分析,但是,如果公众基于日常生活经验等不会对标志指定的商品或者服务的质量等特点或者来源产生误认的,不属于该项规定的情形。

具体情形包括但不限于:

①容易使公众对商品或者服务的质量、品质、功能、用途、原料、内容、重量、数量、价格、工艺、技术等特点产生误认的。

②容易使公众对商品或者服务的产地、来源产生误认的。

如某公司申请的“纯天然”商标(见图 4-3-8),指定使用在“牛奶制品;鱼

（非活）；肉；蛋；腌制蔬菜；腌制水果；干食用菌；以果蔬为主的零食小吃；食用油；豆腐制品”商品上。“纯天然”指自然形成的，未经过人工雕琢或干预的事物，指定使用在食品上，会使公众认为所提供产品是纯天然的，该商标申请应以“标志中含有‘纯天然’，易使消费者对商品的品质等特点产生误认”为由驳回。

纯天然

图 4-3-8 “纯天然”商标

臻修复

图 4-3-9 “臻修复”商标

又如某公司申请的“臻修复”商标（见图 4-3-9），指定使用在“微生物用营养物质；膳食纤维；蛋白质补充剂；医用营养品；净化剂；动物用膳食补充剂；卫生球；卫生巾；牙用研磨剂；宠物尿布”商品上。“修复”是指“修整使恢复原样”的意思，指定使用在医疗用品上，容易使公众对其产品功能产生误认，该商标申请应以“标志中含有‘修复’，容易使公众对商品的功能、用途等特点产生误认”为由驳回。

再如某公司申请的“两元蚝”商标（见图 4-3-10），指定使用在“广告（通过所有大众传播途径）；计算机网络和网站的在线推广；特许经营的商业管理辅助；进出口代理；替他人推销；替他人采购（替其他企业购买商品或服务）；为商品和服务的买卖双方提供在线市场；市场营销；寻找赞助；饭店商业管理”服务项目上。

两元蚝

图 4-3-10 “两元蚝”商标

“两元”一般指“两元钱”，使用在指定服务项目上，容易使公众对其提供的服务价格产生误认，该商标申请应以“标志中含有‘两元’，易使消费者对服务的价格等特点产生误认”为由驳回。

（8）有害于社会主义道德风尚或者有其他不良影响的

本条中的“社会主义道德风尚”，是指我国公众共同生活及其行为的准则、规范以及在一定时期内社会上流行的良好风气和习惯，富强、民主、文明、和谐、自由、平等、公正、法治、爱国、敬业、诚信、友善的社会主义核心价值观是我国各族人民共同的思想道德基础。“其他不良影响”是指除了有害于社会主义道德风尚之外的情况，一般是指标志的文字、图形或者其他构成要素具有贬损含义，或者该标志本身虽无贬损含义，但由该申请人注册使用，易对我国政治、经济、文化、宗教、民族等社会公共利益和公共秩序产生消极、负面的影响。有害于社会主义道德风尚或者具有其他不良影响的判定应考虑政治背景、社会背景、历史背景、文化传统、民族风俗、宗教政策等因素，并应考虑标志的构成要素及其指定的商品和服务。根据公众日常生活经验，或者辞典、工具书、权威文献，或者相关领域人士的通常认知等，能够确定有关标志或者其构成要素可能对我国社会公共利益和公共秩序产生消极、负面影响的，可以认定具有“其他不良影响”。申请人的主观意图、使用方式、社会影响等可以作为认定是否具有“其他不良影响”的参考因素。在审查审理判断有关标志或者其构成要素是否具有“其他不良影响”时，一般以审查审理时的事实状态为准。

具体情形包括但不限于：有害于社会主义道德风尚的；具有政治上不良影响的；对我国经济、文化、民族、宗教、社会易产生消极、负面影响，损害公共利益，扰乱公共秩序的。

如某公司申请的“普京”商标（见图 4-3-11），指定使用在“空气压缩机；气锤；电锤；电动螺丝刀；电动手操作钻孔器；非手动的手持工具；冷凝装置；压缩机（机器）；电焊设备；空气压缩泵”商品上。

普京

图 4-3-11 “普京”商标

“普京”为俄罗斯联邦总统弗拉基米尔·弗拉基米罗维奇·普京的名字，不适合作为商标使用，该商标申请应以“标志中含有‘普京’，为俄罗斯联邦总统的名字，作为商标使用，易产生不良影响”为由驳回。

军研

图 4-3-12 “军研”商标

又如某公司申请的“军研”商标（见图 4-3-12），指定使用在“茶；茶饮料；蜂胶；虫草鸡精；花粉健身膏；蜂王浆；玉米花；软糖（糖果）；魔芋粉；谷类制品”商品上。“军研”中含有“军”字，作为商标，整体具有不良影响，该商标申请应以“标志中含有‘军’，作为商标使用，易产生不良影响”为由驳回。

再如某公司申请的“夫子庙”商标（见图 4-3-13），指定使用在“灯；照明器械及装置；灯笼；油灯灯头；冷冻设备和装置；空气冷却装置；热气装置；水供暖装置；卫生器械和设备；水净化装置”商品上。“夫子庙”一般指南京夫子庙，位于南京市秦淮区，中国四大文庙之一，夫子庙是一组规模宏大的古建筑群，主要由孔庙、学宫、贡院三大建筑群组成，占地极大，是中国著名的开放式国家 AAAAA 级旅游景区和国际旅游胜地。故该商标

夫子庙

图 4-3-13 “夫子庙”商标

申请应以“标志中含有‘夫子庙’，作为商标使用，易产生不良影响”为由驳回。

(9)含有地名的商标的审查

本条第二款规定县级以上行政区划的地名或者公众知晓的外国地名不得作为商标，详细内容为“县级以上行政区划的地名或者公众知晓的外国地名，不得作为商标。但是，地名具有其他含义或者作为集体商标、证明商标组成部分的除外；已经注册的使用地名的商标继续有效”。

本条中的“县级以上行政区划”包括县级行政区划，如县、自治县、县级市、市辖区等；地级行政区划，如市、自治州、地区、盟等；省级行政区划，如省、直辖市、自治区；特别行政区，即香港特别行政区和澳门特别行政区；台湾地区。县级以上行政区划的地名以我国民政部发布的《中华人民共和国行政区划简册》为准。本条中的县级以上行政区划地名包括全称、简称，以及省、自治区、直辖市、特别行政区，省会城市、计划单列市、著名旅游城市名称的拼音形式。

本条中的“公众知晓的外国地名”，是指我国公众知晓的我国以外的其他国家或地区的地名。地名包括全称、简称、外文名称和通用的中文译名，如“东京”“纽约”等。我国公众不熟知的外国地名，不在禁止之列。

本条中的“地名具有其他含义”，是指地名作为词汇具有确定含义且该含义强于作为地名的含义，不会误导公众的。

以地名作为商标本身缺乏显著性或显著性较弱，不利于消费者区分商品和服务的来源，容易造成混乱。县级以下的行政区划或我国公众不知晓的外国地名虽然不属于该款情形，但若相应地域本身以生产某种商品或提供某种服务闻名，仍要结合申请使用的商品与服务综合判断是否属于误认情形。

实践中，有些标志由地名和其他要素组成，如果该标志因其他要素的加入，在整体上具有显著特征且整体上形成了强于上述地名以外的其他含义的，或者整体上无含义且一般不易被识别为上述地名的，可以认定不属于本款所规定的情形。

例外情况主要包括：一是地名具有除行政区划外的其他含义，且其他含义更易于被一般公众所接受和熟知，如“凤凰”除了具有行政区划地名的含义外，还有“传说中的百鸟之王”的含义，且公众更熟知第二层含义；二是地名作为集体商标、证明商标组成部分；三是已经注册使用地名的商标继续有效。为保护商标所有权人合法权益，现行法不追溯该法生效前已经注册的含有上述地名的普通商标。

如某公司申请的“南济”商标（见图 4-3-14），指定使用在“磁线；电线识别线；电线识别包层；电源材料（电线、电缆）；绝缘铜线；电缆连接套筒；同轴电缆；纤维光缆；配电箱（电）；电缆包皮层”商品上。“南济”逆序为“济南”，为山东省省会城市名称，故该商标申请应以“标志中文字部分可逆序为‘济南’，为县级以上行政区划名称，不得作为商标使用”为由驳回。

南济

图 4-3-14 “南济”商标

又如某公司申请的“杭州湾”商标（见图 4-3-15），指定使用在“流动图书馆；书籍出版；演出；除广告片外的影片制作；广播和电视节目制作；综艺表演；演出制作；俱乐部服务（娱乐或教育）；现场表演；提供博物馆设施（表演、展览）”服务项目上。“杭州湾”是浙江省钱塘江入东海形成的喇叭状河口湾，其内界为钱塘江河口线，外界为上海浦东芦潮港闸与甬江口外长跳咀连线，东面为舟山群岛，北面海域与上海毗邻，南为宁绍平原。该标志中虽包含地名“杭州”，但其整体有强于“杭州”的含义，属于可以作为商标使用的例外情形，因此可以被准予注册。

杭州湾

图 4-3-15 “杭州湾”商标

（二）依据《商标法》第十一条的审查

1.《商标法》第十一条释义

《商标法》第十一条是对商标禁止注册的规定，缺乏显著特征的标志不可作为商标注册，但并非绝对禁止，而是相对禁止，经过使用取得显著特征的可以作为商标注册。

商标的显著特征，即商标的显著性，是商标标志获得商标注册的必备要素。商标的显著特征是指商标应当具备的足以使相关公众区分商品或者服务来源的特征，具体来讲，是指商标能够使消费者识别、记忆，可以发挥指示商品或者服务来源的功能与作用。商标的显著性可以通过两种方式取得：一是固有显著性；二是通过使用获得显著性。固有显著性是商标本身具有的，通过使用获得显著性则是商标本身通过不断地实际使用获得的。

判断商标是否具有显著特征，除了要考虑商标标志本身的含义、呼叫和外观构成，还要结合商标指定的商品或者服务、商标指定商品或者服务的相关公众的认知习惯、商标指定商品或者服务所属行业的实际使用情况等，进行具体的、综合的、整体的判断。

2.《商标法》第十一条分析

(1)仅有本商品的通用名称、图形、型号的

“本商品”是指商标注册申请指定的具体商品或者服务。

“通用名称、图形、型号”是指国家标准、行业标准规定的或者约定俗成的名称、图形、型号，其中包括全称、简称、缩写、俗称，经注册登记的植物新品种也为通用名称。认定是否属于本商品或者服务的通用名称、图形、型号有两个途径：一是依照法律规定或者国家标准、行业标准；二是看在相关公众的认知中是否已约定俗成或已普遍使用。一般以全国范围内相关公众的通常认识为判断标准。对于由于历史传统、风土人情、地理环境等原因形成的相关市场较为固定的商品或者服务，在该相关市场内通用的称谓、图形、型号，也可以认定为通用名称、图形、型号。

“仅”是指申请注册的商标中除本商品或者服务的通用名称、图形、型号以外并无其他构成要素。

商品或者服务的通用名称、图形、型号因其在行业内或公众中被广泛使用，显然不具有区别不同生产者和经营者的商品或者服务的功能，不具备显著特征。而且，此类标志应由本行业的生产者或经营者在其生产或经营活动中共同使用，而不应由某个生产者或经营者独占使用，允许此类标志作为商标注册，容易引起争议，从而扰乱公平竞争的市场秩序，故应予禁止注册。

需要注意的是，本项强调“仅有本商品的通用名称、图形、型号”的标志不得作为商标注册，如果标志的设计不是“仅有本商品的通用名称、图形、型号”，而是与其他具有显著特征的要素组合在一起，则不能直接认定该标志缺乏显著性，其整体是否具备显著特征需综合判断。

图 4-3-16 “北景 红富士”商标

如某公司申请的“北景 红富士”商标(见图 4-3-16)，指定使用在“新鲜水果；苹果；桃；梨；新鲜葡萄；新鲜栗子；新鲜花生；鲜枣；新鲜浆果；杏”商品上。“红富士”是从普通富士的芽(枝)变中选育出的着色系

富士的统称，是一种苹果的品种名称，故该商标申请属于通用名称。应以“标志中包含‘红富士’为一种苹果的通用名称，不得作为商标注册”为由驳回。

又如某公司申请的“RKCC900”商标（见图4-3-17），指定使用在“报警器；网络通信设备；太阳能电池；工业遥控操作用电气设备；感应器（电）；温度指示计；运载工具用恒温器；计时器（时间记录装置）；变压器（电）；电及电子视频监控设备”商品上。

RKCC900

图 4-3-17 “RKCC900”商标

经查，“REXC900”为REX-C系列温控器型号，该系列智能工业调节仪/温度控制器是采用专用微处理器的多功能调节仪表。故该商标申请应以“标志中仅包含商品通用型号，不得作为商标注册”为由驳回。

(2)仅直接表示商品的质量、主要原料、功能、用途、重量、数量及其他特点的

“仅直接表示”是指申请商标仅由对指定商品或者服务的质量、主要原料、功能、用途、重量、数量及其他特点，具有直接说明性和描述性的标志构成，或者商标虽然包含其他构成要素，但整体上仅直接表示。

判断“仅直接表示”必须结合商标指定的商品或者服务、相关公众的认知习惯等因素，不能机械地以其包含直接说明性和描述性要素进行认定，商标整体上是对指定的商品或者服务特点的描述的，才会被禁止注册。

直接表示商品或者服务的质量、主要原料、功能、用途、重量、数量及其他特点的标志，通常无法将商品或者服务来源区别开来，所以缺乏商标显著特征。而且，此类标志系有关行业的生产者和经营者经常用来描述其商品或者服务，应由本行业公用，不宜被某一家独占使用，允许此类标志作为商标注册，容易引起争议，从而扰乱公平竞争的市场秩序，故应予禁止注册。

如果一件标志的设计不是仅含上述“仅直接表示商品的质量、主要原料、功能、用途、重量、数量及其他特点的”部分，而是与其他具有显著特征的要素组合在一起，则不能直接认定该标志缺乏显著性，其整体是否具备显著特征需综合判断。

例如，某公司申请的“纯品”商标（见图 4-3-18），指定使用在“文具；自来水笔；书写工具；油画棒；笔记本；削铅笔器（电或非电）；文具或家用胶带；绘画仪器；绘画材料；教学材料（仪器除外）”商品上。“纯品”通常指没有被掺杂或稀释的物品，即最原始、最本质的产品。该商标申请应以“标志仅直接表示了商品的质量、品质等特点，不得作为商标注册”为由驳回。

纯品

图 4-3-18　“纯品”商标

降龙木

图 4-3-19　“降龙木”商标

又如，某公司申请的“降龙木”商标（见图 4-3-19），指定使用在“家具；画框；非金属容器（存储和运输用）；软木工艺品；枕头；棺材；竹木工艺品；家具门；木头或塑料标志牌；门用非金属附件”商品上。“降龙木”是一种属于被子植物门、双子叶植物纲的野生树木，其学名为“流苏树”，其木质坚韧，纹理清晰，具有很高的药用和观赏价值。该商标申请应以“标志仅直接表示了商品的原料等特点，不得作为商标注册”为由驳回。

再如，某公司申请的“DENT CLEAN”商标（见图 4-3-20），指定使用在“洗衣剂；香皂；鞋油；防晒剂；喷发胶；头油；摩丝；牙膏；香水；个人用除臭剂”商品上。

Dent clean

图 4-3-20　“Dent clean”商标

“Dent clean”可以翻译为“凹痕清洁”，使用在指定商品上，仅直接表示了其产品所具有的使用功能，故该商标申请应以“标志仅直接表示了商品的功能用途等特点，不得作为商标注册”为由驳回。

（3）其他缺乏显著特征的

其他缺乏显著特征的标志，是指前述两项规定以外的、依照社会通常观念，作为商标使用在指定商品或者服务上不具备商标的显著特征的标志。常见类型主要包括以下几种：

①商标过于简单或者过于复杂的。如过于简单的线条、普通几何图形、一个或两个普通表现形式的字母，或者过于复杂的文字、图形、数字、字母或上述要素的组合等。

②表示商品或者服务特点的短语或者句子，或者普通广告宣传用语。此类短语或句子，相关消费者通常不会将其视为指示商品或者服务来源的标志，不具备商标的显著特征。

③日常商贸场所、用语或标志。这些商业贸易常用的场所、语言或标志，缺乏显著特征。

④企业的组织形式、行业名称或简称。这些被有关行业的生产者或经营者用来呼叫其行业或描述其行业的组织形式，为行业所公用，不具备商标的显著特征。

⑤仅有申请人（自然人除外）名称全称的。一般来说，申请人（自然人除外）名称全称缺乏商标的显著特征，消费者通常不会将其识别为商标。

⑥常用祝颂语和日常用语、网络流行词汇及表情包、常用标志符号、节日名称、格言警句等。这些在日常生活中经常被大众使用，消费者通常不会将其视为指示商品或者服务来源的标志，不具备商标的显著特征。

随着市场经济的发展和网络的日益发达，商标的表现形式多种多样，难以穷尽所有类型，是否具备显著性还需结合经济社会发展、大众相关认知等各个方面综合研判。

图 4-3-21 “1123”商标

如某公司申请的“1123”商标（见图 4-3-21），指定使用在“工作服；针织服装；羽绒服装；服装；婴儿全套衣；鞋（脚上的穿着物）；帽子（头戴）；袜；手套（服装）；腰带”商品上。“1123”无特殊含义，但商标仅由四个纯数字组成，整体过于简单，作为商标使用缺乏显著特征。故该商标申请应以“标志仅由四个简单数字组成，不具备商标应有的识别作用，缺乏商标的显著特征，不得作为商标注册”为由驳回。

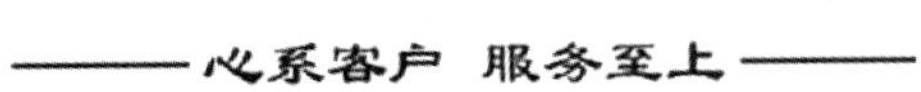

图 4-3-22 “心系客户　服务至上”商标

又如，某公司申请的“心系客户　服务至上”商标（见图 4-3-22），指定使用在“网络市场营销咨询服务；提供就业咨询服务；提供市场营销信息；商业营销服务；广告服务；会计服务；广告宣传；市场营销；为第三方提供会计服务；财务审计”服务项目上。“心系客户　服务至上”无特殊含义，为普通广告宣传用语，该申请应以“标志仅由普通广告宣传用语组成，不具备商标应有的识别作用，缺乏商标的显著特征，不得作为商标注册”为由驳回。

再如，某公司申请的“仓买”商标（见图 4-3-23），指定使用在“浴用织品（服装除外）；家庭日用纺织品；纺织品制马桶盖罩；桌布（非纸制）；纺织品制餐具垫；婴儿更换尿布用布单；婴儿用包被；浴罩；门帘；塑料材料（织物代用品）”商品上。“仓买”是哈尔滨方言，是对小卖铺的别称，多见于东北地区，主要出售糖果、点心、冷饮、烟酒、日用品等，属于日常商贸场所。该申请应以“标志仅由日常商贸场所词组成，不具备商标应有的识别作用，缺乏商标的显著特征，不得作为商标注册”为由驳回。

仓买

图 4-3-23 “仓买”商标

吾爱生活

图 4-3-24 “吾爱生活”商标

还如某公司申请的“吾爱生活”商标（见图 4-3-24），指定使用在“陈列柜（家具）；锯台（家具）；可转动穿衣镜；棕编制品（包括棕箱，不包括席、垫）；玻璃钢工艺品；立式木制标志牌；动物箱巢；家具的抽屉；软垫；非金属锁芯”商品上。“吾爱生活”无特殊含义，但易使人联想为“我爱生活”，属于日常用语，作为商标使用，缺乏显著特征。该商标申请应以“标志仅由日常用语构成，不具备商标应有的识别作用，缺乏商标的显著特征，不得作为商标注册”为由驳回。

（4）经过使用取得显著特征的

前款所列标志经过使用取得显著特征，并便于识别的，可以作为商标注册。如《商标法》第十一条第一款所指的标志经使用已成为相关公众识别该使用人提供的商品或者服务的标志的，应当依据《商标法》第十一条第二款的规定，判定其可以作为商标注册。

依照《商标法》第十一条第二款的规定，判定某个标志是否经过使用取得显著特征，应当综合考虑下列因素：

①相关公众对该标志的认知情况。

②该标志在指定商品或者服务上实际使用的时间、使用方式、同行业使用情况。

③使用该标志的商品或者服务的销售量、营业额及市场占有率。

④使用该标志的商品或者服务的广告宣传情况及覆盖范围。

⑤使该标志取得显著特征的其他因素。

判断某个标志是否属于经使用取得显著特征的标志，应以相关公众的认知为准。如当事人主张该标志经使用取得显著特征，应当提交相应的证据材料加以证明。用以证明该标志使用情况的证据材料，应当能够显示所使用的商标标志、商品或者服务、使用日期及该标志的使用人。该标志的使用包括商标注册申请人及商标被许可使用人的使用。

申请注册经使用取得显著特征的标志，应当与实际使用的标志基本一致，不得改变该标志的显著特征；且应当限定在实际使用的商品或者服务上。如在该标志与其他标志共同使用的情况下，应将该标志与其他标志的显著特征加以区别，对该标志本身是否经使用具有显著特征作出判断。

判定某个标志是否属于经使用取得显著特征，驳回复审案件、不予注册复审案件应当以审理时的事实状态为准；无效宣告案件原则上以系争商标申请注册时的事实状态为准，以审理时的事实状态作为参考。

图 4-3-25 “薛记炒货”商标

如某公司申请的“薛记炒货”商标（见图 4-3-25），指定使用在“冰淇淋；咖啡；茶；秋梨膏；糕点；面条；预包装午餐食品（以米为主，也包括肉、鱼或蔬菜）；调味品；以谷物为主的零食小吃；糖”商品上，核准使用在“冰淇淋”上。

“薛记炒货”无特殊含义，标志仅由普通姓氏和商品的通用名称构成，作为商标使用应是缺乏显著特征的，但是申请人在申请注册时提供了相应的使用证据，可证明申请商标的显著性通过使用得以进一步增强，根据《商标法》第十一条第二款的规定，缺乏显著特征的标志经过使用取得显著特征，并便于识别的，可以作为商标注册。本件商标因其他在先权利障碍，驳回其他类似商品，核准使用在“冰淇淋”上。

第四节 相对理由审查

一、相对理由的概念界定

申请注册商标的标志，因损害他人在先商标权利、在先商标注册申请权、他人现有的其他在先权利，不得作为商标注册。该不予注册的理由与特定主体的合法权利相关联，具有相对性，我们称之为拒绝商标注册的相对理由。

相对理由具体包括《商标法》第十三条规定的抢注被代理人、被代表人或其他特定关系人的商标，第十六条第一款规定的误导性地理标志、第三十条规定的侵害他人已经注册的或者初步审定的商标、第三十一条规定的侵害他人在先的商标注册申请，第三十二条规定的侵害他人现有的在先权利和已经使用并有一定影响的商标。

本节主要讨论第三十条和第三十一条商标相同或者近似的审查。

二、商标相同、近似的审查审理

(一)概念界定

商标相同是指两商标在视觉上基本无差别，使用在同一种或者类似商品或者服务上易使相关公众对商品或者服务的来源产生误认。

商标近似是指商标文字的字形、读音、含义近似，商标图形的构图、着色、外观近似，或者文字和图形组合的整体排列组合方式和外观近似，立体商标的三维标志的形状和外观近似，颜色商标的颜色或者颜色组合近似，声音商标的听觉感知或整体音乐形象近似，使用在同一种或者类似商品或者服务上易使相关公众对商品或者服务的来源产生混淆。

同一种商品是指名称相同的商品，或者名称不同但在功能、用途、主要原料、生产部门、销售渠道、消费对象等方面相同或者基本相同，相关公众一般认为是同一事物的商品。

同一种服务是指名称相同的服务，或者名称不同但在服务的目的、内容、方式、对象、场所等方面相同或者基本相同，相关公众一般认为是同一方式的服务。

类似商品是指在功能、用途、主要原料、生产部门、销售渠道、消费对象等方面基本相同或者有密切联系的商品。

类似服务是指在服务的目的、内容、方式、对象、场所等方面基本相同或者有密切联系的服务。

同一种或者类似商品或者服务的认定，以《商标注册用商品和服务国际分类》《类似商品和服务区分表》作为参考。

(二)判定原则和方法

判定商标相同或者近似时，首先应认定指定使用的商品或者服务是否属于同一种或者类似商品或者服务；其次应从商标本身的形、音、义和整体表现形式等方面，以相关公众的一般注意力和认知力为标准，采用隔离观察、整体比对和要部比对的方法，判断商标标志本身是否相同或者近似。同时考虑商标本身的显著性、在先商标知名度等因素判定是否易使相关公众对商品或者服务的来源产生混淆。

1.隔离观察、整体比对和要部比对方法

隔离观察一般指的是进行商标近似判断时,应当在比对对象隔离的状态下分别进行。但在审查商标时,比对只能是直接的、非隔离的,因此,隔离观察在审查中要求的是应当尽可能以消费者选购商品或者服务的真实场景去判断两商标是否会引起混淆。

整体比对是基础,但同时需考虑商标的主要部分或显著识别部分,如果两商标的主要部分或显著识别部分相同或者近似,也容易导致相关公众混淆。

2.相关考虑因素

商标标志的近似程度是影响混淆可能性的最根本因素和基础事实。在商标注册审查中,判定相同、近似主要考虑商标标志本身的近似程度。在其他程序中,则在判定商标标志相同或者近似的基础上,还应考虑以下因素,综合判断商标使用在同一种或类似商品或者服务上是否易使相关公众对商品或者服务的来源产生混淆。

(1)在先商标的显著性

判断是否易导致来源混淆,应考虑在先商标的显著性。商标显著性的强弱与相关公众是否产生混淆有着密切的联系。商标的显著性越强,其作为商标的识别功能就越强。在先显著性强的商标,即使标志发生变化,也仍可能导致相关公众混淆。

(2)在先商标的知名度

判断是否易导致来源混淆,应考虑在先商标的知名度。具有知名度的商标,经使用已与商品或者服务的来源产生了较密切的联系。当在后申请商标完整包含他人在先具有较高知名度的商标时,有可能导致相关公众认为属于同一来源或存在关联。

(3)相关公众的注意程度

判断是否易导致来源混淆,应考虑相关公众购买商品或者服务的注意程度。商品或者服务的价格、商品的购买渠道或服务的提供方式等,都会影响相关公众的注意力。对于普通日用品,相关公众的注意力较低,对不同商标的差异辨识度较弱。但对于价值比较高的产品,如汽车等,相关公众在选购时注意力较高，对不同商标的差异辨识度更强。

（4）商标申请人的主观意图

判断是否易导致来源混淆，应考虑商标申请人的主观意图。商标申请人有明显的恶意，在其他因素相同时，则更有可能造成相关公众混淆。

（5）其他相关因素

除上述因素外，仍存在其他可能导致来源混淆的情况。比如，商标申请人所处地域、商标的使用方式、商标申请人与引证商标权利人是否属于同行业等。

（三）案例分析

1.商标相同的典型案例分析

（1）文字商标相同的审查

仅文字的字体、字母大小写、文字排列方式、文字的间距或颜色等存在细微差别，易使消费者产生商品或服务来源混淆的（如图 4-4-1 所示），认定为相同商标。

（1）

（2）

（3）

（4）

(5)

图 4-4-1　部分文字相同商标示例

(2)图形商标相同的审查

商标图形存在细微差别,易使消费者产生商品或服务来源混淆的(如图 4-4-2 所示),认定为相同商标。

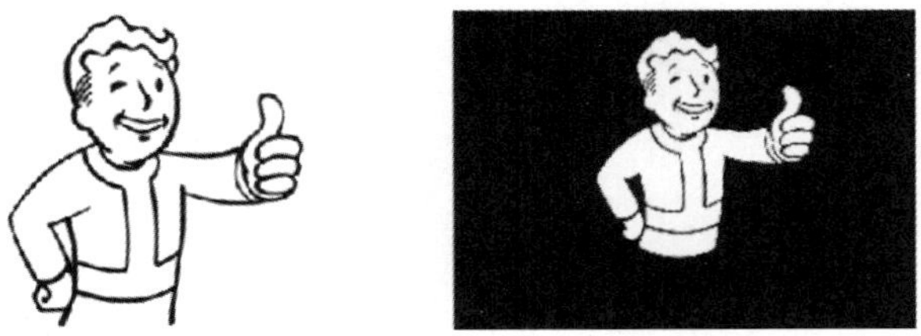

(1)

(2)

图 4-4-2　部分图形相同商标示例

(3)组合商标相同的审查

组合商标存在细微差别,易使消费者产生商品或服务来源混淆的(如图 4-4-3 所示),认定为相同商标。

图 4-4-3　部分文字相同商标示例

2.商标近似的典型案例分析

(1)文字商标近似的判定

中文商标或其显著识别部分的汉字构成相同，仅字体或设计、注音、排列顺序不同，易使相关公众对商品或者服务的来源产生混淆的（如图 4-4-4 所示），判定为近似商标。

(1)

(2)

(3)

(4)

图 4-4-4　部分文字近似商标示例

商标文字由字、词重叠而成，易使相关公众对商品或者服务的来源产生混淆的（如图 4-4-5 所示），判定为近似商标。若单一汉字经过艺术设计或者采用不常见的古代字体，难以辨认为文字，整体外观区别明显，不易使相关公众混淆的，不判为近似商标。

(1)

（2）

图 4-4-5　部分文字近似商标示例

商标文字或显著识别部分文字读音相同或者近似，且字形或者整体外观近似（如图 4-4-6 所示），商标文字构成、读音不同，但含义相同或近似，或商标字形近似，易使相关公众对商品或者服务的来源产生混淆的（或如图 4-4-7所示），判定为近似商标。

（1）

（2）

图 4-4-6　部分文字近似商标示例

（1）

（2）

夏天的味道　SUMMER SMELL

（3）

图 4-4-7　部分文字近似商标示例

中文商标由三个或者三个以上汉字构成，仅个别汉字不同，整体无含义或者含义无明显区别，易使相关公众对商品或者服务的来源产生混淆的（如图 4-4-8 所示），判定为近似商标。但商标首字读音、字形明显不同，或者整体含义不同，使商标整体区别明显，不易使相关公众对商品或者服务的来源产生混淆的（如图 4-4-9），不判为近似商标。

帕尔斯　　帕洛尔斯

蒙尔斯特　　蒙尔斯吉

图 4-4-8　部分文字近似商标示例

吉祥小路　　吉祥小子

图 4-4-9　非近似商标示例

商标由一至两个外文字母或者数字构成，仅字体或设计不同，商标整体外观近似（如图 4-4-10 所示），或商标由三个或者三个以上字母构成，仅个别字母不同，整体无含义或者含义无明显区别，易使相关公众对商品或者服务的来源产生混淆的（如图 4-4-11 所示），判定为近似商标。但商标首字母发音及字形明显不同，商标整体含义不同，或商标由三个或者三个以上外文字母构成，字母排列顺序不同，不易使相关公众对商品或者服务的来源产生混淆的（如图 4-4-12 所示），不判为近似商标。

图 4-4-10　部分文字近似商标示例

(1)

(2)

(3)

图 4-4-11　部分文字近似商标示例

(1)

(2)

STORE　　STONE

（3）

（4）

图 4-4-12　非近似商标示例

商标由两个外文单词构成，仅单词顺序不同，或仅在形式上发生单复数、动名词、缩写、比较级或最高级、词性、添加冠词、添加连词、添加介词等变化，含义无明显区别，易使相关公众对商品或者服务的来源产生混淆的（如图 4-4-13 所示），判定为近似商标。

cute cat　　CatCute

（1）

FUN　　MOREFUN

（2）

FAN SHARE　　sharefans

（3）

图 4-4-13　部分文字近似商标示例

商标仅由他人在先商标的显著识别部分及本商品或者服务缺乏显著性或显著性较弱的相关文字组成，易使相关公众对商品或者服务的来源产生混淆的（如图 4-4-14 所示），判定为近似商标。

美心西餅　　美心

(1)

仁岸醇　　仁岸

(2)

一杯沧海　　沧海 CANGHAI

(3)

福星楼　　福星小馆

(4)

宁造　　宁造严选

(5)

图 4-4-14　部分文字近似商标示例

两商标或者其中之一由两个或者两个以上相对独立的部分构成，其中显著部分近似，或完整地包含或者模仿他人在先具有较高知名度或者显著性较强的文字商标，易使相关公众对商品或者服务的来源产生混淆的（如图 4-4-15 所示），判定为近似商标。

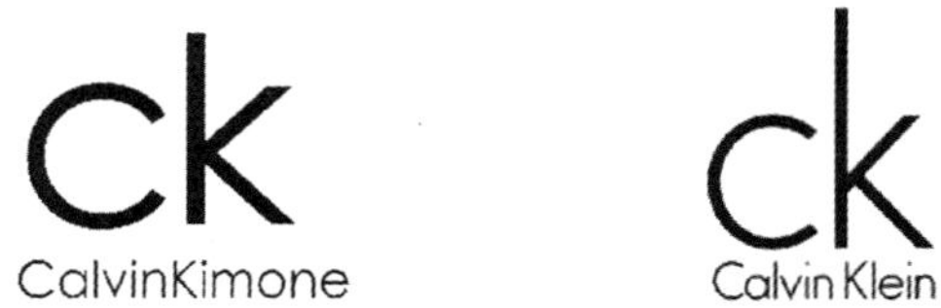

图 4-4-15　部分文字近似商标示例

（2）图形商标近似的判定

图形商标的构图和整体外观近似，或包含他人在先具有较高知名度或者显著性较强的，易使相关公众对商品或者服务的来源产生混淆的（如图4-4-16所示），判定为近似商标。

图 4-4-16　部分图形近似商标示例

（3）组合商标近似的判定

商标文字、图形部分相同或者近似，中文与外文文字的主要含义相同或基本相同，商标文字、图形不同，但排列组合方式或者整体描述的事物基本相同，使商标整体外观或者含义近似，易使相关公众对商品或者服务的来源产生误认的（如图 4-4-17 所示），判定为近似商标。

（1）

车乐乐 carjoy　　JOYCARS

（2）

子柔　　子柔 ZIROU

（3）

DOU ZHI DAO 都知道 养生 养生会所　　dou zhi dao

（4）

LIANCHEN 联臣　　LC LIANCHEN 联臣

（5）

图 4-4-17　部分组合商标近似示例

第五节　三维标志、颜色组合、声音商标的审查

我国《商标法》第八条规定，任何能够将自然人、法人或者其他组织的商品与他人的商品区别开的标志，包括文字、图形、字母、数字、三维标志、颜色组合和声音等，以及上述要素的组合，均可以作为商标申请注册。该法条以列举的形式明确规定了可以构成商标的基本要素，但我国可接受的商标要素并非自始如此，而是随着时代的发展不断充实的。我国在 2001 年修订《商标法》时，明确增加了三维标志、颜色组合的注册要素，在 2013 年修订《商标法》时，又增加了声音的注册要素。

相比与文字、图形等传统形式的商标，三维标志、颜色组合以及声音商标这三种非传统商标都必须结合其使用方式进行审查。《商标法实施条例》第十三条规定，以三维标志申请商标注册的，应当在申请书中予以声明，说明商标的使用方式……以颜色组合申请商标注册的，应当在申请书中予以声明，说明商标的使用方式……以声音标志申请商标注册的，应当在申请书中予以声明，提交符合要求的声音样本，对申请注册的声音商标进行描述，说明商标的使用方式。

一、三维标志商标的审查

三维标志商标是指仅由三维标志或者由含有其他要素的三维标志构成的商标，可以表现为商品自身的三维形状、商品包装或容器的三维形状或者其他形状的三维标志。

三维标志商标的实质审查除包括禁用条款的审查、显著特征的审查和相同、近似的审查以外，还应根据《商标法》第十二条规定，进行功能性的审查，即三维标志是否为仅由商品自身的性质产生的形状、为获得技术效果而需有的商品形状或者使商品具有实质性价值的形状。故三维标志商标的实质审查除了与平面商标一样需考虑商标本身构成、指定商品或者服务的类别、相关公众的认知习惯等一般因素之外，还必须结合其使用方式，综合判断该三维标志商标是否起到了区分商品或者服务来源的作用。

（一）三维标志商标禁用条款的审查

与平面商标一样，三维标志商标不得违反《商标法》禁用条款的相关规定。

如某公司申请的三维标志商标（见图 4-5-1），指定使用在“糖果”等商品上。该三维标志整体为充满血丝的眼球形状，用在“糖果”等面向广大消费者尤其是未成年人消费者的日常零食商品上，具有明显的猎奇风格，整体格调不高，容易造成相关公众观感不适，易产生不良影响，违反了《商标法》第十条第一款第八项的有关规定。

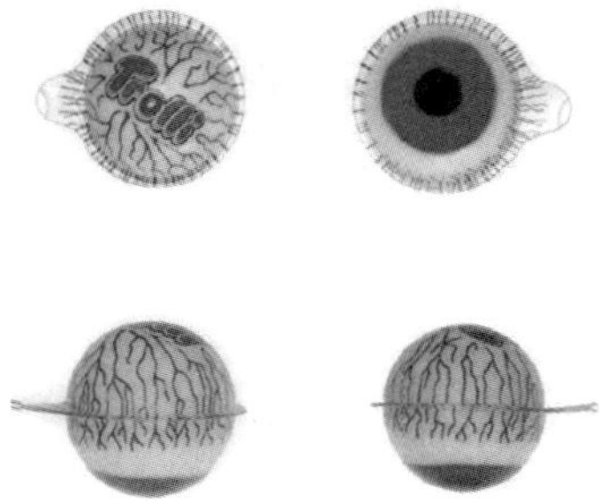

图 4-5-1　三维标志商标图样

(二)三维标志商标显著特征的审查

三维标志商标显著特征审查与平面商标一样,需综合考虑商标本身构成要素、整体视觉效果、指定的商品、相关公众的认知习惯、所属行业的实际使用情况等因素,此外,还应考虑其使用方式。

1.以商品自身形状构成的三维标志商标

仅以商品自身形状构成的三维标志商标,通常情况下不易被相关公众识别为商标,难以起到区分来源的作用,一般认为不具备商标的显著特征。商品自身形状即使经过设计,具有独特的视觉效果,也不能依据其独创性想当然地认为其具有作为商标的显著特征。

如某公司申请的三维标志商标(见图 4-5-2),指定使用在“玩具”商品上。该三维标志仅以普通玩具商品自身形状构成,尽管该形状外观具有独创性,但相关公众容易将其识别为“玩具”本身,而非区分商品来源的商标,故不具备商标应有的显著特征。

图 4-5-2　三维标志商标图样

2.以商品包装或容器形状构成的三维标志商标

商品包装或容器的主要功能是保护、盛载商品,以便于储运和销售。仅以商品包装或容器形状构成的三维标志商标,通常情况下不易被相关公众将其识别为指示商品来源的标志,难以起到区分商品来源的作用,一般认为不具备商标的显著特征。

如某公司申请的三维标志商标(见图 4-5-3),指定使用在“白酒”等商品上。该三维标志仅以商品盒装容器形状构成,尽管该包装不同于白酒常用的瓶状容器形状,其形状外观具有一定独创性,但相关公众仍容易仅将其识别为一种特殊形状的包装,而非区分商品来源的商标,故不具备商标应有的显著特征。

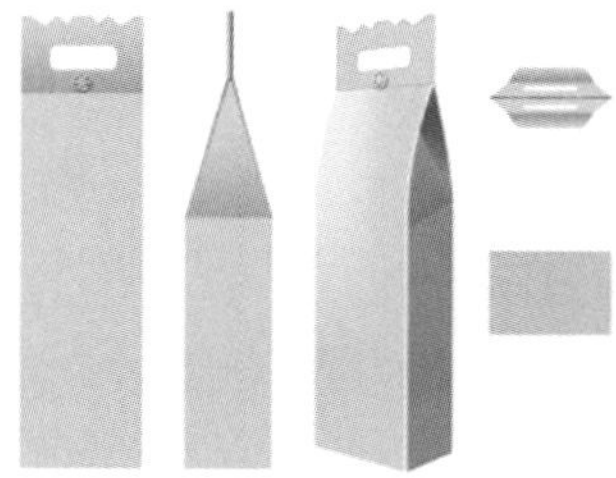

图 4-5-3　三维标志商标图样

3.其他形状的三维标志商标

简单的、普通的三维形状,起装饰性作用的三维形状,或者服务行业为了提供服务使用的通用或常用物品的三维形状,一般都不能起到区分服务来源的作用,因此缺乏显著特征。

图 4-5-4　三维标志商标图样

但非上述情形,具有独特设计,且与指定商品或者服务无直接关联的三维标志,一般认为其具备商标的显著特征。

如某公司申请的三维标志商标(见图 4-5-4),指定使用在“教育、培训”服务项目上。该三维标志为卡通刺猬立体形状,具有明显的独创设计,并且与指定使用的“教育、培训”服务没有直接的关联关系,能够起到区分服务来源的作用,具备商标的显著特征。

4.三维形状和平面要素的组合商标

三维标志商标由具有显著特征的三维形状和具有或者缺乏显著特征的平面要素组合而成的,整体上具有显著特征。

三维标志商标由缺乏显著特征的三维形状和具有显著特征的其他平面要素组合而成的,一般认为该三维标志商标整体上具有显著特征,但该商标注册后的专用权保护范围仅限于具有显著特征的平面标志部分,不能仅就不具有显著特征的三维形状单独主张权利,并且在商标公告和商标注册证上予以加注。

图 4-5-5　三维标志商标图样

如某公司申请的三维标志商标(见图 4-5-5),指定使用在“白酒”等商品上。该三维标志商标由不具备显著特征的商品容器形状和具有显著特征的文字“舍得”构成，整体能够起到区分服务来源的作用，具备商标的显著特征，并且该公司已明确放弃三维形状部分的商标专用权，故该商标获准注册。

5.经过长期或广泛使用取得显著特征的三维商标

同平面标志商标一样，不具备固有显著特征的三维标志商标，有充足证据证明该三维标志商标经过长期或广泛使用起到了区分商品来源作用的，可以取得显著特征。

（三）三维标志商标功能性的审查

三维标志功能性审查是三维标志商标特有的审查事项。《商标法》第十二条规定，以三维标志申请注册商标的，仅由商品自身的性质产生的形状、为获得技术效果而需有的商品形状或者使商品具有实质性价值的形状，不得注册。禁止注册具有功能性的商品外观，其目的在于确保具有实用价值或美学价值的商品特征不能通过获取可无限续展的注册商标专用权的方式被永久保护，以鼓励合法的市场竞争。

如某公司申请的三维标志商标（见图 4-5-6），指定使用在“轮胎”上。轮胎是支撑车辆并使车辆得以平稳移动的配件之一，为实现该商品固有的目的和用途必须具备或者通常具备图示的三维形状，即仅由商品自身性质产生的三维形状。该标志作为商标使用在“轮胎”上具有功能性，故不得注册。

图 4-5-6　三维标志商标图样

（四）三维标志商标相同、近似的审查

三维标志商标相同、近似的审查包括三维标志商标之间相同、近似的审查和三维标志商标与平面商标之间相同、近似的审查。

三维标志商标相同、近似审查时应考虑商标中三维形状的任一可观察角度，并就观察到的表现内容及视觉效果与他人在先商标进行对比。

1.三维标志商标之间相同、近似的审查

三维标志商标仅由三维形状构成的，其整体视觉效果与他人在先的三维标志商标相同或者近似，易使相关公众对商品或者服务的来源产生混淆的，判定为相同或者近似。

三维标志商标由不具有显著特征的三维形状和具有显著特征的平面要素组合而成的，若两件商标具有显著特征的平面要素相同或者近似，易使相关公众对商品或者服务的来源产生混淆误认的，判定为相同或者近似。

例如，A 公司申请的三维标志商标（见图 4-5-7）与 B 公司申请的三维标志商标（见图 4-5-8），均指定使用在“巧克力”商品上，两件商标的三维形状部分均不具有显著特征，其具有显著特征的平面要素部分近似，判定为近似商标。

图 4-5-7　三维标志商标图样

图 4-5-8　三维标志商标图样

2.三维标志商标与平面商标相同、近似的审查

三维标志商标仅由三维形状构成的，与他人在先的平面商标在整体视觉效果上相同或者近似，易使相关公众对商品或者服务的来源产生混淆的，判定为相同或者近似商标。

例如，A 公司申请的三维标志商标（见图 4-5-9）与 B 公司申请的平面商标（见图 4-5-10），均指定使用在“酒精饮料”商品上，三维标志商标的三维形状与平面商标的图形的整体视觉效果近似，判定为近似商标。

图 4-5-9　三维标志商标图样

图 4-5-10　平面商标图样

二、颜色组合商标的审查

颜色组合商标是指由两种或两种以上颜色按照特定方式进行组合构成的商标。我国目前只接受颜色组合作为商标申请注册，不接受单一颜色作为商标申请注册。一般情况下，颜色组合商标缺乏固有显著性，需要通过长期或广泛的使用，并与申请主体产生稳定联系，才能具备区分商品或者服务来源的功能，进而取得显著特征。

颜色组合商标注册申请的实质审查包括禁用条款的审查、显著特征的审查和相同、近似的审查。因为颜色组合商标仅由颜色构成，不限定具体形状，保护对象是以特定方式使用的颜色组合本身，故颜色组合商标实质审查时应结合其使用方式，从整体上审查其可注册性。

（一）颜色组合商标禁用条款的审查

颜色组合商标与传统商标一样，不得违反《商标法》禁用条款的相关规定。

例如，某公司申请的颜色组合商标（见图4-5-11），由绿、白、红三种颜色组成，以1∶1∶1的比例呈竖向长条状平铺使用在商品的外观上。该颜色组合商标如果以该公司说明的使用方式使用，呈现出的整体视觉效果与意大利国旗近似，故不得作为商标使用。

图 4-5-11　颜色组合商标图样

（二）颜色组合商标显著特征的审查

颜色组合商标显著特征的审查遵循传统商标显著性的判断原理、标准和规则，除此之外，还要考虑颜色组合商标的自身属性、构成元素、使用方式、持续使用时间、使用强度、同业经营者对同类颜色的使用情况、相关行业商标使用惯例、对颜色组合商标的广告宣传及其效果、相关公众的知晓程度等因素进行综合判定。

一般来讲，仅有指定商品的天然颜色、商品本身或者包装物以及服务场所通用或者常用颜色构成的颜色组合商标，不足以起到区别商品或者服务来源作用，认为其缺乏显著特征。

例如，某公司申请的颜色组合商标（见图4-5-12），指定使用在“美发”服务上。图中红、蓝、白的颜色组合方式为美发行业服务场所外的通用标识，不足以起到区别服务来源的作用，不得作为商标注册。

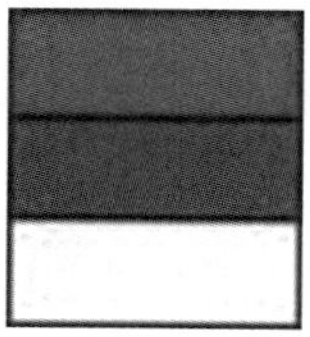

图 4-5-12　颜色组合商标颜色组合商标图样

有充分证据证明以特定方式使用的颜色组合通过使用取得显著特征的，可以注册为颜色组合商标。

（三）颜色组合商标相同、近似的审查

颜色组合商标相同、近似的审查，应以颜色组合要素以及商标具体使用方式为依据，从整体视觉效果上进行审查判断。

例如，A 公司申请的颜色组合商标（见图 4-5-13），指定使用在“电锯”商品上。申请人说明该颜色组合商标由桔红色、灰色两种颜色组合构成，其中桔红色为 PantonePQ-17-1464TCX，用于空滤器盖和把手，灰色为 PantoneP179-15C，用于割草机机身。

B 公司申请的颜色组合商标（见图 4-5-14），指定使用在“林业和园艺用链锯”商品上。申请人说明该颜色组合商标包含的颜色为橙色（RAL 颜色对照表编号 2010）和灰色（RAL 颜色对照表编号 7035），橙色用于指定商品外罩的上部，灰色用于指定商品外罩的下部。

图 4-5-13　颜色组合商标图样

图 4-5-14　颜色组合商标图样

上述两件颜色组合商标的构成颜色及其排列组合的方式近似近似，在商业活动中的实际使用方式无明显差别，整体视觉效果区别不大，相关公众会对其商品的来源产生混淆，应判定为近似商标。

三、声音商标的审查

声音商标是指由用以区别商品或者服务来源的声音本身构成的商标。声音商标可以由音乐性质的声音构成，例如一段乐曲；也可以由非音乐性质的声音构成，例如自然界的声音、人或动物的声音；还可以由音乐性质与非音乐性质兼有的声音构成。

声音商标的实质审查包括禁用条款审查、显著特征审查和相同、近似审查。一般情况下，声音商标缺乏固有显著性，需要通过长期或广泛的使用，与申请主体产生稳定联系，才能具备区分商品或者服务来源的功能，进而取得显著特征，故声音商标实质审查时应结合其使用方式，从整体上审查其可注册性。

（一）声音商标禁用条款的审查

声音商标与可视性商标一样，不得违反《商标法》禁用条款的相关规定。例如，与我国国歌或者《国际歌》相同或者近似的声音，具有恐怖、暴力、色情等元素的具有不良影响的声音，均不得作为商标使用。

（二）声音商标显著特征的审查

声音商标显著特征审查除了与传统可视性商标显著特征审查一样需综合考虑商标本身构成、指定的商品或者服务、相关公众的认知习惯等因素之外，还应考虑声音商标的听觉感知、声音效果、使用方式、持续使用时间、使用强度、同业经营者对同类声音的使用情况、相关行业商标使用惯例、对声音商标的广告宣传及其效果、相关公众的知晓程度等因素，进行综合判定。

一般情况下，仅直接表示指定商品或者服务内容的声音，如“钢琴弹奏声”指定在“乐器”商品上，仅直接表示指定商品消费对象的声音，如“儿童嬉笑声”指定在“婴儿奶粉”商品上，以及仅直接表示指定商品或者服务其他特点的声音，难以发挥区分商品或者服务来源的功能，缺乏显著特征。

除此以外，使用商品时或提供服务时难以避免或通常出现的声音、行业内通用或常用的声音、过于简单或过于复杂的声音、以平常语调或简单旋律直接唱呼的文字短语等，使用时可能仅被认知为背景音乐或广告宣传，难以发挥区分商品或者服务来源的功能，缺乏显著特征。

（三）声音商标相同、近似的审查

声音商标相同、近似审查包括声音商标之间和声音商标与其他类型商标之间的相同、近似审查。两声音商标的听觉感知或整体音乐形象相同或者近似，易使相关公众对商品或者服务来源产生混淆误认，或者认为二者之间存在特定联系的，判定为相同或者近似商标。声音商标中语音对应的文字或其他要素，与可视性商标中含有的文字或其他要素读音相同或者近似，易使相关公众对商品或者服务来源产生混淆误认，或者认为二者之间存在特定联系的，判为相同或者近似商标。

第六节　集体商标、证明商标的审查

一、集体商标、证明商标的概念

集体商标，是指以团体、协会或者其他组织名义注册，供该组织成员在商事活动中使用，以表明使用者在该组织中的成员资格的标志。

证明商标，是指由对某种商品或者服务具有监督能力的组织所控制，而由该组织以外的单位或者个人使用于其商品或者服务，用以证明该商品或者服务的原产地、原料、制造方法、质量或者其他特定品质的标志。

《商标法》第三条规定，经商标局核准注册的商标为注册商标，包括商品商标、服务商标和集体商标、证明商标；商标注册人享有商标专用权，受法律保护。

2024 年 2 月 1 日起，国家知识产权局颁发的第 79 号令《集体商标、证明商标注册和管理规定》开始施行，规定了集体商标、证明商标注册和管理的特殊事项，为集体商标、证明商标的注册与管理提供了有效指导。

二、集体商标、证明商标的审查内容

集体商标、证明商标和普通商标一样，应当依据《商标法》的有关基本规定进行审查，即该商标是否属于《商标法》规定的禁用之列，是否具有显著特征、便于识别，是否与在先权利冲突。

但集体商标的作用在于表明使用该商标的成员之间存在某种联系，共同作为某个集体组织的成员，证明商标的作用在于表明商品或服务的原产地、原料、制造方法、质量或其他特定品质，与普通商标在功能作用、使用条件、注册人和使用人权利、义务等方面均有不同，因此，在审查时应当坚持标

准执行的一致性与个案审查原则。

（一）集体商标、证明商标禁用条款的审查

集体商标、证明商标的注册不得违反《商标法》第十条第一款的规定。

例如，某协会申请的集体商标（见图 4-6-1），指定使用在第 25 类“衬衫；服装”等商品上。该商标图形中的镰刀、锤头与中国共产党党旗近似，用作商标容易产生不良影响，违反了《商标法》第十条第一款第八项的规定，故予以驳回。

图 4-6-1 某协会申请的集体商标

（二）集体商标、证明商标显著特征的审查

判断集体商标、证明商标是否具有显著特征，不仅要考虑商标标志本身的含义、呼叫和外观构成，还要结合商标指定的商品或者服务类别、相关公众的认知习惯、所属行业的实际使用情况等，进行个案判断。

烹饪大师

图 4-6-2 某协会申请的证明商标

例如，某协会申请证明商标（见图 4-6-2），指定使用在第 43 类“饭店；餐厅”等服务项目上。该证明商标中文字“烹饪大师”是对技术达到较高水准的餐饮从业人员的称呼，使用在第 43 类“饭店”等服务上仅直接表示了服务的内容等特点，违反了《商标法》第十一条第一款第二项的规定，故予以驳回。

（三）集体商标和证明商标相同、近似的审查

集体商标、证明商标与普通商标、地理标志集体商标、地理标志证明商标虽然同属商标的类型，但在功能作用、使用方式、商品或者服务使用条件、注册人和使用人的权利、义务等方面均有所不同，在相同、类似商品或者服务上同时注册两种不同类型的商标，仍会引起公众对商品或者服务的来源及其品质等方面产生误认。故集体商标和证明商标注册不得违反《商标法》第三十条和第三十一条的规定，即使是同一申请人，也不能在相同或类似商品或者服务上注册两种不同类型的相同或者近似商标。

例如，甲协会申请的集体商标（见图 4-6-3），指定使用在第 31 类“水蜜桃”等商品上。经查，该协会已经在第 31 类“鲜水果”等商品上申请注册了普

通商标(见图 4-6-4)。

图 4-6-3　集体商标图样

图 4-6-4　普通商标图样

甲协会申请的“嶂山”集体商标指定使用的“水蜜桃”商品与“嶂山”普通商标指定使用的“鲜水果”商品属于相同类别的类似商品，“嶂山”集体商标与“嶂山”普通商标在文字构成、称呼等方面构成了近似商标，为避免公众对商品的来源及其品质等方面产生误认，引证该协会在先注册的“嶂山”普通商标，驳回其后在相同类别、类似商品上申请的“嶂山”集体商标。

(四)含无其他含义的县级以上行政区划地名的集体商标和证明商标的审查

《商标法》第十条第二款规定，无其他含义的县级以上行政区划地名原则上不得作为商标使用，但是地名作为集体商标、证明商标组成部分的除外。鉴于集体商标和证明商标自身的性质，应当综合考量标志整体显著特征、知名度等因素，对含无其他含义的县级以上行政区划地名的集体商标和证明商标是否可以注册进行判定。为避免公众对商品或者服务的来源地产生误认，生产者、经营者仅能申请含其住所、经营地所在地域名称的集体商标、证明商标。

申请商标由无其他含义的县级以上行政区划地名和商品或者服务通用名称组成，但同时满足以下条件的，则符合《商标法》第十条第二款的规定：

(1)申请人经商标所含地名人民政府或其上一级人民政府授权。

(2)申请商标经过长期使用已取得显著性。

(3)申请商标在相关行业中具有较高知名度或在相关消费群体中广为知晓。

(4)申请指定商品或者服务属国家政策明确支持的产业。

(5)指定商品或者服务与商标所含商品或者服务通用名称一致或密切相关。

(6)指定商品或者服务的特定品质并非由当地的自然因素和人文因素所决定，但其声誉与商标所含地名有密切关联，不会误认为地理标志的。

例如，沙县小吃同业公会申请的集体商标（见图 4-6-5），指定使用在第 43 类“饭店；餐馆”等服务上。“沙县小吃”历史源远流长，其制作工艺渊源传自古中原一带民俗，距今有 1000 多年历史，“沙县小吃”也是沙县的主要产业之一，为了宣传、推广、保护沙县小吃，沙县县委、县政府投入大量人力、物力、财力，经过多年的使用已取得显著性。故该商标可准予注册。

图 4-6-5　沙县小吃同业公会集体商标

（五）集体商标和证明商标特有事项的审查

根据《集体商标、证明商标注册和管理规定》第三条、第四条规定，申请集体商标注册的，应当附送主体资格证明文件、集体成员的名称、地址和使用管理规则；申请证明商标注册的，应当附送主体资格证明文件、使用管理规则和证明其具有的或者其委托机构具有的专业技术人员、专业检测设备等情况的证明材料，以表明其具有监督该证明商标所证明的特定商品品质的能力。

《集体商标、证明商标注册和管理规定》第六条规定，集体商标、证明商标的使用管理规则应当依法制定，对注册人、集体成员和使用人具有约束力，并包括下列内容：使用该集体商标或者证明商标的宗旨；使用该集体商标的商品的品质或者使用该证明商标证明的商品的原产地、原料、制造方法、质量或者其他特定品质；使用该集体商标或者证明商标的手续；使用该集体商标或者证明商标的权利、义务；集体商标的集体成员或者证明商标的使用人违反其使用管理规则应当承担的责任；注册人对使用该集体商标或者证明商标商品的检验监督制度。

集体商标和证明商标作为商标的一种特殊类型，除对其标志进行审查外，还应当对其申请人主体资格、使用管理规则、指定商品或者服务的品质标准、检验检测能力等特有事项进行审查。

集体商标的注册申请主体应当是集体组织。证明商标的注册申请主体应当是依法成立，且对所申请的商品或者服务的特定品质具有监督能力的组织。

集体商标所指定商品或者服务的品质应当有现行有效、具体明确，且与所指定的商品或者服务相关的标准。该标准可以是国家标准、行业标准、地方标准或团体标准,也可以是申请人自行设定的标准或规范(该标准不能低于国家标准)。使用证明所指定商品或者服务的品质应当高于国家标准。

例如,原中国旅游饭店协会申请的证明商标(图 4-6-6),指定使用在第42类“住所(饭店,供膳寄宿处)”服务上。

图 4-6-6 原中国旅游饭店协会证明商标

根据该证明商标使用管理规则,使用该证明商标必须符合如下要求:“设施上,有与饭店规模相适应的总服务台,位置合理,提供饭店服务项目资料、客房价目等信息;应有就餐区域,提供桌、椅等配套设施,照明充足,通风良好;客房装修良好、美观,应有软垫床、梳妆台或写字台、衣橱及衣架、座椅或简易沙发、床头柜及行李架等配套家具……服务上,应有管理及安保人员24 小时在岗值班;24 小时提供接待、问询、结账和留言服务;提供总账单结账服务、信用卡结算服务;客房内应 24 小时提供热饮用水,免费提供茶叶或咖啡;提供早、中、晚餐服务……”

该证明商标注册申请人依法依规提交了主体资格证明文件、证明商标使用管理规则、申请人监督检测能力证明材料,说明了其服务品质标准高于国家标准,证明了其具备监督检测该服务品质的能力,故该证明商标符合证明商标特有事项的要求,可准予注册。

三、地理标志集体商标和地理标志证明商标的审查

《商标法》第十六条第二款规定,本法所称地理标志,是指标示某商品来源于某地区,该商品的特定质量、信誉或者其他特征,主要由该地区的自然因素或者人文因素所决定的标志。地理标志可以作为集体商标或者证明商

标申请注册。

地理标志集体商标和地理标志证明商标与普通商标一样，应当依据《商标法》的有关基本规定进行审查。即该商标是否属于《商标法》规定的禁用之列，是否具有显著特征、便于识别，是否与在先权利冲突。

但地理标志所标示的商品的特定质量、信誉或者其他特征是在漫长的历史中逐渐形成的，是大自然的馈赠和广大劳动人民勤劳智慧的结晶，与普通商标在表现形式、功能、作用等方面有明显区别，因此，地理标志集体商标和地理标志证明商标的审查亦应有其特殊性。

（一）地理标志集体商标和地理标志证明商标禁用条款的审查

在判断地理标志集体商标和地理标志证明商标是否违反禁用条款时，应结合地理标志名称的由来、地理标志产品的特定品质及其与生产地域自然环境之间的联系、公众对该地理标志的认知等，进行个案判断，不能机械地照搬条款。

（二）地理标志集体商标和地理标志证明商标显著特征的审查

地理标志强调的是商品的特定品质与生产地域之间的密切联系，是作为一种标示某商品来源于某地区，该商品的特定质量、信誉或者其他特征，主要由该地区的自然因素或者人文因素所决定的标志，其名称是在历史发展中约定俗成的，表现形式一般由“地名＋商品通用名称”构成，整体上属于经过长期使用具有商标显著性的情形，不判定为缺乏显著特征。

另外，在对地理标志集体商标和地理标志证明商标显著特征进行审查时，应同时结合《商标法》第十六条第二款等相关规定进行综合判断。

例如，某协会申请的地理标志集体商标（见图 4-6-7），指定使用在第 31 类“芒果”相关商品上。“三亚芒果”是我国芒果商品上的地理标志集体商标，该地理标志集体商标权利人即为该协会，但鉴于该商标中还包含了“爱上三亚的另一个理由”，不符合地理标志的定义要求，违反《商标法》第十六条的规定，应予以驳回。

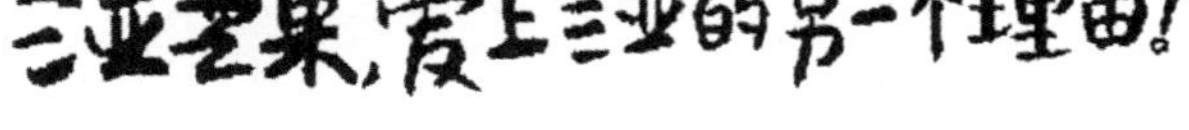

图 4-6-7　某协会地理标志集体商标

（三）地理标志集体商标和地理标志证明商标相同、近似的审查

地理标志集体商标和地理标志证明商标与普通商标一样，同样需要进行商标相同、近似性比对审查，总体上遵循《商标法》第三十条、第三十一条的规定。但鉴于地理标志是其产地从事相关生产经营活动的市场主体共有的权利，其与普通商标在功能、用途、产品特定品质、历史渊源等方面区别明显，因此在地理标志集体商标和地理标志证明商标相同、近似比对审查中，应当进行个案判断。

如果地理标志集体商标、地理标志证明商标申请在后，普通商标申请在前，应当结合地理标志集体商标、地理标志证明商标的知名度、显著性、相关公众的认知等因素，不易构成相关公众混淆误认的，不判定为近似商标。

如果地理标志集体商标、地理标志证明商标申请在前，普通商标申请在后，容易导致相关公众对商品或者服务来源产生混淆误认，不当攀附地理标志集体商标或者地理标志证明商标知名度的，认定二者构成近似商标。

地理标志集体商标、地理标志证明商标名称由具有包含关系的两级地名即“大地名＋小地名＋商品通用名称”构成，如果小地名隶属于大地名，且在先小地名商标权利人来自大地名所标示地区，易造成误认，在类似商品上两者应判定近似。

例如，巨鹿县哈口甲合作社在先申请的“哈口”普通商标在第 31 类商品上已注册（见图 4-6-8）；巨鹿县哈口乙协会在后申请的地理标志证明商标（见图 4-6-9），指定使用在第 31 类“西瓜”商品上。

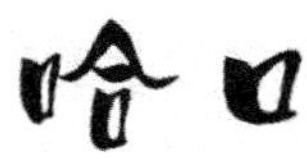

图 4-6-8　普通商标

图 4-6-9　地理标志证明商标

“哈口”是河北省邢台市巨鹿县下辖的村名，该村申请人甲合作社在先注册了“哈口”普通商标，为避免公众产生误认，乙协会在后申请的“巨鹿哈口西瓜”地理标志证明商标应引证在先“哈口”商标予以驳回。

（四）地理标志集体商标和地理标志证明商标特有事项的审查

根据《商标法实施条例》第四条、《集体商标、证明商标注册和管理规定》第五条规定，地理标志集体商标和地理标志证明商标的注册申请，除需遵循

一般集体商标和证明商标的有关要求外，还需要提供地理标志所标示地区人民政府或行业主管部门的批准文件、申请人的检测能力证明材料等，因此，在对地理标志集体商标和地理标志证明商标进行审查时，除对其标志进行审查外，还应当对其申请人主体资格、使用管理规则、检验检测能力等特有事项进行审查。

1.指定商品的审查

地理标志强调的是商品的特定品质及其与生产地域自然因素、人文因素之间的关联性，因此地理标志集体商标和地理标志证明商标指定使用的商品应明确、具体，且应与地理标志名称密切关联，通常为农产品、食品、葡萄酒、烈性酒，还包括部分传统手工艺品等其他产品。单一的仅由自然因素或者仅由人文因素决定特定品质的，不能作为地理标志集体商标和地理标志证明商标指定使用的商品。

2.申请人主体资格的审查

地理标志集体商标和地理标志证明商标申请人应当是经该地理标志所标示地区县级以上人民政府或行业主管部门同意、对该地理标志产品特定品质具备监督检测能力、不以盈利为目的的团体、协会或者其他组织，一般为社会团体法人、事业单位法人，且其业务范围与所监督使用的地理标志产品相关。

公司和农民专业合作社等因是营利性主体，不能作为地理标志集体商标和地理标志证明商标注册人。

3.地理标志所标示地区县级以上人民政府或者行业主管部门批准文件的审查

地理标志集体商标和地理标志证明商标注册申请人应当提交该地理标志所标示地区县级以上人民政府或行业主管部门同意其申请注册并监督管理该地理标志的批准文件。地理标志所标示的地域范围为一个县、市范围内的，由该县、市人民政府或者行业主管部门出具批准文件；地域范围为两个以上县、市范围的，由其共同上一级人民政府或者行业主管部门出具批准文件。

4.地理标志指定商品特定品质的审查

地理标志集体商标和地理标志证明商标使用管理规则的审查除适用一般集体商标、地理标志相关要求外，还应对其指定商品的特定质量、信誉或者其他特征及生产地域范围等进行审查。

地理标志商品特定品质包括该商品的感官特征、理化指标或其特殊的制作方法。感官特征包括形状、尺寸、颜色、纹理等视觉特征和嗅觉、味觉感知等。理化指标包括所属族、种等生物特征，重量、密度、酸碱度等物理特征，水分、蛋白质、脂肪、微量元素含量等化学特征。制作方法包括对加工技术的描述以及最终产品的质量标准，如动物产品的饲养过程、屠宰方法等，植物产品的种植过程、收获实践、储存方式等，传统手工艺品的原材料、配料和制作过程等。

5.地理标志所标示的生产地域范围的审查

根据《集体商标、证明商标注册和管理规定》规定，以地理标志作为证明商标、集体商标注册的，可以是该地理标志标示地区的名称，也可以是能够标示某商品来源于该地区的其他标志。

地理标志所标示地区的生产地域范围可以是县志、农业志、产品志、年鉴、教科书中所表述的地域范围，也可以由地理标志所标示地区的人民政府或行业主管部门出具的地域范围证明文件确定。

该地域范围无需与该地区的现行行政区划名称、范围完全一致，可用以下方式之一或其组合界定，包括行政区划的方式、经纬度的方式、自然环境中的山河等地理特征为界限的方式、地图标示的方式以及其他能够明确确定生产地域范围的方式，但表述应当清晰、明确、具体。

6.地理标志产品特定质量、信誉或其他特征与该地域自然因素、人文因素关系说明的审查

地理标志集体商标和地理标志证明商标指定商品的特定质量、信誉或者其他特征，应主要由该地理标志所标示的地区的自然因素或者人文因素所决定。根据生产地域的自然因素、人文因素在地理标志产品特定品质形成过程中的决定作用大小，可以主要由当地的自然因素决定、主要由人文因素决定或者自然因素和人文因素共同决定。仅由自然因素或者仅由人文因素决定的产品，不符合地理标志概念。

例如，绍兴市黄酒行业协会申请的地理标志证明商标(见图 4-6-10)，指定使用在第 33 类“黄酒”商品上。绍兴黄酒的特定品质是由鉴湖水及独特的生产工艺所共同决定的。产地内四季分明，雨水充沛，适宜酿酒所需的微生物生长。鉴湖水系水质清澄，富含微量元素和矿物质。绍兴黄酒采用精白糯米为

原料，配以鉴湖水酿制，形成色泽橙黄、清亮透明，味道醇厚、柔和鲜爽的品质。

图 4-6-10　地理标志证明商标

7.地理标志客观存在及其声誉证明材料的审查

地理标志客观存在及声誉情况的证明材料是地理标志确权的重要依据，判定地理标志是否客观存在的主要依据包括以下证据材料：县志、农业志、产品志、年鉴、教科书，上述之外的公开出版的书籍、国家级专业期刊、古籍等材料，其他可以证明该地理标志产品客观存在及声誉情况的材料。

8.申请人监督检测证明能力的审查

申请人应该提供其自身具备或者其委托机构具备监督检测能力的证明材料，包括检测资质证明、检测设备清单和检测人员名单等，以此认定申请人是否具有监督检测该地理标志产品特定品质的能力。

9.外国人或者外国企业申请地理标志集体商标和地理标志证明商标的审查

外国人或者外国企业在中国申请地理标志集体商标和地理标志证明商标注册的，同样应遵循本部分的规定，但根据《集体商标、证明商标注册和管理规定》第五条第二款的规定，外国人或者外国企业申请以地理标志作为证明商标、集体商标注册的，申请人应当提供该地理标志以其名义在原属国受法律保护的证明。

第七节　同日申请商标的审查

一、同日申请商标的概念及审查依据

“同日申请商标”，即“商标注册同日申请”，是指两个或者两个以上的申请人，在同一种或者类似商品或者服务上，分别以相同或者近似的商标在同一天提出注册申请的情形。

《商标法》第三十一条规定，两个或者两个以上的商标注册申请人，在同一种商品或者类似商品上，以相同或者近似的商标申请注册的，初步审定并公告申请在先的商标；同一天申请的，初步审定并公告使用在先的商标，驳回其他人的申请，不予公告。

《商标法实施条例》第十九条规定，两个或者两个以上的申请人，在同一种商品或者类似商品上，分别以相同或者近似的商标在同一天申请注册的，各申请人应当自收到商标局通知之日起30日内提交其申请注册前在先使用该商标的证据。同日使用或者均未使用的，各申请人可以自收到商标局通知之日起30日内自行协商，并将书面协议报送商标局；不愿协商或者协商不成的，商标局通知各申请人以抽签的方式确定一个申请人，驳回其他人的注册申请。商标局已经通知但申请人未参加抽签的，视为放弃申请，商标局应当书面通知未参加抽签的申请人。

二、同日申请商标的审查流程及注意事项

商标注册同日申请审查程序（以下简称“同日审查程序”）旨在解决商标申请权不确定的问题，同时，为使申请人对可注册性有合理预期，在此阶段对商标申请进行预先审查。为充分平衡“以注册为主、使用为补充原则”“申请主体意思自治”及“效率兼顾”等因素，《商标法》及《商标法实施条例》对商标注册同日申请采取阶梯式审查模式。

（一）同日申请商标预先审查

同日申请商标在进入同日审查程序前，应该先进行全面审查，认真比对商标申请人、申请日期等信息。一方面审查同日申请商标可能存在的其他驳回事由，另一方面确定其是否存在可不进行同日审查程序的例外情形。

（二）同日申请商标审查程序

1.补送使用证据阶段

该阶段主要目的在于判断在先使用情况，能够证明申请注册前在先使用的申请人获得商标申请权。各方申请人均未提交使用证据或者提交的使用证据不能证明其在先使用的，该同日申请商标进入下一阶段审查程序。

对同日申请商标，商标审查部门会同步审查和签出，同一天向商标注册同日申请各方申请人发出《商标注册同日申请补送使用证据通知书》。申请

人应当在收到《商标注册同日申请补送使用证据通知书》之日起 30 日内提交申请注册前在先使用该商标的证据，用以证明商标的在先使用情况，申请人未提交使用证据或者提交的使用证据无效的，视为未使用。

仅一方申请人在期限内提交了真实有效的使用证据的，实际使用的申请人获得商标申请权，驳回未使用的申请人在相同或者类似商品或者服务上的商标注册申请。各方申请人均在期限内提供了真实有效的使用证据，且使用日期不同的，使用在先的申请人获得商标申请权，驳回使用在后的申请人在相同或者类似商品或者服务上的商标注册申请。

商标注册同日申请各方在补送使用证据阶段主动协商、达成一致意见的，或者其中一方自愿放弃全部或者部分商品或者服务上的注册申请、与其他各方申请人的申请已无冲突商品或者服务的，可不再通知申请人另行协商。

2.协商阶段

各方申请人均未在先使用或者无法确定在先使用情况，但通过自行协商能够确定商标申请人的，协商确定的申请人获得商标申请权，不愿协商或者协商不成的，该同日申请商标进入下一阶段。

各方申请人同日使用或者均未使用的，可以在收到《商标注册同日申请协商通知书》之日起 30 日内自行协商商标申请权的归属，并报送书面协议。在规定期限内未提交书面协议或者协议无效的，视为协商不成。

各方申请人在期限内协商一致并报送书面协议的，协议内容确定的申请人获得商标申请权，驳回或者准予撤回其他申请人在相同或者类似商品或者服务上的商标申请。

3.抽签阶段

对于各方申请人不愿协商或者协商不成的，进入抽签阶段，通过抽签方式确定商标申请权。申请人应按照《商标注册同日申请抽签通知书》规定的抽签方式、时间、地点参加线上或者线下抽签。未参加抽签的，视为放弃申请。

仅有一方申请人按照规定时间参加抽签的，该方申请人获得商标申请权，驳回其他申请人在相同或者类似商品或者服务上的商标申请。各方申请人按规定时间参加抽签的，依据抽签结果，中签者获得商标申请权，驳回其他申请人在相同或者类似商品或者服务上的商标申请。各方申请人均未按照规定时间参加抽签的，驳回或者部分驳回各方申请人在相同或者类似商品或者服务上的商标申请。

在《商标注册同日申请抽签通知书》发出前，因同日申请商标转让至同一主体名下、申请人撤回申请或者删减商品等原因，导致商标注册同日申请审查事由已不存在的，商标注册同日申请审查流程终止。《商标注册同日申请抽签通知书》发出后，申请人未参加抽签，即使商标注册同日申请审查事由已不存在，仍视为放弃申请。商标注册同日申请商标抽签后应按抽签结果进行审查。

（三）同日申请商标审查程序的例外情形

在商标注册同日申请程序中，原则上应先确定商标申请权的归属，待商标申请权归属确定后再对商标注册申请进行全面实质审查，但存在以下情形的除外：

1.存在稳定在先注册商标的

同日申请一方及同日申请各方以外的他人在冲突商品或者服务类别上已获准注册相同商标，且商标注册同日申请审查时该在先注册商标权利未处于注销、撤销、无效宣告程序中。这种情形下将直接引证在先注册商标对同日申请商标予以部分或者全部驳回。

2.违反《商标法》第十九条第四款规定的

商标代理机构在代理服务以外的商品或者服务类别上申请商标注册，直接依据《商标法》第十九条第四款予以驳回。

3.违反《商标法》第四条的

同日注册申请被认定为不以使用为目的的恶意注册申请，直接依据《商标法》第四条予以驳回。

4.其他确需直接驳回的

对于其他违反法律相关规定的，可直接依法予以驳回。

（四）商标注册同日申请程序的注意事项

1.商标注册申请人应遵守诚实信用原则

根据《商标法》第七条第一款的规定，申请人在提出商标注册申请及商标注册同日申请审查程序中应当遵循诚实信用原则。

具体包括：应当在答复过程中按照通知书所载要求进行规范回文，提供的证据材料应当真实有效，提供的协商文件应符合协商双方真实意思表示，不得弄虚作假，提交虚假、伪造或者经篡改的文件材料。

2.关于商标使用证据的效力

(1)商标使用的概念

商标的使用，是指商标的商业使用，主要指将相关标志用于识别商品或者服务来源的使用行为，应当符合真实、公开、合法等要件，具体形式包括但不限于将商标用于商品、商品包装或者容器以及商品交易文书上，或者将商标用于广告宣传、展览以及其他商业活动中等。

(2)对使用证据的总体要求

申请人提交的使用证据应当真实有效，不得提交虚假证据，证据之间不应相互矛盾。

(3)对使用证据形成时间、使用类别和标样的要求

申请人所提交使用证据的形成时间，应限于在商标申请日之前。申请人提交的使用证据应能够证明其在先使用的类别与同日申请商标指定的类别相同或者类似。申请人提交的使用证据应能证明是对同日申请商标的使用，实际使用的商标与同日申请商标需要具备同一性。

(4)对使用证据中使用人的要求

申请人提交的使用证据应能证明商标实际使用人为商标申请人或者被许可使用人。商标申请人许可他人使用商标的，应当同时提交商标许可使用证据。

(5)对使用证据提交的程序要求

申请人应当在规定的期限内完成使用证据补送。申请人应在收到《商标注册同日申请补送使用证据通知书》之日起 30 日内，完成使用证据的提交。报送使用证据时应将使用证据材料与《商标注册同日申请补送使用证据通知书》原件一并交回。

3.关于协商协议

(1)对协商协议的总体要求

申请人提交的协商协议需清晰记载商标申请号、商标名称、指定使用的商品或者服务等必要的商标信息。各方申请人应当在协商协议中共同签字或者盖章，并注明协商协议签订日期。

(2)对协商协议实质内容的要求

申请人提交的协商协议中需要明确商标注册同日申请中的申请权属于

某一方申请人，且不应造成权利冲突或者损害他人合法权利等情形。商标共存协议不属于协商协议。

(3)对协商协议提交程序的要求

申请人应当在收到《商标注册同日申请协商通知书》之日起30日内提交商标协商协议。报送书面协商协议时，应将书面协议与《商标注册同日申请协商通知书》原件一并交回。

4.关于抽签

(1)对抽签程序的总体要求

各方申请人应认真阅读《商标注册同日申请抽签通知书》及《商标注册同日申请抽签须知》内容，按照规定的方式、时间、地点按时参加，并按照要求提交相关材料。

(2)对抽签主体的限制

参加抽签的主体为接受商标申请人委托的代表人或者代理机构的，不得同时接受两方及以上申请人的委托。同一被委托人不得代表同一组的双方(或者多方)申请人参加抽签。

5.商标注册申请人应积极主动行使权利

商标注册同日申请程序环节多、流程长，实务中，常出现因申请人被动答复延缓审查进度的情形。在各阶段通知书送达中也经常出现收寄地址不正确、寄出公文被退回的情形，在此种情况下，需要将送达方式由邮寄送达改为周期为30日的公告送达，且公告送达的次数越多，程序持续的时间就会越长，商标注册同日申请审查程序的运行将持续低效率运行。

商标注册申请人应主动配合商标注册同日申请审查，提供真实有效的联系方式、收寄地址，确保联系畅通、文书送达准确无误，尽量避免因沟通不畅、送达退信等问题而导致的程序拖沓，进展缓慢。

6.商标注册申请人应避免与其关联主体提出商标注册同日申请

根据我国《商标法》及《商标法实施条例》的相关规定，商标注册同日申请审查历经多个阶段，等待审查结论所需的时间受送达、回文等因素的影响较大。经营主体应科学选择商标申请及发展策略，提前合理确定商标申请主体，尽量避免出现与其子公司、控股公司或者具有关联关系的其他主体提出商标注册同日申请，商标注册同日申请客观上会延缓商标注册审查周期。

前沿思考

在商标注册审查流程中，实质性审查环节极为关键，其严格依据《商标法》相关条款（像第十条、第十一条等），对商标注册申请是否符合法律规定等进行全面审查，这一审查过程涵盖禁用条款审查、显著性判断等核心内容，是判定其能否作为商标使用的关键。同时，商标注册申请应当具有识别商品或服务来源的作用，需具有一定的独创性，避免与在先权利发生冲突。随着商标申请量的迅猛增长，商标近似判断的难度也在不断加大，不仅要考虑商标为文字、图形、读音等因素，还要结合市场实际情况、消费者认知习惯等多方面的因素综合判断。

从前沿视角看，随着数字经济和全球化的深入发展，商标注册审查面临着全新的挑战与机遇。在数字经济时代，新的商业模式不断涌现，像虚拟商品、数字服务等领域，对商标的保护需求日益迫切。一些涉及人工智能算法、区块链技术的商标注册申请逐渐增多，如何在现有商标审查法律和规定的框架下准确判断这些商标的合法性和显著性，成为商标审查人员需要深入思考的问题。在全球化背景下，我们应加强国际间的交流与合作，不断完善我国的商标审查法律制度，如进一步明确人工智能生成商标的权利归属、侵权责任认定等。同时，要合理利用人工智能技术，建立人机协同的审查模式，充分发挥人工智能的高效处理能力，提高商标审查的质量和效率。

第五章　商标异议

第一节　商标异议的概念及法律依据

一、商标异议的概念界定

商标异议指自然人、法人或者其他组织在法定异议期限内对商标注册申请人经商标局初步审定并刊登公告的商标提出反对意见，请求商标局不予注册。商标局经审查依法作出准予注册、不予注册、部分商品（服务）不予注册决定的制度。

二、商标异议的法律依据

《商标法》第三十三条规定：

> 对初步审定公告的商标，自公告之日起三个月内，在先权利人、利害关系人认为违反本法第十三条第二款和第三款、第十五条、第十六条第一款、第三十条、第三十一条、第三十二条规定的，或者任何人认为违反本法第四条、第十条、第十一条、第十二条、第十九条第四款规定的，可以向商标局提出异议。公告期满无异议的，予以核准注册，发给商标注册证，并予公告。

《商标法》第三十五条规定：

> 对初步审定公告的商标提出异议的，商标局应当听取异议人和被

异议人陈述事实和理由，经调查核实后，自公告期满之日起十二个月内作出是否准予注册的决定，并书面通知异议人和被异议人。有特殊情况需要延长的，经国务院工商行政管理部门批准，可以延长六个月。

商标局作出准予注册决定的，发给商标注册证，并予公告。异议人不服的，可以依照本法第四十四条、第四十五条的规定向商标评审委员会请求宣告该注册商标无效。

商标局作出不予注册决定，被异议人不服的，可以自收到通知之日起十五日内向商标评审委员会申请复审。商标评审委员会应当自收到申请之日起十二个月内作出复审决定，并书面通知异议人和被异议人。有特殊情况需要延长的，经国务院工商行政管理部门批准，可以延长六个月。被异议人对商标评审委员会的决定不服的，可以自收到通知之日起三十日内向人民法院起诉。人民法院应当通知异议人作为第三人参加诉讼。

商标评审委员会在依照前款规定进行复审的过程中，所涉及的在先权利的确定必须以人民法院正在审理或者行政机关正在处理的另一案件的结果为依据的，可以中止审查。中止原因消除后，应当恢复审查程序。

《商标法实施条例》第二十二条规定：

对商标局初步审定予以公告的商标提出异议的，异议人应当向商标局提交商标异议书一式两份。商标异议书应当写明被异议商标刊登《商标公告》的期号及初步审定号。商标异议书应当有明确的请求和事实依据，并附送有关证据材料。

商标局应当将商标异议书副本及时送交被异议人，限其自收到商标异议书副本之日起30日内答辩。被异议人不答辩的，不影响商标局的异议裁定。

当事人需要在提出异议申请或者答辩后补充有关证据材料的，应当在申请书或者答辩书中声明，并自提交申请书或者答辩书之日起3个月内提交；期满未提交的，视为当事人放弃补充有关证据材料。

《商标法实施条例》第二十三条规定：

《商标法》第三十四条第二款所称异议成立，包括在部分指定商品上成立。异议在部分指定商品上成立的，在该部分指定商品上的商标注册申请不予核准。

被异议商标在异议裁定生效前已经刊发注册公告的，撤销原注册公告，经异议裁定核准注册的商标重新公告。

经异议裁定核准注册的商标，自该商标异议期满之日起至异议裁定生效前，对他人在同一种或者类似商品上使用与该商标相同或者近似的标志的行为不具有追溯力；但是，因该使用人的恶意给商标注册人造成的损失，应当给予赔偿。

经异议裁定核准注册的商标，对其提出评审申请的期限自该商标异议裁定公告之日起计算。

第二节　商标异议申请的基本概况

一、商标异议期限

异议法定期限为自初步审定公告之日起3个月内。按照《商标法实施条例》第十二条规定，异议期限起算日从初步审定公告之日的次日开始计算，初审公告当日不计算在期限内。异议期限以商标初步审定公告最后一月的相应日为期限届满日，该月无相应日的，以该月最后一日为期限届满日，期限届满日是节假日的，以节假日后的第一个工作日为期限届满日。

二、商标异议申请简介

（一）商标异议申请书

办理商标异议事宜应当使用中文。

异议申请书应当采用商标注册部门正式发布的规范书式，以纸质方式提出的应当打字或印刷。

异议申请书及相关证据材料应当提交一式两份并标明正、副本（异议人特别注明涉及商业秘密的材料除外)，证据材料应当编排目录及页码。

异议人自行办理异议申请的，异议申请书应当由异议人盖章或签字；委托代理机构办理的，异议申请书应当由代理机构加盖公章，并由代理人签字。

异议人需要补充证据材料的，应当在异议申请书中勾选声明，并应自提交异议申请之日起3个月内提交。

一份异议申请只能对一件初步审定的商标提出异议。针对一标多类商标提出异议的，异议人可以在一份异议申请中列明多个类别，也可以按照被异议商标的类别分别提交异议申请。

被异议商标，是指被人提出异议的经初步审定予以公告的商标。异议主体中，商标持有人就是"被异议人"。

异议人分为两类：一类是在先权利人、利害关系人。在先权利人是指在先权利的所有者。在先权利包括但不限于在先商标权、字号权、著作权、外观设计专利权、姓名权和肖像权。利害关系人是指系争商标的申请注册可能损害或削弱其相关在先权利，使其利益受到侵犯的主体，包括但不限于：在先商标权及其他在先权利的被许可使用人；在先商标权及其他在先权利的合法继受人；在先商标权的质权人；在先商标权及其他在先权利人的控股股东；就相关人身权提交了特别授权文件的被授权人；其他有证据证明与在先商标权及其他在先权利有利害关系的主体。在先权利人、利害关系人认为初步审定公告的商标违反《商标法》第十三条第二款和第三款、第十五条、第十六条第一款、第三十条、第三十一条、第三十二条规定的，可以在法定期限内向商标注册部门提出异议。另一类异议人可以是任何人，包括自然人、法人或者其他组织。任何人认为初步审定公告的商标违反《商标法》第四条、第十条、第十一条、第十二条、第十九条第四款规定的，可以在法定期限内向商标注册部门提出异议。

异议人委托商标代理机构办理异议事宜的，应当提交代理委托书。

当事人需要在提出异议申请或者答辩后补充有关证据材料的，应当在商标异议申请书或者答辩书中声明，并自提交商标异议申请书或者答辩书之日起3个月内提交；期满未提交的，视为当事人放弃补充有关证据材料。但是，在期满后生成或者当事人有其他正当理由未能在期满前提交的证据，在期满后提交的，商标局将证据交对方当事人并质证后可以采信。

异议申请应当有明确的请求和事实依据。基于《商标法》第十三条第二款和第三款、第十五条、第十六条第一款、第三十条、第三十一条、第三十二条的规定提出异议申请的，应当明确相关在先权利的信息，包括但不限于权利类型和权利对象。基于《商标法》第四条、第十条、第十一条、第十二条和第十九条第四款的规定提出异议申请的，应当提交明确的事实依据和相关证据材料。

（二）商标异议申请途径

1.邮寄提交

以邮寄方式提交的，以异议人寄出的邮戳日为准；邮戳日不清晰或者没有邮戳的，以商标注册部门实际收到日为准。

异议人根据《商标法实施条例》第九条主张实际邮戳日的，可以提交县级以上邮政部门出具的加盖红色公章的实际递交日证明。

挂号信有两个寄出邮戳的，采信经审查核对与中国邮政集团官网记录的邮路信息一致的寄出邮戳日期。

通过邮政企业以外的快递企业递交的，以快递企业收寄日为准；收寄日不明确的，以商标注册部门实际收到日为准，但是异议人能够提出实际收寄日证据的除外。

2.直接递送

异议人直接递交的，以商标注册部门记录的收文日为准。

3.以电子方式提交

异议人以电子方式提交的，以商标注册部门收到商标电子申请文件的时间为准。异议人的电子材料未能被正常接收的，视为未提交。

4.委托依法设立的代理机构办理

异议人委托商标代理机构办理异议事宜的，应当提交代理委托书。代理委托书应当载明委托人名称、地址、被异议商标名称、代理权限、代理事项及授权日期，并有委托人签字或章戳。委托代理机构办理异议申请的，委托书代理事项应当为“商标异议申请”。

（三）商标异议申请的受理与补正

1.受理

商标注册部门收到商标异议申请后，经审查，符合受理条件的，予以受理，向异议人发出受理通知书。

2.补正

异议申请需要补正的情形包括：

(1)被异议商标初步审定公告期、商标注册号、被异议商标名称、被异议商标类别等填写有误。

(2)被异议人与被异议商标的申请人不一致。

(3)委托代理机构办理但商标异议申请书首页未加盖代理机构公章，代理人未签字。

(4)异议人自行办理但异议人未盖章或签字。

(5)通过邮寄寄交但异议申请邮戳日不清或没有邮戳。

(6)通过邮政以外的快递企业递交，但快递企业收寄日不明确。

(7)委托代理机构办理但缺少代理委托书或代理委托书填写有误、不完整。

(8)未提供异议申请副本或正、副本不一致（涉商业秘密并已声明的除外）。

(9)一件商标异议申请，对多件商标提出异议申请。

(10)我国香港特别行政区、澳门特别行政区及台湾地区申请人身份证明翻译有误。

(11)外国异议人身份证明翻译有误。

(12)其他按照《商标法》及《商标法实施条例》需要补正的情形。

3.不予受理的情形

商标局收到商标异议申请后，经审查，符合受理条件的，予以受理，向异议人发出受理通知书。若经审查，不符合受理条件的，不予受理。异议申请存在下列情形之一的，不予受理：

(1)异议申请未在法定期限内提出，包括涉案商标尚未刊登初步审定公告、异议申请在初步审定公告当天提出和异议申请日期超过法律规定的异议期限三种类型。

(2)异议人主体资格、异议理由不符合《商标法》第三十三条规定。

(3)异议申请缺少身份证明(外国人或外国企业提交的身份证明是外文的,应当附送中文译文,未附送的,视为未提交该证明文件)。

(4)异议申请无明确的异议理由、事实和法律依据。

(5)同一异议人以相同的理由、事实和法律依据对同一商标再次提出异议申请的,包括异议人以相同理由先后直接递交、委托代理机构递交以及异议人以相同理中先后委托不同代理机构提交的情形。

(6)异议申请未按规定使用中文。

(7)未按规定缴纳异议费用。

(8)我国香港特别行政区、澳门特别行政区及台湾地区申请人未委托依法设立的商标代理机构提交异议申请。

(9)外国人或外国企业未委托依法设立的商标代理机构提交异议申请。

(10)异议人未补正或未按要求补正。

(11)异议人申请撤回商标异议申请且异议申请尚未受理。

(12)其他按照《商标法》及《商标法实施条例》应当不予受理的情形。

(四)商标异议审查结果

商标局在作出异议裁定后要将异议裁定书寄给异议人与被异议人。异议裁定有两种结果:

其一,异议理由不能成立,后经初步审定的商标予以注册,发给商标注册证,并予公告。异议人不服的,可以依照本法第四十四条、第四十五条的规定向商标评审委员会请求宣告该注册商标无效。

其二,异议理由充分,异议成立,原初步审定的商标不予注册,被异议人不服的,可以自收到通知之日起 15 日内向商标评审委员会申请复审。商标评审委员会应当自收到申请之日起 12 个月内作出复审决定,并书面通知异议人和被异议人。有特殊情况需要延长的,经商标局批准,可以延长 6 个月。被异议人对商标评审委员会的决定不服的,可以自收到通知之日起 30 日内向人民法院起诉。人民法院应当通知异议人作为第三人参加诉讼。

三、商标异议程序流程图

商标异议程序如图 5-2-1 所示。

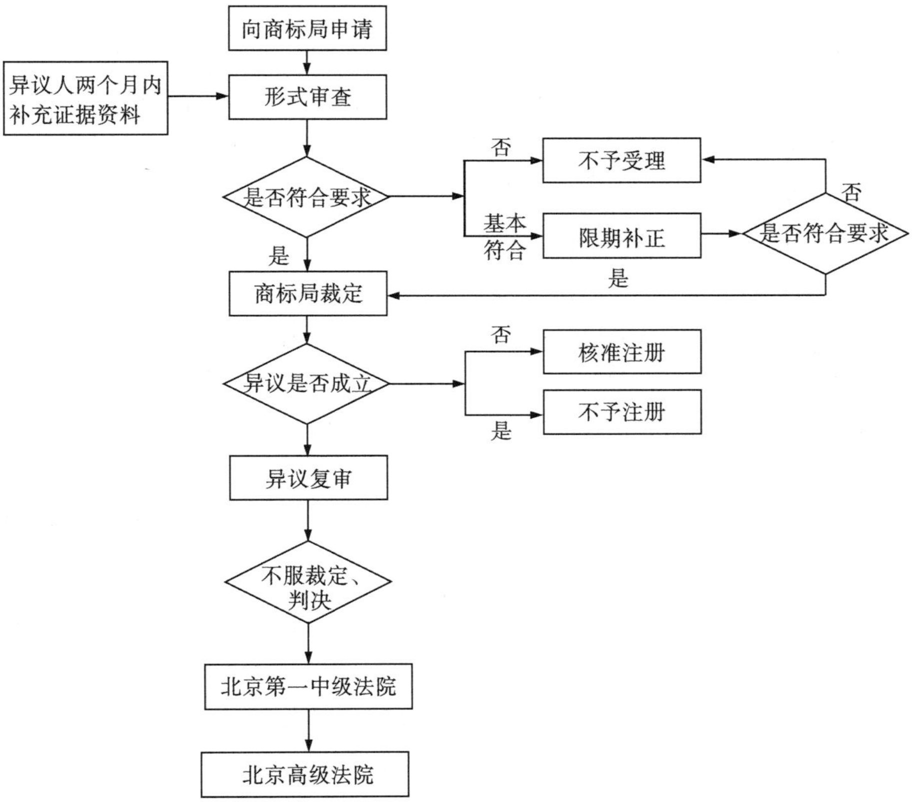

图 5-2-1 商标异议程序流程图

第三节 商标异议申请的理由

关于拒绝注册的理由，按照性质不同，可划分为绝对理由和相对理由两类。区分绝对理由和相对理由，对区分法律适用情形、相关程序、请求人主体资格、请求时效以及审查审理范围具有重要意义。

一、绝对理由的异议申请

绝对理由涉及违反《商标法》上的显著特征、非功能特征以及公共利益，不考虑对特定权利人的影响，具有绝对性，一般属于商标注册部门依职权主动审理的范围，主要包括违反《商标法》第四条、第十条、第十一条、十二条、第十九条第四款和第四十四条规定的有关行为。针对绝对理由的异议申请，任何人均可以提出。

1.违反《商标法》第四条的规定

《商标法》第四条规定，不以使用为目的的恶意商标注册申请，应当予以驳回。

该规定包含两个条件："不以使用为目的"和"恶意申请"。恶意，是指商标申请人或者商标代理机构在进行商标申请注册或者办理商标相关事宜时，通过一定行为表现出来的，明显违背诚实信用原则，明知或者应知其行为违反法律规定、违背公序良俗、损害公共利益或侵犯他人利益，但为了牟取不当利益，依然实施相应行为，追求或者放任其后果发生的主观心理状态。

在判断商标注册申请是否属于违反《商标法》第四条规定时，应综合考虑以下因素：

(1)申请人或者与其存在关联关系的自然人、法人、其他组织申请注册商标数量、指定使用的类别、商标交易情况等。

(2)申请人所在行业、经营状况等。

(3)申请人被已生效的行政决定或者裁定、司法判决认定曾从事商标恶意注册行为、侵犯他人注册商标专用权行为的情况。

(4)申请注册的商标与他人有一定知名度的商标相同或者近似的情况。

(5)申请注册的商标与知名人物姓名、企业字号、企业名称简称或者其他商业标识等相同或者近似的情况。

(6)商标注册部门认为应当考虑的其他因素。

不以使用为目的恶意申请注册的商标，不限于申请人本人申请注册的商标，也包括与申请人具有串通合谋行为或者具有特定身份关系或者其他特定联系的自然人、法人或其他组织申请注册的商标。同时，商标转让不影响对商标申请人违反《商标法》第四条情形的认定。

例如，武汉市某实业有限责任公司在第31类“植物；谷（谷类）；活鱼；新鲜柑橘；新鲜水果；新鲜蔬菜；新鲜胡萝卜；新鲜卷心菜；新鲜莲藕；植物种子”商品上申请注册了“某水畈”商标。异议期内被咸宁市某协会提出异议，认为其违反了《商标法》第四条及其他多条法律条款，应不予注册。

异议人咸宁市某协会认为被异议人武汉市某实业有限责任公司自成立起即大量申请注册与其经营行业无关的商标，缺乏真实使用意图，不正当占用商标资源，扰乱商标注册秩序，意欲借此牟利，违反了《商标法》第四条的规定。如申请了大量全国各省知名产品名、地名和区域特色名称。其中，“某水畈”“某王砂梨”“某多西”“某亚勒玛”等多件商标与农产品地理标志名称相同或近似，“某大湖”“某家店”“某宣寨”等多件商标与著名景点名称相同或近似，“某埠”“某范”“某集”等多件商标与村镇名称相同或近似，“九品元”“某品乡”“某卡厨房”等多件商标与各地著名小吃品牌相同或近似。被异议人将与多个主体的具有一定知名度或较强显著特征的产品名称、景点名称、地方名称、小吃品牌名称等，作为商标在相同或近似商品上申请注册的行为，具有借助他人知名品牌来牟取不当利益的意图，违反了诚实信用原则，损害了公共利益。

经商标局有关部门审查审理，发现被异议人在不同类别商品或服务上共申请注册了180余件商标，其中包括“某多西”“某雒”“某河”等多件与农产品地理标志名称等相同或相近的商标，还包括“某龙山”“某福寺”“某家坝”等多件与景点、村镇名称相同或近似的商标。同时异议人提交的证据可以证明在被异议商标申请之前，“某水畈萝卜”已经作为湖北省当地的农产品地理标志商品进行使用。被异议人虽然辩称其销售的商品来自于咸宁市某水村，但是其并非当地种植户，其将当地农产品地理标志名称作为商标注册不具有合理性。综上，被异议人的上述行为具有抢占公共资源囤积商标的主观意图，已构成不以使用为目的恶意申请注册商标的行为，扰乱了商标注册管理秩序。依据《商标法》第四条、第三十五条规定，被异议商标“某水畈”商标不予注册。

2.违反《商标法》第十条“禁止使用”的规定

《商标法》第十条规定了多项不得作为商标使用的标志，同时对地名能否作为商标使用进行了规制，违反该条法律规定的标志，任何人均可在异议期内提出异议，申请不予注册。

例如，某自然人在第 33 类“果酒；葡萄酒；鸡尾酒；米酒；汽酒；烧酒；白酒；含酒精的饮料（啤酒除外）；露酒；甜酒”商品上申请注册“慢飞天使 MAN FEI ANGEL”商标，异议期内被中国贵州某酒厂（集团）有限责任公司提出异议。异议人认为，“飞天”商标已与异议人建立紧密唯一的对应关系，被异议商标与异议人引证商标构成相同或类似商品上的近似商标；被异议人具有抄袭、模仿异议人“飞天”知名商标的主观恶意，其包含被异议商标在内的注册申请不具有真实使用意图，违反了诚实信用原则。

经商标局有关部门审查审理，被异议商标“慢飞天使 MANFEI ANGEL 及图”指定使用于第 33 类“果酒；葡萄酒”等商品上。异议人引证在先注册的第 10195572 号和第 18971834 号“飞天”、第 16611014 号“飞天牌 FLYING FAIRY”、第 237040 号“飞天牌 FLYING FAIRY 及图”商标，核定使用于第 33 类“果酒（含酒精）；苦味酒”等商品上。双方商标指定使用商品在原料成分、制作工艺、销售渠道等方面基本相同，属于类似商品。但双方商标在文字构成、呼叫及含义等方面具有一定区别，因此双方商标未构成使用于类似商品上的近似商标，如予并存使用应不致造成相关消费者的混淆误认。

虽然异议人的理由没有得到商标局相关部门的认可，但经审查审理，“某飞天使”通常是对智力障碍、自闭症或学习困难等特殊儿童的友善称谓，被异议商标使用在指定的“烈酒（饮料）；白酒”等商品上，易产生不良社会影响，已构成了《商标法》第十条第一款第八项所指情形。依据《商标法》第十条第一款第八项、第三十五条规定，被异议商标“慢飞天使 MAN FEI ANGEL 及图”商标不予注册。

3.违反《商标法》第十一条“禁止注册”的规定

商标的显著特征是指商标应当具备的足以使相关公众区分商品或者服务来源的特征。具体来讲，是指商标能够使消费者识别、记忆，进而发挥指示商品或者服务来源的功能与作用，缺乏显著特征，商标的功能将无法实现。缺乏显著性的商标，任何人均可在异议期内向商标局提出异议。

4.违反《商标法》第十二条“三维标志禁止注册”的规定

《商标法》第十二条规定了以三维标志申请注册商标的，仅由商品自身的性质产生的形状、为获得技术效果而需有的商品形状或者使商品具有实质性价值的形状，不得注册。三维标志缺乏显著特征的，任何人均可在异议期内向商标局提出异议。

5.违反《商标法》第十九条第四款“商标代理机构禁止注册相关商标”的规定

《商标法》第十九条第四款对商标代理机构的注册行为进行了规制，商标代理机构除对其代理服务申请商标注册外，不得申请注册其他商标。

“代理服务”仅限于《类似商品和服务区分表》中第四十五类第4506类似群组的服务项目。除商标代理服务之外，商标代理机构在其他商品或者服务类别上申请注册商标的，不予支持。

商标代理机构除对其代理服务申请商标注册外申请注册商标的，任何人均可在异议期内向商标局提出异议。

二、相对理由的异议申请

相对理由涉及损害他人的在先商标权利、他人现有的其他在先权利等，损害的是特定主体的合法权益，具有相对性。除注册审查程序依职权将他人在先商标权利作为驳回事由外，商标注册部门一般不能依职权主动审理相对理由，仅在异议或评审程序中依当事人申请进行审查审理。针对相对理由的异议申请，只能由在先权利人、利害关系人提出。

1.违反《商标法》第十三条第二款、第三款“侵犯驰名商标权益”的规定

就相同或者类似商品申请注册的商标是复制、模仿或者翻译他人未在中国注册的驰名商标，容易导致混淆的，不予注册并禁止使用。

就不相同或者不相类似商品申请注册的商标是复制、模仿或者翻译他人已经在中国注册的驰名商标，误导公众，致使该驰名商标注册人的利益可能受到损害的，不予注册并禁止使用。

2.违反《商标法》第十五条“禁止代理人、代表人或者有特定关系的他人恶意抢注”的规定

未经授权，代理人或者代表人以自己的名义将被代理人或者被代表人的商标进行注册，被代理人或者被代表人提出异议的，不予注册并禁止使用。

就同一种商品或者类似商品申请注册的商标与他人在先使用的未注册商标相同或者近似，申请人与该他人具有前款规定以外的合同、业务往来关系或者其他关系而明知该他人商标存在，该他人提出异议的，不予注册。

《商标审查审理指南2021》认定代理人或者代表人未经授权，擅自注册

被代理人或者被代表人商标的行为，须符合下列要件：

(1)系争商标注册申请人是商标所有人的代理人或者代表人。

(2)系争商标与被代理人、被代表人商标使用在同一种或者类似的商品或者服务上。

(3)系争商标与被代理人、被代表人的商标相同或者近似。

(4)代理人或者代表人不能证明其申请注册行为已取得被代理人或者被代表人的授权。

代理人、代表人擅自注册行为的认定：

在未建立代理或者代表关系的磋商阶段，代理人、代表人知悉被代理人、被代表人商标后进行注册，致使被代理人、被代表人利益可能受到损害的，属于《商标法)第十五条第一款所指代理人、代表人的擅自注册行为。

代理、代表关系结束后，代理人、代表人将被代理人、被代表人商标申请注册，致使被代理人、被代表人利益可能受到损害的，属于《商标法》第十五条第一款所指代理人、代表人的擅自注册行为。

虽非以代理人或代表人名义申请注册被代理人或被代表人的商标，但有证据证明，注册申请人与代理人或者代表人具有串通合谋行为的，属于《商标法》第十五条第一款所指代理人、代表人的擅自注册行为。对于串通合谋抢注行为，可以视情况根据商标注册申请人与上述代理人或者代表人之间的亲属、投资等关系进行推定。

3.违反《商标法》第十六条第一款“侵犯地理标志”的规定

《商标法》第十六条第一款规定，商标中有商品的地理标志，而该商品并非来源于该标志所标示的地区，误导公众的，不予注册并禁止使用；但是，已经善意取得注册的继续有效。

4.违反《商标法》第三十条的规定

《商标法》第三十条规定，申请注册的商标，凡不符合本法有关规定或者同他人在同一种商品或者类似商品上已经注册的或者初步审定的商标相同或者近似的，由商标局驳回申请，不予公告。

5.违反《商标法》第三十一条的规定

《商标法》第三十一条规定，两个或者两个以上的商标注册申请人，在同一种商品或者类似商品上，以相同或者近似的商标申请注册的，初步审定并公告申请在先的商标；同一天申请的，初步审定并公告使用在先的商标，驳回其他人的申请，不予公告。

商标行政案件中，应当依据诉争商标的申请日确定引证商标属于已被核准注册、已初步审定的商标或者在先申请的商标。

引证商标申请日早于诉争商标，但在诉争商标申请日前，引证商标尚未被核准注册或者初步审定，即使在商标评审部门作出被诉裁决时，引证商标已被核准注册或者初步审定的，应当适用《商标法》第三十一条的规定对引证商标与诉争商标是否构成近似商标进行认定。

6.违反《商标法》第三十二条“不得损害他人在先权利”的规定

《商标法》第三十二条规定，申请商标注册不得损害他人现有的在先权利，也不得以不正当手段抢先注册他人已经使用并有一定影响的商标。在先权利包括字号权、著作权、姓名权、肖像权、外观设计专利权等，同时还包括作品名称、作品中的角色名称、在先知名商品或服务特有名称、包装、装潢等。

例如，福建某文化发展有限公司在“舞蹈培训；商业培训；组织文化表演；音乐表演；音乐视频制作；通过网站提供娱乐信息；电视节目制作；演出座位和戏院票务预订；娱乐票务代理服务；在演出场馆提供音乐歌舞表演；电影发行”等服务项目上申请注册“只此青绿”商标，被中国某演艺集团有限公司提出异议。

异议人中国某演艺集团有限公司认为，《只此青绿》为异议人在先创设的舞蹈诗剧，经异议人大量使用推广，在行业内享有很高的知名度，与异议人形成唯一对应关系，被异议商标是对异议人在先具有较高知名度的商标的抢注，是对异议人在先商品化权益的侵犯。被异议人具有利用他人商标及作品知名度获取不当利益的恶意。被异议商标一经核准必然会导致相关公众对于服务来源的混淆或误认。

经商标局有关部门审查得知，2021 年 8 月《只此青绿》舞蹈诗剧首演，2020 年 11 月、2021 年 8 月异议人两次举办相关新闻发布会，配合其他在案证据，可以证明异议人《只此青绿》舞蹈诗剧已在相关公众中具有较高的知名度和影响力。被异议人经营范围包括“其他文化艺术业；广播电视节目制作经营；文化艺术活动策划”等，作为文艺行业经营者，被异议人对异议人的《只此青绿》剧作理应知晓，但被异议人仍在首演及上述宣传发布时间之后，以“只此青绿”文字作为商标在“音乐表演；在演出场馆提供音乐歌舞表演”

等服务上申请注册,已构成对异议人在先使用并有一定影响力商标的抢先注册。

《只此青绿》舞蹈诗剧的知名度和影响力的取得包含了异议人创造性劳动的结晶,其所带来的商业价值和商业机会也是异议人投入大量劳动和资本所获得,故“只此青绿”作为知名舞蹈诗剧名称,其承载的权益应当作为异议人的在先权益得到保护。被异议商标与该剧名称相同,其申请注册不正当借用了异议人舞蹈诗剧名称的知名度及其商业信誉,如予注册使用会减损异议人因该剧知名度所带来的商业价值和商业机会,损害了异议人现有的在先权益。依据《商标法》第三十二条、第三十五条规定,被异议商标“只此青绿”商标不予注册。

第四节　商标异议答辩、审理与裁定

一、商标异议答辩

商标异议答辩,是指商标异议案件中的被异议人在法定期限内对异议理由以书面形式进行辩驳的法律行为。被异议人可以自己决定是否参加答辩。无论被异议人是否参加答辩,商标局都将依法予以裁定。商标局在作出异议裁定后,将异议裁定书寄给异议人、被异议人。如果异议当事人任何一方对异议裁定不服,可以在收到异议裁定通知书之日起 15 天内,向商标局申请商标异议复审,商标申请注册转入申请商标异议评审阶段。

(一)商标异议的答辩格式

商标异议答辩无规定书式。异议答辩需注意写明以下相关信息:被异议商标名称、初步审定号、答辩人名称、异议理由、相关证据。

被异议人是企业或其他组织,需在答辩书上加盖企业或组织公章;如果异议人是个人,需本人签字或盖章。被异议人委托商标代理组织代理答辩的,需有代理委托书并有代理组织的公章。

(二)商标异议的答辩期限

《商标法实施条例》第二十七条第一款规定:商标局应当将商标异议材料副本及时送交被异议人,限其自收到商标异议材料副本之日起 30 日内答辩。被异议人不答辩的，不影响商标局作出裁定。

（三）商标异议申请、异议答辩材料

1.商标异议申请所需提交材料

（1）商标异议申请书（首页）。

（2）商标异议申请书（正文）。

（3）商标代理委托书（需加盖代理机构公章）。

（4）异议人主体资格证明文件。

（5）证据目录及证据材料。

上述材料均需提交一式两份。

2.被异议人所需提交材料

经过形式审查后，符合受理条件的异议申请，国家知识产权局商标局发出受理通知书，并将商标异议申请书副本送达被异议人，要求被异议人在收到异议答辩通知书副本之日起 30 日内，提交书面答辩理由和相应证据材料。提交答辩材料 3 个月内可以补充相关证据。

被异议人需提交以下材料：

（1）异议答辩书。

（2）商标代理委托书（如被异议人委托代理机构办理商标异议案件，答辩书尾页应加盖代理机构公章；被异议人是中国香港、澳门、台湾地区或外国的，应当委托依法设立的商标代理机构进行答辩）。

（3）被异议商标初步审定公告页复印件。

（4）被异议人主体资格证明文件。

（5）国家知识产权局商标局异议通知书原件以及寄送异议通知书的信封。

上述材料提交一份。

（四）商标异议答辩材料的补充

《商标法实施条例》第二十七条第二款规定：当事人需要在提出异议申请或者答辩后补充有关证据材料的，应当在商标异议申请书或者答辩书中声明，并自提交商标异议申请书或者答辩书之日起 3 个月内提交；期满未提交的，视为当事人放弃补充有关证据材料。但是，在期满后生成或者当事人有其他正当理由未能在期满前提交的证据，在期满后提交的，商标局将证据交对方当事人并质证后可以采信。

补充异议答辩材料，须符合以下要件：

(1)应在提交商标异议申请书之日起3个月内提交异议答辩补充材料。

(2)提交正本、副本一式两份。

(3)被异议人或其代理机构应当加盖公章或签名，公章或签名应与答辩书加盖公章或姓名保持一致。

补充答辩材料的前提是被异议人必须参加答辩。如未参加答辩，则不存在补充答辩材料的依据。

(五)商标异议程序中变更代理人

1.异议人变更商标异议申请代理人

(1)提交新的商标代理委托书。

(2)委托书签署的与原代理人解除委托关系的声明。

(3)异议案件决定书将主送给变更后的代理人。

(4)变更材料可以作为异议答辩补充材料提交。

2.被异议人变更商标申请代理人

(1)向商标局提出办理变更商标申请代理人的手续，并向异议裁定处提交相关说明、变更代理人申请书复印件。

(2)被异议人未参加答辩，异议裁定书主送变更后的代理人；被异议人参加答辩，异议裁定书主送情况根据代理情况而定。

3.被异议人变更异议答辩代理人

(1)提交变更商标异议答辩代理人申请书，须有被异议人签字或盖章，变更后代理人签字和盖章。

(2)提交委托变更后的代理人代理商标异议答辩事宜的委托书。

(3)异议裁定书主送变更后的代理人。

二、商标异议审理与裁定

(一)审理期限

在异议答辩期限及3个月答辩补充材料期限截止后，国家知识产权局商标局会将异议双方当事人提交的材料进行汇总，按照程序等待排期裁定。调查核实异议双方当事人陈述事实和理由以及已有证据材料后，国家知识产权局商标局自公告期满之日起12个月内作出是否准予注册的决定，并书面通知异议人和被异议人。如有特殊情况需要延长期限的，经国家知识产权局批准，可以延长6个月。

（二）异议程序中的证据

1.证据的种类

商标异议案件一般为双方当事人之间的民事纠纷，证据原则上适用《民事诉讼法》的有关证据种类的规定，即书证、物证、证人证言、当事人陈述、视听资料、鉴定结论和勘验笔录。当事人提供证据应当以原件为主。不能提供原件的，应当提交经公证的复印件或提交经商标局核实的复印件。

当事人提供证据，需做到以下几点：

(1)所有证据按内容顺序装订成册，并在证据前附上证据目录。

(2)证据内容清晰、明确、完整。

(3)如果提交的各种证件、证明文件、证据材料是外文的，应当附送中文译本；未附送中文译本的，视为未提交该证件、证明文件、证据材料。

2.证据的收集与提供

(1)以相同或近似理由提出的异议，需提供与该案件相关的自己的商标注册证复印件。

(2)以其他在先权利为理由提出的异议，需提供该项权利的权属证明、实际使用情况。

(3)以抢注为由提出的异议，需提供自己商标的实际使用情况。

(4)以代理人或代表人抢注为由提出的异议，需提供双方存在代理或代表关系的证据。

(5)以非类似商品上抄袭复制他人已在我国注册的驰名商标为由提出的异议，需提供引证商标在我国的注册证复印件、该商标在我国的驰名程度等。

(6)以采取其他不正当手段申请注册商标为由提出的异议，需提供足以证明该商标申请有不正当企图或已实施了某种不正当手段的证据。

（三）异议裁定

1.决定准予注册

异议理由不成立，国家知识产权局商标局作出准予注册决定的，发给商标注册证,并予以公告。异议人不服的,可以依据《商标法》第44条、第45条的规定向国家知识产权局商标局请求宣告注册商标无效。

2.决定不予注册

异议理由充分,异议成立,国家知识产权局商标局作出不予注册决定。异议人不服的,可以自收到通知之日起15日内向国家知识产权局商标局申请不予注册复审。

三、商标异议案件的结案

异议程序中,被异议人撤回商标注册申请和异议人撤回商标异议申请的,以结案的方式处理。当事人应当向商标局提交正式的《撤回商标注册申请书》或《撤回商标异议申请书》。商标局在收到当事人的申请后,认为可以撤回的,办理结案,异议程序终止。结案通知一经发出,即具有法律效力。

四、与异议程序有关的公告

(一)异议公告

商标局定期在商标公告上刊登商标异议公告。被异议商标在异议裁定生效前已经刊发注册公告的,撤销原注册公告。

(二)异议送达公告

因当事人地址变更等原因导致商标局相关通知被退回的,商标局将在商标公告上刊发相应的送达公告,如答辩通知书送达公告。

(三)异议裁定公告

异议裁定书生效后,商标局在商标公告上刊登异议裁定公告。

前沿思考

我国对商标注册申请实施“全面审查＋异议前置”模式，日益繁重的审查工作与固定的异议期限，加速审查周期的进程将遭遇瓶颈。

一、传统异议模式在时效上的局限性

根据《商标法》第三十三条，现行异议制度以“在先权利人”和“利害关系人”为核心主体，通过三个月的异议期阻止抢注商标注册。

然而，在数字化时代，这一模式逐渐显露疲态。第一，主体范围狭窄，在“抖音”商标案中，字节跳动因未及时发现抢注被迫启动异议程序，而普通消费者难以参与维权，导致市场混淆风险持续扩大。第二，证据效力弱化，电商平台数据显示，2022 年恶意抢注案件同比增长 67%，其中 72% 的抢注商标通过境外代理机构完成，导致权利人取证成本激增。第三，程序效率瓶颈，国家知识产权局 2023 年数据显示，平均每件异议案件的审查周期达 8.2 个月，难以适应互联网时代“秒杀式”商业竞争节奏。

二、异议前置与异议后置的抉择

对商标异议程序的优化是推进商标事业发展的必然要求。现阶段对于异议程序的改革建议主要有两种主张：其一，认为应当坚持现行《商标法》的异议前置模式，但同时对异议提出的理由和后续救济程序作出简化，以提高程序运行的效率；其二，认为必须承认异议前置在实践中并不具有明显效果，应当转向异议后置。两种观点均有其存在的合理性，但是，如果尝试将两个程序同时设置，则可以通过差别设置异议程序和无效宣告程序的启动理由以使两者更好地实现其程序功能，既达到异议后置情况下快速授权的目的，又保障相关主体寻求救济的权利。

三、数字化工具的创新应用

为突破传统局限，全球范围内正在探索以下创新路径：

1.AI 智能辅助审查系统

欧盟知识产权局(EUIPO)2023 年上线的"Argus"系统,通过自然语言处理和图像识别技术,可在 30 分钟内完成对海量商标的近似性比对,准确率达 92%。

2.区块链存证与智能合约

中国国家知识产权局也在试点"商标智能预警平台",实现抢注商标的 AI 语义分析+地理围栏监控。北京互联网法院在"美术作品侵权案"中首次采用区块链存证,将创作时间、传播路径等数据上链固化。应用于商标异议领域,可通过智能合约自动触发异议程序,例如当监测到抢注商标在目标市场出现时,自动向当地商标局提交异议申请。

3.大数据驱动的"主动异议"模式

腾讯公司开发的"灵鲲"系统,通过抓取全球 150 个国家的商标数据库,结合语义分析、图像匹配和舆情监测,提前 6—12 个月预警潜在抢注风险。2023 年已成功阻止"微信支付"等 23 个核心商标的境外抢注。

在数字经济重塑商业竞争规则的今天,商标异议制度亟需从"被动防御"转向"主动治理"。通过 AI 赋能实现审查智能化,依托区块链构建信任机制,借助全球化协作打破地域壁垒,方能构建兼具效率与公平的现代商标异议体系。未来的制度设计,必将是技术理性与人文价值的深度融合,最终指向一个"人人可参与、创新受保护、市场无混淆"的知识产权新秩序。

第六章　商标评审

第一节　商标评审所涵盖的案件类型

一、商标驳回复审

商标驳回复审是指商标申请被商标局驳回后，申请人对其驳回理由和法律依据不服，向商标评审委员会申请复审的法律程序。

《中华人民共和国商标法》第三十四条规定，对驳回申请、不予公告的商标，商标局应当书面通知商标注册申请人。商标注册申请人不服的，可以自收到通知之日起15日内向商标评审委员会申请复审。商标评审委员会应当自收到申请之日起9个月内作出决定，并书面通知申请人。有特殊情况需要延长的，经国务院工商行政管理部门批准，可以延长3个月。当事人对商标评审委员会的决定不服的，可以自收到通知之日起30日内向人民法院起诉。

二、商标不予注册复审

商标不予注册复审是指对初步审定公告的商标提出异议后，商标局作出不予注册商标的决定，当事人不服该决定而申请复审的过程。

《中华人民共和国商标法》第三十五条规定，对初步审定公告的商标提出异议的，商标局应当听取异议人和被异议人陈述事实和理由，经调查核实后，自公告期满之日起12个月内作出是否准予注册的决定，并书面通知异议人和被异议人。如果有特殊情况需要延长，经国务院工商行政管理部门批准，可以延长6个月。

三、商标撤销复审

商标撤销复审是指当商标注册人或利害关系人对商标局撤销注册商标的决定不服时，可以向商标评审委员会提出复审申请的过程。这一过程旨在通过法律途径维护商标注册人的权益。

《中华人民共和国商标法》第五十四条规定，对商标局撤销或者不予撤销注册商标的决定，当事人不服的，可以自收到通知之日起15日内向商标评审委员会申请复审。商标评审委员会应当自收到申请之日起9个月内作出决定，并书面通知当事人。有特殊情况需要延长的，经国务院工商行政管理部门批准，可以延长3个月。当事人对商标评审委员会的决定不服的，可以自收到通知之日起30日内向人民法院起诉。

四、商标无效宣告

商标无效宣告是指商标主管机关对于违反《商标法》规定而不应获得注册的已注册商标，按照法律程序宣告其无效的制度。具体而言，已经注册的商标因违反商标法的相关规定或因侵犯他人权益取得注册的，可以由商标局主动依职权宣告该注册商标无效，或者由商标评审委员会依申请宣告该注册商标无效。

《中华人民共和国商标法》第四十四条规定，已经注册的商标如果违反该法第十条、第十一条、第十二条以及第十九条第四款的规定，或者以欺骗手段或者其他不正当手段取得注册的，商标局有权宣告该注册商标无效；其他单位或者个人也可以请求商标评审委员会宣告该注册商标无效。

五、商标无效宣告复审

商标无效宣告复审是指当事人对商标局作出宣告注册商标无效的决定不服时，可以向商标评审委员会提出复审申请的过程。

《中华人民共和国商标法》第四十四条规定，商标局作出宣告注册商标无效的决定，应当书面通知当事人。当事人对商标局的决定不服的，可以自收到通知之日起15日内向商标评审委员会申请复审。商标评审委员会应当自收到申请之日起9个月内作出决定，并书面通知当事人。有特殊情况需要延长的，经国务院工商行政管理部门批准，可以延长3个月。当事人对商标评审委员会的决定不服的，可以自收到通知之日起30日内向人民法院起诉。

第二节 评审形式审查

一、申请主体

（一）复审类案件申请主体

复审类案件申请主体应为原审程序当事人。复审商标发生转让、移转情形的，受让人可承继评审主体资格。

（二）无效宣告案件申请主体

任何组织和个人都可以依据《商标法》第四十四条第一款规定对注册商标提出无效宣告申请。

在先权利人、利害关系人可以依据《商标法》第四十五条第一款规定对注册商标提出无效宣告申请。

在先权利人、利害关系人的具体要求参见本书第四章第二节相关内容。

二、期限及日期确定

（一）复审类案件申请期限

申请人应当自收到原审程序决定之日起15日内向商标注册部门申请复审。原审决定尚未发出，申请人不得提出复审。

（二）无效宣告案件申请期限

依照《商标法》第四十四条第一款提出申请的无效宣告案件，不受时限限制。申请宣告国际注册商标无效的，应当自系争商标国际注册申请的驳回期限届满后提出；若驳回期限届满时系争商标仍处在驳回复审或者异议相关程序的，应当自准予注册决定生效后提出。

依照《商标法》第四十五条第一款提出申请的无效宣告案件，应自系争商标注册之日起5年内提出；对恶意注册的，驰名商标所有人不受5年的时间限制。申请宣告国际注册商标无效的，应当自系争商标国际注册申请的驳回期限届满之日起5年内提出；若驳回期限届满时系争商标仍处在驳回复审或者异议相关程序的，应当自准予注册决定生效之日起5年内提出申请。

《商标法》第三次修正自2014年5月1日起施行后，对经异议程序或不予注册复审程序核准注册的商标提出无效宣告请求的，需在该商标重新刊登注册公告后提出。

(三)送达日的确定

送达日是指原审程序文书送达的时间。确定送达日关系到评审期限的计算，是形式审查的重要内容。

1.以邮寄方式送达的，申请人可以提交原审程序文书的邮政挂号信信封原件作为证明送达日的证据。邮戳清晰的，以收到的邮戳日为准；邮戳不清晰的，自文件发出之日起满15日视为送达。申请人能够证明实际送达日的除外。

申请人无法提交邮政挂号信信封的，应当提交凭借邮政挂号信条码查询到的邮路信息，由商标注册部门结合发文信息进行综合判定，确定实际送达日。

申请人主张实际送达日与挂号信邮戳、邮路信息不一致的，可以提交县级以上邮政部门出具的加盖公章的证明原件。该证明应注明实际送达日期及邮政部门的联系人、联系电话等，由商标注册部门审查核实后，确定实际送达日。

2.以公告方式送达的，自公告发布之日起满30日视为送达。申请人在公告期间内领取的，实际领取之日为送达日。公告期满后领取的，仍以公告发布之日起满30日视为送达，申请人实际领取材料的时间不影响公告送达时间的计算。

3.以数据电文方式送达的，自文件发出之日起满15日视为送达。文件发出之日以商标注册部门网上服务系统载明的日期为准。

4.马德里国际注册商标的送达，以世界知识产权组织(WIPO)通知函上所载国际局转发申请人的时间为准。

(四)提交日的确定

提交日是指评审申请提交的时间。确定提交日关系到判断该评审申请是否超出法定期限，是形式审查的重要内容。

1.以邮寄方式提交的，以申请人寄出的邮戳日为准。以快递方式提交的，以快递企业收寄日为准。

邮戳日及快递收寄日不清晰的或者没有邮戳日或快递收寄日的，以商标注册部门实际收到日为准。申请人能够证明实际提交日的除外。

2.申请人主张实际提交日与邮戳不一致的，可以提交县级以上邮政部门出具的加盖公章的证明原件，该证明应注明实际提交日期及邮政部门的联系人、联系电话等，由商标注册部门审查核实后，确定实际提交日。

3.以数据电文方式提交的，以商标注册部门收到商标数据电文申请文件的时间为准。申请人的数据电文材料未能被正常接收的，视为未提交。

（五）期限的计算

《商标法》及《商标法实施条例》规定的各种期限开始的当日不计算在期限内。期限以年或者月计算的，以期限最后一月的相应日为期限届满日；该月无相应日的，以该月最后一日为期限届满日；期限届满日是节假日的，以节假日后的第一个工作日为期限届满日。

评审申请的提交日应当在期限届满日之前，最迟在届满日同一天。

三、提出评审申请的内容及要求

提出商标评审申请必须以纸件形式或数据电文形式提交书面申请材料。书面申请材料应当制作、下载或者参照填写对应案件类型的评审申请书。以纸质方式提出的，应当打字或者印刷。以数据电文方式提出的，应当符合商标网上服务系统要求的数据格式。

申请人通过商标注册部门网上服务系统提交评审申请的，应当注意选择对应的评审案件通道。

（一）首页

申请人应当准确填写申请书首页所载的申请商标/系争商标名称、注册号、类别、商标注册部门发文号、申请人名称、联系地址、组织机构代码证号等内容。申请人是自然人的，应当在首页签字；申请人是法人或者其他组织的，应当在首页加盖公章。申请人委托商标代理机构的，商标代理机构应当在首页加盖公章。以数据电文方式提交申请的，以商标网上服务系统实时生成的经用户预览确认的首页信息为准。

（二）明确的评审理由、事实及法律依据

商标评审申请应当有明确的评审请求，申请人应当罗列其评审请求所依据的商标法律条款,并详细陈述相应的事实与理由。

(三)证据

商标评审申请可以提交证据。申请人如提交证据,应制作相应的证据目录,一并附在正文后。

申请人或商标代理机构应当在证据目录上签字或盖章;应当对证据材料进行编码,且该编码与证据目录一致;如提交的是外文证据,应当对外文证据进行翻译;证据材料为正、副本的,正、副本应当一致,如不一致,应当在证据目录的正、副本中逐一备注说明。

(四)代理委托书

申请人委托商标代理机构办理商标评审事宜,应当提交代理委托书。代理委托书应当注明委托事项和代理权限。申请人为外国人或者外国企业的,商标代理委托书还应当载明委托人的国籍。申请人是自然人的,应当在代理委托书上签字;申请人是法人或者其他组织的,应当在代理委托书上盖章。

同一家商标代理机构不能在不予注册复审、撤销复审、无效宣告案件中同时代理双方当事人。

(五)身份证明文件

商标评审申请人应当提交身份证明文件,身份证明文件与评审申请书首页载明的申请人名义应当一致。

(六)主体资格证明文件

依据《商标法》第四十五条第一款规定对注册商标提出无效宣告申请的,申请人应提交在先权利人或者利害关系人的主体资格证明。

1.复审类案件

申请人提交的身份证明文件即能表明其申请资格,身份证明文件同主体资格证明文件;申请人名义发生变更的,需提交名义变更核准通知书等相关证明文件。

2.无效宣告案件

依据《商标法》第四十四条第一款规定对注册商标提出无效宣告申请的,申请人提交的身份证明文件应能表明其申请资格,身份证明文件同主体资格证明文件。

四、审查结论

（一）受理

商标评审申请经形式审查符合要求的，予以受理，并通知申请人。

（二）不予受理

商标注册部门收到商标评审申请并进行形式审查后，认为该申请中存在主体不适格、超过法定时限、不属于商标评审范围以及未缴纳评审费用的任一情形，作出不予受理决定，并通知申请人。

（三）补正

商标注册部门收到商标评审材料经形式审查后，认为有相关需要补正的情形的，通知申请人进行补正。

评审申请需要补正的情形包括：

(1)未提交首页或首页信息填写有误。

(2)复审类案件未提交原审程序决定。

(3)复审类案件未提交原审程序决定送达的证据。

(4)未写明具体的评审请求、事实、理由和法律依据。

(5)申请书/补充材料未按照被申请人的数量提交相应份数的副本。

(6)提交的证据材料正、副本不一致，且未说明。

(7)申请人依据《商标法》第三十条、第三十一条规定提出无效宣告申请时，未列明引证商标。

(8)申请人提交的证据材料未逐一分类编号和制作证据目录清单，未对证据材料来源、待证明事实等具体事项作简要说明。

(9)委托代理机构办理但缺少代理委托书，或申请人未在代理委托书上签字/盖章。

(10)提交的身份证明文件/主体资格证明文件不清晰，或签字/盖章与证明文件所载不一致。

(11)其他应予补正的情形。

申请人应当在规定期限内按照通知要求进行补正。经补正仍不符合规定的评审申请，不予受理，书面通知申请人并说明理由；期满未补正的，视为撤回申请，商标注册部门应当书面通知申请人。

（四）形审结案

商标评审案件在形式审查期间，有以下情形的，商标注册部门经审查认为可以结案的，终止评审，予以结案并通知当事人：

（1）申请人死亡或者终止后无继承人或继承人放弃评审权利，有相应书面材料说明或提供相应证明的。

（2）申请人提交书面材料表示自愿撤回评审申请的。

（3）自行或者经调解达成和解，申请人提交书面材料或和解协议等请求撤回评审申请的。

（4）有其他应当终止评审的情形，有相应书面材料说明或申请人提交终止评审申请的。

（五）形审驳回

在形式审查期间，发现已经受理的商标评审申请，不符合受理条件或出现了不符合受理条件的新情况，商标注册部门经审查后，予以驳回并通知申请人。

（六）视为撤回

申请人未在规定期限内按照补正通知要求进行补正的，视为撤回评审申请，商标注册部门作出视为撤回的通知书。

五、答辩材料的审查

评审申请有被申请人的，商标注册部门受理后，应当及时将申请书副本及有关证据材料送达被申请人并通知其进行答辩。被申请人应当自收到答辩通知之日起 30 日内提交答辩材料；未在规定期限内答辩的，不影响审理。

（一）答辩材料的要求

评审答辩材料要件与异议答辩材料的具体要求一致，参见异议相关章节。

（二）评审答辩材料审查结论

1.答辩人在规定期限内作出答辩且材料符合要求的，商标注册部门应当及时将答辩材料副本送达申请人并通知申请人进行质证。申请人应当自收到证据交换通知之日起 30 日内提交质证意见，未在规定期限内提交质证意见的，不影响审理。

2.答辩材料需要补正的，商标注册部门书面通知答辩人，要求其在规定期限内，按照指定内容补正。经补正仍不符合规定的评审答辩，或者未在规定期限内补正的，视为未答辩，不影响审理。

评审答辩需要补正的情形包括：未提交答辩通知书及其送达证据；答辩书内容不清晰、无法辨认的；答辩书或答辩补充材料正、副本不一致（包含未提交副本情形）且未说明；答辩人提交的证据材料未逐一分类编号和制作证据目录清单，未对证据材料来源、待证明事实等具体事项作简要说明；声明委托代理人的，未提交商标评审代理委托书或未在商标评审代理委托书上签字/盖章；提交的身份证明文件不清晰或签字/盖章与证明文件所载不一致；以及其他经审查应予补正的情形。

六、补充证据材料的审查

当事人需要在提出评审申请或者提交评审答辩后补充有关证据材料的，应当在申请书或答辩书中声明，并自提交申请书或答辩书之日起 3 个月内一次性提交；未在申请书或答辩书中声明，或者期满未提交的，视为放弃补充。

（一）补充证据材料的要求

评审补充证据材料的具体要求与异议补充证据材料的具体要求一致，参见本书相关章节。

（二）审查结论

1.有关补充证据材料在期限内提交，且符合规定的，予以通过。

2.补充证据材料需要补正的，商标注册部门书面通知当事人，要求其在规定期限内，按照指定内容补正。经补正仍不符合规定的，或者未在规定期限内补正的，视为未提交该补充证据材料。

七、变更及解除代理的审查

当事人委托商标代理机构办理商标评审事宜，代理权限发生变更、代理关系解除或者变更代理人的，应当及时书面告知商标注册部门。

当事人变更或解除与商标代理机构的委托关系，需提交相应的变更代理材料或解除代理材料。经审查认为材料符合要求的，予以变更或解除代理关系。

当事人委托同一家商标代理机构但赋予该代理的权限发生变更的，应当提交变更代理权限的说明书及含有变更后代理事项或代理权限的商标代理委托书，并签字或盖章。当事人重新委托商标代理机构的，应当提交与原商标代理机构解除委托关系的声明及新的代理委托书，并签字或盖章。当事人解除与商标代理机构的委托关系的，应当提交解除委托关系的声明，并签字或盖章。

八、撤回评审申请的审查

当事人有权依法处分自己与商标评审有关的权利。当事人请求撤回评审申请，应符合《商标法》的要求。

请求撤回评审申请的，需提交撤回评审申请书及主体资格证明材料，如委托商标代理机构的，需提交代理委托书。

当事人应当准确填写撤回评审申请书的相关信息，并就撤回原因予以说明。当事人提交的主体资格证明材料应与申请人名义一致，并签字或盖章。当事人委托商标代理机构撤回评审申请的，应当提交代理权限注明撤回评审申请或放弃评审申请的代理委托书。

第三节　评审实质审查案例解析

一、驳回复审案例解析

（一）涉及《商标法》第十条的审查案例解析

“切糕王子”阿迪力·麦麦提吐热为将品牌发扬光大，与两位汉族同学一起成立了湖南梦想起航电子商务有限公司（下称“梦想公司”），并于 2014 年 8 月 14 日申请注册了第 15157488 号“切糕王子”商标（下称“申请商标”），指定使用在“咖啡；茶；糖；米花糖；花生糖果；果仁糖；糖核桃；蜂蜜；面包；面粉制品”等商品上。

商标局以申请商标与在先在类似商品上已注册“王子及图”商标（下称“引证商标”）近似，且该文字用在非切糕商品上“易使消费者产生误认，不得作为商标申请”为由，驳回了该商标的注册申请。

梦想公司不服提起复审，并提交了引证商标权利人出具的允许申请商标注册的《共存声明》。但商标评审委员会（下称“商评委”）仍以申请商标含有“切糕”二字，而切糕是一种新疆维吾尔族的特色食品，梦想公司将其注册使用在糖、米花糖等商品上，易使相关公众产生误认，认为其含有上述成分或具有相同的味道，不得作为商标使用，依据《商标法》第十条第一款第七项的规定，决定对申请商标予以驳回。

梦想公司不服，提起了诉讼。北京第一中级人民法院经审理认为：《商标法》第十条第一款第七项的规定系对违反公共利益的标志予以禁止注册并禁止使用的规定。相比损害特定主体私权利的法律规定，其适用范围和标准，更应严格予以解释和限制。带有欺骗性的标志以虚假信息掩盖了商品的真实情况，容易使相关公众对商品的产地、质量、品质等产生错误认识。

本案中，首先，从诉争商标“切糕王子”的文字上看，相关公众识别该商标时易认为其是指代“王子”这一人物，“切糕”系对人物具体特征的描述；其次，根据原告所提交的《农产品加工》等资料证明，在新疆当地核桃玛仁糖是由核桃仁、葡萄干、蜂蜜、奶油、砂糖等原料熬制而成的，散装的玛仁糖多为大块状，零售时切下小块来卖，所以又被称为“切糕”，故诉争商标中“切糕”二字与其所指定使用的商品具有一致性，不存在欺骗性。另外，从原告的经营情况、对诉争商标的宣传使用及原告在其他类别的商品上申请注册和受让其他“切糕王子”商标等情况来看，原告主观上亦无恶意，并无积极追求相关公众误认并影响其消费决定的意图，所以诉争商标的注册未违反《商标法》第十条第一款第七项的规定。据此，法院判决撤销了商评委的决定，商评委重新作出决定后，第 15157488 号“切糕王子”商标得以初审公告。

根据《商标法》第十条第一款第七项的规定，欺骗性标识的认定需同时满足客观欺骗性与误导可能性双重要件。具体来说，一个标志要具有欺骗性，所谓“欺骗”是指某个标志所描述的商品特性与商品的实际情况不符。

第一，标识必须包含对商品质量、产地等特性的直接或暗示性描述（与《商标法》第十一条显著性审查中的“描述性特征”要件同源），若标识未表达任何与商品特性关联的内容（如纯抽象图形、无含义字母组合），则直接排除欺骗性认定。第二，在欺骗性标识的认定中，误导结果的成立需以公众认知的客观解释为前提，即只有当相关公众基于其一般注意力和生活经验，将标识整体认知为对商品特性的实质性描述时，方可启动欺骗性审查。第三，“欺骗”指的是用虚假言行来隐瞒事实真相。在《商标法》范畴内，它具体是指标志对商品质量等特性的阐述，与商品实际状况不一致。要是标志所描述的内容和商品真实情形相契合，那就不存在欺骗情况。第四，当标志满足“具有欺骗性”这一前提条件后，就需要进一步判断其是否符合“易产生误认”这一结果要件。这就意味着标志自身的误导性表述，必须能够让相关公众形成错误认知，并且这种错误认知还对相关公众的购物决策造成影响。如果标志虽然存在误导性描述，但依据相关公众的生活经验并不会引发错误认知，又或者即使产生了错误认知，却没有对购物决策产生影响，那么就不满足“易产生误认”的结果要件。所以在《商标法》范畴中，“具有欺骗性”这一构成要件纳入对申请人主观因素的考量合情合理。这意味着申请人主观上得有意凭借标志的误导性描述，隐瞒商品真实情况，进而干扰相关公众的购物决策。要是申请人主观并无欺骗意图，在适用《商标法》第十条第一款第七项时就得格外谨慎。

（二）涉及《商标法》第十一条的审查案例解析

图 6-3-1　颜色组合商标

在某公司诉国家知识产权局商标驳回复审案中，诉争商标为颜色组合商标（见图 6-3-1），指定使用在第 7 类“高空工作升降台；升降设备；升降装置；起重机；装卸设备”等商品上。国家知识产权局认定诉争商标违反了《商标法》第十一条第一款第三项的规定，裁定对诉争商标的复审申请予以驳回。

在一审诉讼阶段，原告向法院提交的证据包括：关于原告公司及其品牌的杂志期刊及报纸的国家图书馆检索报告、原告公司企业信用信息、诉争商标颜色组合的产品参与博览会的照片、诉争商标颜色组合的产品视频截图、标识诉争商标颜色组合的产品在中国市场的占有率统计及销售资料等。

北京知识产权法院经审理认为，本案中，诉争商标为颜色组合商标，由橘色和奶油色组成，其颜色及组合方式比较普通，表现形式较为常见。相关消费者很难将其作为商标进行识别，故诉争商标缺乏商标本身应该具有的固有显著性。对于本身缺乏固有显著性的标识，若在特定商品或服务领域经过实际使用已形成必要知名度，使相关公众能够将该标识与其提供者形成唯一对应关系时，则可以认定该标识通过使用获得了显著性特征，符合商标注册要求的识别功能。

本案中,原告提交的相关证据可以证明原告产品在中国占有极高的市场份额,诉争商标作为颜色组合商标经过原告长期、广泛的宣传与使用,已为相关公众所熟知,具有一定知名度,与原告之间形成相互指代的稳定对应关系,能够起到区分商品来源的作用。因此,诉争商标在使用过程中获得了显著性。综上,诉争商标不属于《商标法》第十一条第一款第三项规定的情形,可以作为商标予以注册。故判决撤销被诉决定,并判令国家知识产权局重新作出裁定。宣判后,国家知识产权局不服,向北京市高级人民法院提出上诉。上诉理由为:申请商标指定使用在"高空工作升降台"等商品上,不具备识别商品来源的作用,已构成《商标法》第十一条第一款第三项所规定的情形。该公司提供的证据不足以证明申请商标经使用已具有显著特征。北京市高级人民法院二审认为,本案中,申请商标指定使用在"高空工作升降台"等商品上,属于该类商品的常见外观颜色,缺乏商标固有的显著特征。在申请商标标志本身缺乏显著特征的情形下,应当结合相关证据判断该标志是否属于通过实际使用取得显著特征并便于识别的情形。该公司在本案中提交的证据可以证明,在申请商标的申请日之前,标有复审商标的高空工作升降台、升降设备、升降装置等商品在中国大陆地区已经进行了较长时间的销售和宣传,占据较大的市场份额,在相关行业具有较高知名度,相关公众已将申请商标作为标示商品来源的标志进行识别。因此,申请商标属于2013年《商标法》第十一条第二款所指经过使用获得显著特征的情形,可以作为商标注册。故驳回上诉,维持原判。后国家知识产权局向最高人民法院提出再审,最高人民法院作出(2021)最高法行申7342号行政裁定书,裁定驳回再审申请。该商标现已获准注册。

根据《商标法》第十一条第二款的规定,缺乏固有显著性的标识需满足以下三项要件方可获得注册:其一,该标识属于第十一条第一款所列的缺乏固有显著性之情形;其二,标识已通过实际使用行为形成市场认知;其三,使用行为使得标识产生识别商品来源的功能。在司法实践中,商标驳回复审行政案件的核心争议通常聚焦于两项审查要点:一是使用行为的充分性,二是显著性获得的客观性。针对三维标志的特殊情形,《最高人民法院关于审理商标授权确权行政案件若干问题的规定》第九条在《商标法》第十一条第二款的基础上,进一步要求对长期性或广泛性使用进行严格审查。因缺乏固有显著性的标识往往被相关公众视为商品特性描述，唯有通过持续、大规模的使用，方能在标识与提供者之间建立稳定的市场联系。

关于使用证据的审查规则，原告使用证据的采纳应注意以下三点：一是时空维度要求：证据需证明使用行为具有持续性、覆盖地域的广泛性及市场影响的显著性；二是使用方式要求：使用应体现标识作为独立商标的功能，排除对企业名称宣传或其他标识附带使用的场景；三是权利范围限定：获准注册的商品/服务类别严格限定于实际使用范围，禁止跨类推定显著性。在证据规则层面，实务中法院通常采信以下几类证据，例如体现市场占有率的行业统计数据、第三方机构出具的市场调查报告、具有公信力的媒体报道及行业评价等。

（三）涉及近似案例的审查案例解析

小爱同学

图 6-3-2 “小爱同学”商标

2018 年，小米科技有限责任公司（下称“小米公司”）提交“小爱同学”商标注册申请（见图 6-3-2），指定使用在“咖啡馆；会议室出租”等第 43 类服务项目上，商标局审查决定为：

（1）初步审定在第 43 类“照明设备出租；烹饪设备出租；饮水机出租；枕头出租”上使用该商标的注册申请，予以公告。

（2）驳回在第 43 类“咖啡馆；会议室出租；养老院；日间托儿所（看孩子）；动物寄养；出租椅子、桌子、桌布和玻璃器皿”上使用该商标的注册申请，理由为：该商标与某自然人在类似服务项目上初步审定并公告的第 29784019 号“小爱同学”商标近似。

小米公司对商标局驳回决定不服，于 2018 年 12 月向国家知识产权局申请复审，主张：第一，申请商标与引证商标来源不同，二者整体含义存在一定区别，能够形成区分；第二，判断申请商标与引证商标是否近似，还应当考虑申请商标的知名度，申请商标使用于申请人小米科技有限责任公司名下，延续了申请人知名企业字号和在先具有极高知名度的“小米”商标的商誉，且申请商标经过使用已经形成稳定的市场秩序能够与引证商标相区分。（1）申请商标及其产品已经被广大消费者所熟知，使用在申请人名下，相关公众可分辨商品来源。（2）申请人获得国家领导人的关注，对申请人企业进行了高度肯定并赞赏申请人企业“小米成了大米”，申请人企业已经具有极高的知名度。（3）申请人在先注册的“小米”商标已荣获“北京市著名商标”，并被认定为“为相关公众所熟知”，具有极高的知名度和美誉度，申请商标延续了申请人在先知名商标的商誉。并且在后续进行了证据补充，包括小爱同学商标创意说明、百度百科记载的关于申请商标使用的商品“小爱同学”的上线发布时间、售价信息以及相关新闻报道信息。综上，小米公司请求对申请商标予以初步审定并公告。

商标局驳回复审决定认为，申请商标与引证商标在文字构成及呼叫等方面相同，已构成相同商标，并存使用在类似服务上易使相关公众混淆误认，已构成《中华人民共和国商标法》第三十一条所指情形。申请人提交的证据不足以证明申请商标经使用已获得可与引证商标相区分的显著性。依照《中华人民共和国商标法》第三十一条和第三十四条的规定，商标局决定如下：申请商标在复审服务上的注册申请予以驳回。

在小米公司商标申请注册时，他人已在类似服务项目上初步审定并公告，小米公司没有提供足够的证据证明“小爱同学”商标通过使用、宣传与其形成了独特的对应关系，这可以与引证商标相区别。而根据《商标法》第三十一条规定，两个或两个以上的商标注册申请人，在同一种商品或类似商品上，以相同或近似的商标申请注册的，初步审定并公告申请在先的商标；同一天申请的，初步审定并公告使用在先的商标，驳回其他人的申请，不予公告。

“市场未动，商标先行”，企业在产品或服务推向市场之前，就应该提前注册商标，以确保商标的独占性和法律保护。这有利于企业在未来竞争市场中占据有利地位，防止他人在同一或类似商品上使用相同或近似商标，避免侵权纠纷，也可以有效保护自身品牌权益，为产品或市场推广奠定坚实基础。

二、不予注册复审案例解析

2018 年 3 月，自然人刘某提交“微信爷”商标（见图 6-3-3）注册申请，指定使用在“绞肉机（机械）；熨衣机”等第 7 类商品上。2018 年 11 月，该商标初步审定并公告。2019 年 1 月，腾讯科技（深圳）有限公司提出商标异议申请，主张被异议商标与异议人在先申请和注册的 7 类“微信”商标（见图 6-3-4，下称“引证商标一”）、7 类“微信机器人小微”商标（见图 6-3-5，下称“引证商标二”）、7 类“微信小微”商标（见图 6-3-6，下称“引证商标三”）构成类似商品上的近似商标，被异议商标的注册和使用易造成消费者的混淆和误认。异议人的“微信及图”商标已成为家喻户晓的驰名商标，被异议人文字与异议人驰名商标文字高度近似，是对异议人驰名商标的抄袭和模仿，损害异议人及消费者的合法权益；且在被异议人商标申请注册前，申请人的“微信及图”已经具有较高知名度，是一种明知他人商标存在的恶意抢注行为，违反诚实信用原则。

微信爷

图 6-3-3 “微信爷”商标

微信

图 6-3-4 “微信”商标

微信机器人小微

图 6-3-5 “微信机器人小微”商标

微信小微

图 6-3-6 “微信小微”商标

商标异议决定为，被异议商标完整包含异议人引证商标或其显著部分文字“微信”，整体上未形成明显区别于引证商标的其他含义。被异议商标指定使用的部分商品与引证商标核定使用商品属于类似商品，被异议商标使用在上述类似商品上易造成消费者的混淆误认，因此，双方商标已构成类似商品上的近似商标。异议人注册并使用于第 9 类“计算机软件(已录制)；计算机程序(可下载软件)”商品上的“微信及图”商标经广泛宣传和长期使用，在我国相关公众中已具有较高知名度并曾获《商标法》第十三条保护。被异议商标完整包含该商标文字“微信”，含义上未形成明显区别，已构成对异议人该商标的模仿，被异议商标如予核准注册易误导公众并可能致使异议人的利益受到损害。

依据《商标法》第十三条第三款、第三十条、第三十五条规定，第 29772718 号“微信爷”商标不予注册。

被异议人不服异议决定，于 2020 年 8 月提出不予注册复审申请，认为被异议商标与原异议人引证商标未构成类似商品上的近似商标，不会造成相关公众对服务的来源产生误认。被异议商标系申请人原创，具有极强的识别性和显著性。原异议人第 9 类“微信”商标具有较高的知名度与本案被异议商标无关,被异议商标未构成对原异议人商标的抄袭、复制、模仿及恶意抢注。已有与本案被异议商标情况类似的商标获准注册。被异议商标的注册符合《商标法》的相关规定。综上,请求核准被异议商标的注册。

2021 年 6 月,商标局作出不予注册复审决定:被异议商标“微信爷”与引证商标一至三均含有“微信”,且整体未形成明显可区分的显著含义,构成近似标识。被异议商标指定使用的“绞肉机(机械);熨衣机;制笔机械;家用电动榨水果机;洗衣机;电钻的钻头;手电钻(不包括电煤钻);高压清洗机;电动擦鞋机”商品与原异议人引证商标一至三核定使用的“制食品用电动机械;洗衣机;混合机(机器);电动清洁机械和设备等”商品属于同一种或类似商品。因此,被异议商标与原异议人引证商标一至三若共同使用在上述商品上,易使相关公众对商品来源产生混淆或误认,已构成《商标法》第三十条所指的使用在同一种或类似商品上的近似商标。

被异议商标核定使用的气泵商品与引证商标一至三核定使用的商品不属于同一种或类似商品,故被异议商标在该项商品上与原异议人引证商标一至三未构成《商标法》第三十条所指的使用在同一种或类似商品上的近似商标。

根据查明事实及原异议人提交的在案证据可知,原异议人的“微信及图”商标于被异议商标申请日前在第 9 类“计算机软件(已录制);计算机程序(可下载软件)”商品上经过使用已达到相关公众所熟知的程度。被异议商标“微信爷”与原异议人引证商标四汉字“微信”均含有“微信”,且整体未形成明显可区分的显著含义,已构成对原异议人商标的复制、模仿。被异议商标注册和使用在气泵商品上,容易误导相关公众,使之认为冠以被异议商标的商品系由原异议人提供,或认为商品的提供者与原异议人之间存在某种关联,进而不正当地利用了原异议人商标的市场声誉,致使原异议人的利益可能受到损害。故被异议商标在气泵商品上的注册已构成《商标法》第十三条第三款所指的情形。

依照《商标法》第十三条第三款、第三十条、第三十五条第三款、第三十六条的规定,被异议商标不予核准注册。

在争议商标申请注册时,腾讯科技(深圳)有限公司的“微信”商标在相关公众中已经具有较高知名度,自然人刘某仍然申请注册包含相同文字的

"微信爷"商标，该文字组合并未形成与引证商标可区分的新含义，系对他人商标的抄袭和模仿。

商标局对于"微信爷"商标的不予注册决定，明确了商标局对知识产权保护的坚定立场，展现了法律对于侵权行为的零容忍态度，这对整个社会具有强烈的教育意义，不仅警示了潜在的侵权者，让他们认识到侵权的严重性及其后果，也同时教育了公众，强化了知识产权保护的社会意义。提醒所有市场参与者遵守法律法规和市场道德，促进公平竞争和创新发展，同时也警示社会各方面加强品牌保护和消费者教育。

三、撤销复审案例解析

图 6-3-7 "博士 DOCTOR"商标

"博士 DOCTOR"商标（见图 6-3-7），指定使用在第 35 类"推销（替他人）"服务项目上，该商标于 1997 年 5 月 28 日初步审定并公告，于 1997 年 8 月 28 日注册。2009 年 2 月 11 日，经核准注册人名义变更为深圳市博士眼镜连锁有限公司。2012 年 11 月 28 日，经核准注册人名义变更为深圳市博士眼镜连锁股份有限公司。2013 年 11 月 18 日，经核准注册人名义变更为博士眼镜连锁股份有限公司（被申请人）。2014 年，"博士 DOCTOR"商标被认定为驰名商标。

2015 年 6 月，江苏淮安博士眼镜有限公司（撤销申请人一）对该商标向商标局提出撤销连续三年不使用申请，博士眼镜连锁股份有限公司（被申请人）就商标使用情况提供了购销合同、交易凭证、销售发票、杂志广告、品牌活动等证据，后商标局认定博士眼镜连锁股份有限公司（被申请人）使用证据有效，驳回了江苏淮安博士眼镜有限公司的撤销申请，该注册商标不予撤销。

2020 年 1 月，深圳市超仁信息科技有限公司（撤销申请人二）对该商标向商标局提出撤销连续三年不使用申请，后商标局认定博士眼镜连锁股份有限公司（被申请人）使用证据有效，驳回了深圳市超仁信息科技有限公司的撤销申请，该注册商标不予撤销。

2021 年 11 月，自然人于某（撤销申请人三）对该商标向商标局提出撤销连续三年不使用申请，博士眼镜连锁股份有限公司（被申请人）提供了订购合同、产品入库单、采购发票、实体店实景照片、促销宣传单等证据，商标局认定博士眼镜连锁股份有限公司（被申请人）使用证据有效，驳回了自然人于某的撤销申请，该注册商标不予撤销。2022 年 7 月，自然人于某不服商标局决定，提出撤销注册商标复审申请，申请理由为：第一，在互联网信息高度发达的当下，如果本案被申请商标已经在相关服务上实际使用的话，在互联网上肯定能够搜索到与其相关的信息。但是针对本案商标，自然人于某运用各大网络搜索引擎进行全面搜索，均未发现本案被申请商标在撤销服务上的任何相关使用信息。第二，自然人于某对山东、北京、广州、深圳等城市的相关市场进行了实地调查。调查结果显示，在市场上没有发现本案被申请商标的相关服务。

博士眼镜连锁股份有限公司（被申请人）主要答辩理由如下：申请人对于复审商标的使用状态调查缺乏真实性，被申请人在三年不使用撤销程序中已提交过复审商标的使用证据，复审商标经过宣传使用已具有一定知名度，请求维持复审商标的注册。博士眼镜连锁股份有限公司（被申请人）提交了订购合同、产品入库单、采购发票等证据。

自然人于某（撤销申请人三）发表如下质证意见：被申请人提交的证据或为企业内部自制文件，缺乏公信力，或与复审商标显著特征相反，或未显示时间，或采购发票不能证明被申请人销售这些商品，且房屋租赁合同不能证明复审商标进行使用。综上，被申请人提交的证据不能证明复审商标于指定期间在核定服务上进行真实、合法、有效的使用，复审商标的注册应予撤销。

2023 年 9 月，商标局作出撤销复审决定。经商标局审理查明，复审商标由福田区博士眼镜店于 1996 年 5 月 21 日申请注册，1997 年 8 月 28 日核准注册在第 35 类推销（替他人）服务上，现为有效注册商标。2009 年 2 月 11 日经核准注册人名义变更为深圳市博士眼镜连锁有限公司，2012 年 11 月 28 日经核准注册人名义变更为深圳市博士眼镜连锁股份有限公司，2013 年 11 月 18 日经核准注册人名义变更为博士眼镜连锁股份有限公司。

商标局认为，鉴于本案复审商标使用的指定期间跨越 2019 年 11 月 1 日，本案实体问题应适用 2013 年《商标法》，程序问题应适用 2019 年《商标法》。本案焦点问题为被申请人在指定期间是否在复审商标核定使用的服务上对其进行了真实、合法、有效的商业使用。

商标的商业使用，包括将商标用于商品、商品包装或者容器以及商品交易文书上，或者将商标用于广告宣传、展览以及其他商业活动中。本案中，被申请人提交的产品订购、场地租赁、实体店销售等证据整体体现的是被申请人向他人购买眼镜等产品，并销售给消费者从中赚取买卖差价并获利的行为，并非向他人提供服务。广告宣传、商品展示、促销资料等证据多为自制证据，仅是对自售商品的宣传促销，并无相关服务合同、发票等证据佐证是替他人的推销活动并以此获得了服务报酬，不属于推销（替他人）服务。综上，被申请人提交的证据不能证明复审商标在指定期间在核定服务上进行了真实、有效、合法的商业使用。

依照2013年《商标法》第四十九条第二款、2019年《商标法》第五十四条、第五十五条的规定，商标局决定如下：复审商标在复审服务上的注册予以撤销。

《商标法》赋予注册人专用权的目的是鼓励经营者通过实际使用建立品牌信誉，促进市场竞争。商标注册是法律对权利归属的初步确认，但权利存续需以实际使用为前提。若商标注册后长期闲置，既无法实现区分商品来源的功能，又妨碍他人正常使用。本案中“博士　DOCTOR”注册后被认定为驰名商标，却因为连续三年未使用被撤销，体现了商标法律体系中的“注册”与“使用”的深层张力。商标注册制度以“申请在先”为核心，通过注册制度赋予排他性权利。商标的本质功能是区分商品或服务来源，若长期不使用，商标的识别功能丧失，法律保护失去正当性基础。驰名商标的认定基于市场实际使用产生的知名度，但其保护仍需以使用为前提。

在连续三年停止使用而撤销商标注册的案件中，最为核心的问题就是如何认定商标使用的问题，较为普遍的观点认为，能够被法院接受的商标使用行为必须是“公开、真实、合法”的商标使用行为，但在实际操作中，对上述标准还应当结合具体案件事实加以把握。从目前的司法实践看，相关案例确立了以下规则：

1.商标使用应当起到商品来源的识别作用

注册商标的使用，既包括商标注册人自己的使用，也包括获得商标注册人许可的其他主体的使用，但这种使用必须是在商业流通领域发挥了商标区分商品或服务来源识别作用的使用。只有发挥了商品或服务来源识别作用的标志的使用,才能被认定为商标法意义上的商标使用行为。如果仅仅是单纯地许可他人使用自己的商标或转让商标权,而许可人和被许可人或者转让人和受让人都没有对商标进行实际的使用,那么这种行为也不能被认定为商标意义上的使用。对于这个问题,法院已有明确的界定:“这些行为仅是许可人或转让人与被许可人或受让人之间的行为,不具有面向消费者昭示商标的标识功能,因此商标权人对涉案商标的许可他人使用以及其后的转让行为均不属于商标的使用。”也就是说,商标法意义上的商标使用,必须是面向社会公众的、公开的使用行为,必须与具体的商品或服务相结合,起到区分商品或服务来源的作用。商标应当是市场经济中商品或服务贸易中的媒介,而绝不应是交易的对象本身,只有这样的商标标志的使用行为,才是商标法意义上的商标使用行为,否则,它只能是财产法领域中的一种财产而已。

注册商标许可使用人与被许可使用人之间,或者生产标注被许可的注册商标标志的商品的委托人与受托人之间,即使有标注被许可的注册商标标志的商品买卖行为,由于此类买卖行为是在特定的市场主体之间发生的,该买卖行为的发生不是通过商标的识别作用而建立的,故在这种情况下,也难以认定是该被许可使用的商标起到了区分商品来源的作用,因而也就不能认定使用该商标标志的行为构成商标法意义上的商标使用行为。此前,法院曾在第1937137号“T.U.F及图”商标案中表达过这样的观点:注册商标许可使用人与被许可使用人之间,标识有被许可的注册商标标志的商品买卖行为,不能认定是该被许可使用商标起到区分商品来源作用的商业使用行为,因而也不能认定为商标法意义上的商标使用行为。本案中,法院的裁判再次确认了这一规则。而这一规则的确立,无疑是对商标“公开”使用的最好诠释。

2.商标权人应有真实使用商标的明显意图

通常情况下,商标使用不应是为了维持商标注册而进行的象征性使用。比如在第1240054号“大桥DAQIAO及图”商标撤销复审案中,二审法院即指出:“商标使用应当具有真实性和指向性,即商标使用是商标权人控制下的使用,该使用行为能够表达出该商标与特定商品或服务的关联性,能够使相关公众意识到该商标指向了特定的商品或服务。对于仅以或主要以维持注册效力为目的的象征性使用商标的行为,不应视为在商标法意义上使用商标。判定商标使用行为是否属于仅以或主要以维持注册效力为目的的象征性使用行为,应综合考察行为人使用该商标的主观目的、具体使用方式、是否还存在其他使用商标的行为等因素。"据此,法院在该案中认定,商标注册人在涉案的三年期间内所发布的一次报纸广告和总额人民币 1800 元的销售行为仅为象征性使用,不属于诉争商标的真实使用,因而对该商标的注册予以撤销。而在第 1457817 号"TAMASHI"商标撤销复审案中,二审法院也认为,仅有的一张销售发票不足以认定复审商标在涉案三年期间内存在足以维持其注册效力的使用行为。而且,即使该销售发票及相应的销售行为属实,复审商标的该使用行为也属于以维持注册为目的的象征性使用行为,因而对诉争商标的注册予以撤销。

尽管目前的司法实践通常将在撤销申请提出前较短期限内的使用视为象征性的使用,但判断商标是否"真实"使用的着眼点还是看商标权人有无真实使用诉争商标的明显意图。撤销"连续三年停止使用商标"的注册,目的在于清理长期未投入实际使用的商标,避免商标资源的浪费,因此,如果商标权人有真实使用商标的意图,但只是由于主客观的原因而导致数量较少,则不能因此而剥夺商标注册人继续使用其商标的权利。美国第九巡回法庭曾创立了一个明确的规则:即便一次真实、善意的使用也能够阻却商标被撤销。欧共体法院也认为不能预设一个最低使用数量的门槛,而应当综合考虑各种因素,如果商业上确实能有合理的理由,即使数量不大或只是一个国家的进口商的使用也可以满足实际使用的要求。因此,判断商标权人是否具有使用意图,对于区分少量的商标使用与商标的象征性使用具有重要意义。此外,如果商标权人在撤销注册申请前已经恢复诉争商标的真实使用并能够持续一定的时间,则"连续三年停止使用"撤销督促商标使用的目的已经达到,在此种情形下对该注册商标仍然予以撤销则不符合立法目的。

3.合法性审查仅以《商标法》的相关规定为限

法律对商标专用权给予保护,但商标的使用本身也应当是合法的。但对商标使用是否合法的判断标准,实践中却有一个演进的过程。

最高人民法院在第 738354 号"康王"商标撤销复审案中曾指出:"从《商标法》第四十五条的规定来看,判断商标使用行为合法与否的法律依据,并不限于《商标法》及其配套法规。对于违反法律法规强制性、禁止性规定的经营活动中的使用商标行为，如果认定其法律效力，则可能鼓励、纵容违反行为，与《商标法》有关商标使用行为规定的本意不符。”因此，对于当事人在违反化妆品生产许可和卫生许可方面的强制性规定的情况下进行的商标使用行为，不能认定为合法的商标使用行为。

但是，在第 1372099 号“卡斯特”商标撤销复审案中，最高人民法院修正了上述观点，认为《商标法》第四十四条第四款的立法目的在于激活商标资源，清理闲置商标，撤销只是手段，而不是目的。因此，只要在商业活动中公开、真实地使用了注册商标，且注册商标的使用行为本身没有违反商标法律规定，则注册商标权利人已经尽到法律规定的使用义务，不宜认定注册商标违反该项规定。因此，该案中当事人使用诉争商标有关的其他经营活动是否违反进口、销售方面的法律规定，并非《商标法》第四十四条第四项所要规范和调整的问题。

法律制度虽然需要体系内部的相互配合，但每一个部门法都有其自身的使命和任务。要求每一部具体法律或者每一法律条款都要顾及其他法律的调整对象，显然是不适当的也是不现实的。对于商标是否构成“合法”使用，还是应当从商标法意义上加以判断。最高人民法院在“卡斯特”商标案中的做法，卸下了商标使用合法性判断过程中的不适当的包袱，还原了《商标法》本来的面目，是值得充分肯定的。

4.商标使用应体现商标全部显著识别部分

在商标的实际使用过程中，商标标志可能发生变化。对此，《商标法》的态度是明确的，即注册商标在使用过程中应当按照核准注册的商标标志为准，需要改变其标志的，应当重新提出注册申请。同时，《商标法》还规定，商标注册人在使用注册商标的过程中，自行改变注册商标的，工商行政部门将限期改正，期满不改正的，将撤销商标的注册。但是，由于连续三年未使用而撤销商标注册的制度在于督促商标的实际使用，避免商标资源的闲置，因此在此类案件中，只要实际使用的商标标志并未改变其主要识别部分、仅是商标标志中的某些细微部分发生变化的，还是会认定为是符合条件的商标使用行为的，相关的商标注册还是会得到维持的。相反，如果实际使用的商标标志并未完全体现出注册商标的全部显著识别部分，则这种对商标标志的部分使用是不能够起到维持商标注册的效力的。

四、无效宣告案例解析

蜂花佳人

图 6-3-8 “蜂花佳人”商标

2021 年，被申请人提交“蜂花佳人”商标（见图 6-3-8）注册申请，指定使用在“天然麝香；带香味的织物清新喷雾剂”等第 3 类商品上，于 2022 年 3 月 21 日获准注册，核定使用在第 3 类“非生产操作用、非医用的去污剂；脱脂用松节油”商品上。2022 年申请人提出无效宣告请求。

申请人的主要理由：

（1）申请人第 683187 号“蜂花”商标（以下称“引证商标一”）在 2014 年被认定为驰名商标。争议商标系对申请人驰名商标的抄袭、模仿，其注册和使用必将在消费者中造成混淆，进而导致误认误购，损害申请人商业利益、商业信誉及企业形象。

（2）争议商标与引证商标一、第 3371475 号“蜂花 BEE&FLOWER 及图”商标（以下称“引证商标二”）、第 39945264 号“蜂花 BEE&FLOWER 及图”商标（以下称“引证商标三”）构成使用在类似商品上的近似商标。

（3）争议商标的注册侵犯了申请人的在先字号权，并且构成对申请人在先商标的恶意抢注。争议商标的注册违反诚实信用原则和公序良俗原则。综上，依据《商标法》第四条、第七条、第十三条第三款、第三十条、第三十二条、第四十四条等规定，请求宣告争议商标无效。

被申请人在规定期限内未予答辩。商标局无效宣告请求裁定书认定：

（1）争议商标由被申请人于 2021 年 5 月 10 日提出注册申请，于 2022 年 3 月 21 日获准注册，核定使用在第 3 类“非生产操作用、非医用的去污剂；脱脂用松节油”商品上。

（2）引证商标一早于争议商标获准注册，核定使用在第 3 类洗发液、护发素等商品上，现为在先有效注册商标，曾在我局商评字〔2014〕第 33439 号争议案件中适用《商标法》第十三条予以保护，并在之后多次被我局以及法院依据《商标法》第十三条予以保护。

（3）在争议商标申请注册之前，引证商标二、三已经获准注册，分别核定使用在第 3 类“洗发液；护发素；柔发剂；洗发粉”商品和“香精油；香”商品上获准注册，目前均为申请人名下有效注册商标。

《商标法》第七条属于总则性条款，故本案依据《商标法》的具体条款进行审理，依据当事人的评审请求、在案证据及查明事实，本案审理如下：

(1)争议商标核定使用的“非生产操作用、非医用的去污剂；脱脂用松节油”商品与引证商标一、二、三核定使用的洗发液等商品不属于类似商品，未构成《商标法》第三十条所指的使用在类似商品上的近似商标。

(2)申请人称争议商标系对其引证商标一“蜂花”的抄袭和模仿，请求保护其驰名商标合法权益。本案中，申请人提交的证据显示，在争议商标申请注册前，其“蜂花”商标在洗发液、护发素商品上具有较高知名度。争议商标与申请人“蜂花”商标在文字构成、呼叫等方面相近，构成对申请人引证商标的复制、模仿。争议商标核定使用的“非生产操作用、非医用的去污剂；脱脂用松节油”商品与申请人主张“蜂花”商标大量使用并形成高知名度的洗发液、护发素商品虽具有一定差异，但双方均属于用于家庭和其他环境的清洁制剂领域的商品，具有一定关联性。同时基于“蜂花”商标已具有的较高知名度，争议商标的注册易使相关公众误认为商品提供者与申请人具有某种关联关系，从而易造成混淆误认，致使申请人合法权益可能受到损害。因此，争议商标的注册违反了《商标法》第十三条第三款规定。

(3)申请人主张争议商标的申请注册侵犯其在先字号权。但商标与字号的权利性质不同，在商业活动中发挥的功能也不同，因此，在认定系争商标是否侵犯他人在先字号权时，通常要求系争商标与他人在先字号相同或基本相同。本案中争议商标与申请人“华蜂”字号文字存在一定区别，尚不能认定争议商标的注册与使用易导致相关公众将其与申请人字号相混淆。因此，申请人关于争议商标的注册侵犯其在先字号权的主张，不予支持。

《商标法》第三十二条“以不正当手段抢先注册他人已经使用并有一定影响的商标”的规定是对在争议商标申请注册日之前，在类似商品上经过在先使用并有一定影响的未注册商标的保护，申请人提交的证据不足以佐证其主张，故申请人该理由缺乏事实依据，故不予支持。

(4)申请人所称争议商标的注册违反《商标法》第四条、第四十四条规定等其他理由缺乏事实依据，不予支持。

综上，申请人无效宣告理由部分成立。

依照《中华人民共和国商标法》第十三条第三款、第四十五条第一款、第二款和第四十六条及《中华人民共和国商标法实施条例》第六十八条的规定，国知局裁定争议商标予以无效宣告。

争议商标系对“蜂花”商标的抄袭和模仿，“蜂花”商标已具有的较高知名度，争议商标的注册易使相关公众误认为商品提供者与申请人具有某种关联关系，从而易造成混淆误认，致使申请人合法权益可能受到损害。根据《商标法》第十三条第三款规定，就不相同或者不相类似商品申请注册的商标是复制、模仿或者翻译他人已经在中国注册的驰名商标，误导公众，致使该驰名商标注册人的利益可能受到损害的，不予注册并禁止使用。

对驰名商标进行保护能够维护公平的市场环境，促进品牌国际化，激发企业创新活力，从而增强法律的权威性，维护消费者权益。对驰名商标的保护，不仅仅对商标权人、企业有着重要意义，也是维护市场秩序、推动经济发展、保障消费者权益的重要措施。在社会生活中，个人和企业应该遵守诚信原则，不应通过不正当手段利用他人的商标、品牌等知识产权，以获取不正当利益。

五、无效宣告复审案例解析

谷爱凌（Eileen Gu、Gu Ailing）是中国女子自由式滑雪运动员，2022 年 2 月北京冬奥会，谷爱凌获得自由式滑雪大跳台和自由式滑雪 U 型场地技巧项目 2 枚金牌，自由式滑雪坡面障碍技巧项目 1 枚银牌。

图 6-3-9 “EILEEN GU”商标

2019 年 6 月 27 日，申请人承德市伯乐投资有限公司提交“EILEEN GU”商标（见图 6-3-9）注册申请，指定使用在“学校（教育）；教学”等服务项目上。2019 年 11 月，该商标初步审定并公告，2020 年 3 月获准注册。

2022 年 2 月，国家知识产权局发布《关于依法打击恶意抢注“冰墩墩”“谷爱凌”等商标注册的通告》（下称《通告》），依法对该商标在内的 43 件商标依职权主动宣告无效。

《通告》指出，2019 年以来，少数企业、自然人以牟取不当利益为目的，将北京 2022 年冬奥会和冬残奥会吉祥物、奥运健儿姓名等冬奥热词进行恶意抢注，委托代理机构提交商标注册申请，非法利用奥运会和奥组委的声誉，侵害他人姓名权及其他合法权益，造成了重大社会不良影响，损害了我国严格保护知识产权的良好形象。

商标局无效宣告决定为：谷爱凌（英文名 Eileen Gu）是广受关注的中国女子自由式滑雪运动员，你单位未经其本人授权，将其姓名使用易使公众产生误认且易产生不良影响，违反《商标法》第十条第一款七、八项的规定，根据《商标法》第四十四条第一款的规定，我局宣告第 39165971 号“EILEEN GU”注册商标无效。

申请人不服商标局决定，提出无效宣告复审请求，主要理由为：申请人在申请注册复审商标时，谷爱凌在国内教育行业尚无知名度，相关公众尚不足以将“Eileen Gu”与谷爱凌认知为人格利益上的唯一对应关系。申请人将注册商标“Eileen Gu”用于学校（教育）等服务上不存在易使相关公众产生误认且易产生不良影响的可能。请求维持复审商标的注册。

商标局无效宣告复审决定为：

> 我局认为，谷爱凌（英文名 Eileen Gu）是广受关注的世界著名女子自由式滑雪运动员，申请人未经其本人授权，将其姓名作为商标使用易使相关公众产生误认且易产生不良影响，违反了《商标法》第十条第一款第七项、第八项的规定。
>
> 依照《中华人民共和国商标法》第十条第一款第七项、第八项、第四十四条第一款、第二款、第四十六条的规定，商标局决定复审商标予以无效宣告。

在中国，根据《中华人民共和国商标法》《中华人民共和国反不正当竞争法》，未经国家运动员本人或其授权机构的同意，他人不得擅自使用国家运动员的姓名作为商标进行注册。这种做法不仅侵犯了运动员的姓名权，也可能构成对运动员名誉权的侵害，扰乱了正常的市场秩序和体育竞赛秩序。国家知识产权局对于涉及奥运会吉祥物和奥运健儿姓名进行恶意抢注行为的坚决打击，体现出国家知识产权局对于相关知识产权的全方位、立体化保护。

国家运动员作为公众人物，在体育领域内甚至全社会有着较高的知名度和影响力，其姓名和形象往往与特定商品或服务联系起来，能够为商标所有者带来利益。但同时，这种商业利用必须得到运动员本人或其团队的许可。对于想要利用国家运动员姓名进行商标注册的个人和企业，必须遵守法律法规，尊重运动员的姓名权和其他相关权益，通过合法途径尽心商业合作和宣传。

前沿思考

商标评审，以保护私人利益为手段，以追求公共利益为目的，在保护商标权利人正当权利的同时，重新审视商标授权确权案件的合法性与合理性，确保公共利益不受损害。从不同角度来理解，各有其意义。

置于商标法律体系中，商标评审的地位清晰明了。商标法从其章节结构看，除总则、附则外，商标授权确权、商标管理（其中关于商标撤销的规定也属于通常意义的商标确权的范畴）、商标专用权的保护构成三大主体，前者是后两者的前提和基础——确定的权利状态和明确的权利范围是商标权得以发挥作用并得到有效保护的基本前提，商标专用权保护中有关案件中止查处的规定正是基于此项考虑。

商标评审程序的运行兼顾行政与司法属性。一方面，国家知识产权局商标局负责商标评审相关工作，其作出的评审裁定与决定等具有行政裁决的属性，属于具体的行政行为。另一方面，商标评审又先天带有司法的基因，评审案件的审理实行合议制度，由评审人员组成合议组进行审理，审理案件采用少数服从多数的原则，作为一种简化版的委员会制，与司法案件的审理较为相近，具有准司法性，同时商标评审决定/裁定又是后续人民法院审查的对象，商标评审无疑在商标授权确权程序中起到了“承上启下”的作用。

第七章　商标国际注册

第一节　商标国际注册概述

一、国际商标制度的产生背景

近代以来,英美等西方国家率先完成工业革命,掀起了以工业资本的扩张作为动力源的殖民高峰,促成世界贸易的蓬勃发展。随着近代商品经济与科学技术的快速发展,现代意义的商标应运而生、得以快速发展。早期的商标制度是由法院的判例形成。1624 年,英国法院通过判例确立了通过欺诈之诉保护商标的先例,形成了制止商标仿冒的规则,并在此基础上发展出了“仿冒法”。之后,为了打击假冒侵权行为,英美国家率先把商标制度作为公平竞争法的一部分,逐步形成独立的商标法律制度。

随着商业的发展,假冒行为也衍生出新的形式,导致不公平竞争范围扩大,原有的公平竞争法已经不足以支持保护现有商标人合法权益。为了防止商品来源混淆、保护商业标识不被侵犯,商标法律制度从不公平竞争法中独立出来。最早对商标进行法律保护的国家是法国。1803 年,法国就制定了《关于工程、制造场和作坊的法律》,该法第 16 条把假冒商标定位私自伪造文件罪。1857 年 6 月,法国制定了一部单行的成文商标法——《关于以使用原则和不审查原则为内容的制造标记和商标法律》,虽然没有确定商标注册的法定地位,但却是世界上最早的具有现代意义的一部商标法。

二、国际商标注册方式

随着世界经济的发展，国际交通发达，国际贸易愈加兴盛，带有商标的商品逐步走出国门、走向世界。然而，不同于有形的财产，商标作为一种符号标记，其权利人不能够通过占有一定的空间而去享受绝对的排他占有；并且由于商标的地域性特征，随着带有商标标识商品的跨国流通性增强，其遭受的国际侵害行为也越来越多。为了保护本国公民在对外贸易中的商标利益，经济发达的西方国家开始积极倡议讨论保护工业产权，在此背景下，《商标法》很快被纳入国际协调进程的法律中。

1883 年，《巴黎公约》在法国签订，它是世界上第一个商标保护的国际条约，规定了商标在缔约国之间的国民待遇原则和优先权原则，保证一成员国的工业产权在所有其他成员国都能得到保护。它适用于最广义的工业产权，包括专利、商标、工业品外观设计、实用新型、服务商标、厂商名称、地理标志以及制止不正当竞争。中国于 1985 年加入该公约，成为其成员国。

目前，世界上主要涉及商标保护的国际条约有《巴黎公约》《马德里协定》《里斯本协定》《尼斯协定》《维也纳协定》《建立世界知识产权组织公约》《马德里议定书》《商标法律条约》和《TRIPS 协定》等，近年来又陆续形成了地区性和双边的知识产权条约。在这些国际条约的推动下，国际商标注册途径愈加便利。国内申请人进行海外商标注册的方式主要有三种：

1.单一国家商标注册

这是最常见的商标注册方式，申请人直接向指定国家的商标主管机关分别递交注册申请。这种方式适用于希望在特定国家或地区保护其商标的企业。不同国家的商标注册原则和程序有所不同，有的采用“使用在先”原则，有的采用“申请在先”原则，注册时间从半年到数年不等。

2.区域性组织商标注册

通过区域经济共同体组织内部进行市场协调，在其所有成员国统一申请注册。在该共同体内部获得商标注册后，商标将在所有成员国受到保护。这种方式适合在区域性组织范围内运营的企业，可以享受统一的商标保护。

3.马德里商标国际注册

通过马德里体系进行国际注册，只需提交一份申请即可在多个缔约国进行注册。马德里体系由世界知识产权组织（WIPO）管理，截至 2024 年，马德里联盟有115个成员，覆盖131个国家。这种方式适合希望在多个国家申请保护其商标的企业，可以简化注册流程并节省时间和费用。

以下我们将分别予以介绍。

第二节 单一国家注册——以美国为例

本节中，我们选择对我国外贸影响最重要的国家之一——美国的《商标法》作简单的研究和探讨。

美国现行《商标法》载于美国法典第15编。早在1870年，美国就通过制定第一部联邦商标法确立了全国性的商标注册制度。1905年美国国会颁布了一部较为严格的《商标法》(Trade Marks Act 1905)，在1946年加以修改并通过了目前仍在沿用的《兰哈姆法》。

根据美国法律，美国商标是用于识别商品或服务来源的任何文字、名称、符号、商业外观或者其组合，包括商品商标、服务商标、集体商标和证明商标。经过多次修订，美国商标法拓宽了保护范围，几乎所有的标志，包括文字、图形、颜色、气味以及商业外观，在美国都可受到保护。可以说，美国《商标法》修改后保护几乎所有的具有识别功能的标志。目前，美国是世界贸易组织、世界知识产权组织、《巴黎公约》《新加坡条约》《尼斯分类》《马德里议定书》的成员国，采用尼斯分类。

一、注册原则

美国非常重视商标的使用，采用先使用原则，即商业上的使用是进行注册的先决条件。商标权的最终取得，必须要凭借对商标的使用。不在商业活动中实际使用或者有意图使用的商标，则不在国会的立法范围内。其中，在美国"商业中的实际使用"(use in commerce)，是指把商品投放市场，使商标和消费者发生接触，使商标发挥识别商品来源的作用，而不是象征性使用。传统上，美国境内的商标权利首先是通过在特定产品或服务上使用一个标志而确立的，这些权利被称为"普通法"权利。普通法权利仅在实际使用该标志的地理区域才能享有，并非自动享有美国全国范围内的保护。

联邦商标注册具有推定权利在全国范围内存在和推定已经在全国范围

内使用的效力。申请商标的联邦注册不要求商标已经使用,仅仅具有使用意图也可以,但在商标正式核准注册前,官方会给出一定期限,要求申请人进行使用并提供相应的使用证据,否则不予核准注册。这里的"意图使用"(Intend to use),是指申请人真诚地打算在美国商业中使用待申请的商标。当外国申请人想通过在美国商业中的意图使用来申请美国商品或服务商标时,无论是基于优先权的申请还是外国在先申请,都必须出具在美国商业中实际意图使用声明。

二、注册条件

美国《兰哈姆法》第1052条规定了不能或者不能直接在主簿上进行商标注册的标志,主要包括:

(1)主要部分或全部仅以姓氏组成的标志。

(2)与在先注册或使用的商标相近似,且会引起消费者混淆的标志。

(3)不道德的和带有贬损性质的标志。

(4)欺骗性的标志。

(5)描述性标志。

(6)指示葡萄酒或白酒原产地的地理标志,但相关的葡萄酒和白酒并非原产于该地理标志所示的区域。

(7)含有美国或各州或各市,或外国政府之旗帜、军服、徽章的标志。

(8)含有任何生者的姓名、肖像或签名的标志,除非获得该个人的书面同意。

(9)在其遗孀活着的时候,含有任何已故美国总统的姓名、签名或肖像的标志,除非获得该遗孀的书面同意。

三、注册机构

美国专利商标局(United States Patent and Trademark Office,USPTO)成立于1802年,是主管美国全国专利及商标申请以及核准手续的重要机关,隶属于美国商务部。其主要职责是为发明者和他们相关发明提供专利保护、商标注册和知识产权证明。

四、注册程序

1.申请

当商标已经在商业上实际使用或意图使用时，商标申请人在表明其诚意的情况下，可以通过纸质邮寄或电子申请的方式向美国专利商标局提交申请书，申请在主注册簿上注册其商标。对外国申请人来说，商标在其本国注册，即视为已经实际使用。

2.与意图使用声明结合的优先权申请(Foreign priority)

根据美国所参加的相关国际条约规定，通常是指《巴黎公约》的规定，外国申请人在本国申请之日起6个月内，可基于在本国申请的优先权向美国递交商标申请，美国承认将申请人在本国的申请日视为在美国的申请日。一般来说，该商标在本国申请时往往仍未在商业中实际使用，因此该基础申请需要提供意图使用证据。不过，如果该商标在本国最终没有被允许注册，则在美国的申请也随之撤销。

3.审查及公告

在递交商标申请并按规定缴费后，美国专利商标局主管商标注册的审查员将对该商标进行审查。如认为该商标可以注册，专利商标局会在美国商标公告(Official Gazette)上进行公告；如认为该商标不能注册，美国专利商标局应通知申请人并说明原因。商标公告后，美国专利商标局会向商标申请人发出公告通知，告知其商标公告的具体时间。

4.异议

自商标公告之日起30日内，任何人如认为该公告商标的注册将可能损害其利益，都可向美国专利商标局提出异议，或请求延期提出异议。如果在商标公告期内无人提出异议或提出异议的理由不成立，该商标将进入注册程序。

5.注册

商标要获得注册必须有实际商业使用的证据。如果该商标基于商业实际使用或基于本国已获注册而提出申请，且在商标公告期内无人提出异议或要求延期提出异议，则通常情况下美国专利商标局会在商标公告12周后颁发商标注册证；如果该商标是基于意图使用申请，且在商标公告期内无人提出异议或要求延期提出异议，则通常情况下美国专利商标局会在商标公告 12 周后颁发准许通知书。商标注册的有效期为 10 年，自商标获得注册之日起计算。

6.续展

商标注册成功后，在有效期届满前 12 个月或期满后 6 个月宽展期内可以续展，续展有效期为 10 年，续展没有次数限制。

7.撤销

(1)因不使用而撤销：依据《美国法典》第 1058 条规定，自商标注册满 5 年期限后的 1 年内，商标权利人应向美国专利商标局提交该商标已在商业中连续使用 5 年且目前仍在使用的证明，否则将导致商标被中止撤销。

(2)因不正当使用而撤销：任何人认为该商标已损害或可能损害其利益，或违反商标法有关规定，都可向美国专利商标局提出撤销请求。

8.放弃

发生下列任一情况，则视为已“放弃”该商标：商标已停止使用，且有不再重新使用意图，该意图可从当时情况进行推定；连续 3 年无使用则视为放弃；商标权利人的任何行为，包括不作为和作为，导致该商标失去显著性。

第三节　区域性组织注册

本章中，我们在发达国家和发展中国家经济合作组织中，选择以欧盟和非洲知识产权组织为代表，就集中区域性商标组织注册进行探讨。

一、欧盟商标注册

欧盟经济发达，是世界上最大的消费市场之一，拥有 5 亿多消费者，其规模比美国大 1/3，再加其政治环境总体稳健，法律体系完善透明，现代化基础设施一流，劳动力素质水平和科研能力较高等因素，具有良好的投资环境，其商标法律制度也较为完善。

欧盟共同体覆盖 28 个国家，因国家较多，目前欧盟范围内主要并行两种商标制度：一是《共同体商标条例》，它的建立使得共同体成员国能够克服因商标地域性而带来的商品和服务的流通困难，加速实现区域经济一体化；二是《共同体商标立法指令》，用于调和各成员国国内商标制度，以减少可能存在的商品流通或服务提供的阻碍，促进内部市场的建立和良好运转。之后，为了解决在实践使用中出现的新问题，欧盟于 2015 年 12 月正式通过了新《欧盟商标条例》和《欧盟商标指令》，进一步统一成员国内部知识产权制度，促进中小企业的知识产权保护发展。根据《欧盟商标条例》规定，欧盟商标(European Union trade mark, EUTM)可以由任何标志组成，尤其是文字，其中包括姓氏或图形、字母、数字、颜色、商标或包装形状还有声音等；分为商品商标、服务商标、集体商标和证明商标。只要这些标志具有显著性，能够将一个企业的商品或服务同其他企业的产品区分开来，就可以进行注册申请。也就是说，申请的标志必须具有识别作用和显著性，同时必须在商品或服务的规定范围内，且在注册申请时明确范围并对范围描述清晰精准，使得主管机关和其他经营者根据描述即可确认该商标的保护范围。目前欧盟是世界贸易组织、世界知识产权组织、《巴黎公约》《与贸易有关的知识产权协议》《尼斯分类》《马德里议定书》的成员国，采用尼斯分类。

(一)商标注册原则

商标不予注册的绝对理由：

(1)不符合商标注册所需要素的商标。

(2)缺乏显著性的商标。

(3)仅由在商业活动中可用于标明商品的种类、质量、数量、用途、价值、原产地商品的生产日期，或提供服务时长的符号或标志组成的商标，或标明商品或服务的其他特征的符号标志组成的商标。

(4)仅由习惯用语或在善意和公认的商务实践中成为惯例的符号或标志组成的商标。

(5)仅由商品本身的特性决定的形状或其他特征、获得一定技术效果所必需的商品形状或其他特征、给商品带来实体价值的商品形状或其他特征。

(6)违反公序良俗的商标。

(7)带有欺骗性质的，如有关商品或服务的性质、质量或地理来源有误易产生公众误导的商标。

(8)未经主管机关认可应按照《巴黎公约》第六条之三被拒绝注册的商标。

(9)虽非《巴黎公约》第六条之三所指的，但具有特殊公众利益的徽章、徽记或者纹章图案的商标(有关当局同意其注册的除外)。

(10)根据欧盟法律、成员国法、欧盟或成员国签订的条约，作为原产地名称和地理标志受到保护的。

(11)根据欧盟法律、成员国法、欧盟签订的条约,受到传统葡萄酒条款保护的。

(12)根据欧盟法律、成员国法、欧盟签订的条约,作为传统特色(农产品、食品)受到保护的。

(13)申请人以恶意方式作出商标注册申请,商标应当被宣布无效。

商标不予注册的相对理由。申请注册的商标与在先商标相同以及其商品或服务与在先商标所保护的商品或服务相同,不得予以注册。申请注册的商标因在先商标所有人提出异议,不得予以注册,如果已经被注册,可以被宣告无效。

申请与注册优先权原则。欧盟注册商标承认 6 个月的国际优先权,如在中国首次提出商标注册申请后 6 个月内在欧盟再次提出相同商标注册申请的,可以享有优先权。在欧盟官方举办或承认的国际展览会上首次展出产品后 6 个月内提出商标注册申请的,还可以主张展览优先权。

(二)注册机构

欧盟知识产权局(European Union Intellectual Property Office, EUIPO)负责批准注册欧盟商标,但在审查商标注册申请时并不主动审查是否存在在先权利。在先权利人可以通过异议、请求宣告无效等程序,维护自己的权利。

欧盟注册商标有两种途径:一个是直接向欧盟知识产权局 EUIPO 申请注册,另一个是通过商标国际注册申请(如马德里商标注册申请)并指定欧盟为生效地区。

(三)注册程序

1.申请

可以通过在线申请和纸质申请两种方式直接向欧盟知识产权局进行申请,其中在线申请费用更低(官费 850 欧元)且只需使用一种语言。此外,欧盟知识产权局还提供快速申请渠道,可以加快欧盟商标审查进程,尽快公开注册申请。

2.审查

收到申请后,欧盟知识产权局将进行审查,发现问题将通知申请人在两个月内补正。未能在规定时间内补正的，欧盟知识产权局将全部或部分驳回申请或主张。

申请人不服决定的，可上诉至欧盟知识产权局内部的上诉委员会；不服上诉委员会决定的，可以上诉至欧盟普通法院（General Court）甚至欧盟司法法院（Court of Justice）。

3.公开及异议

若审查不存在问题，商标注册申请信息将被公开在欧盟商标公报（EUTM Bulletin）上。任何人认为该申请注册的商标损害其在先权利的，可自公告1个月后的3个月内提出异议（opposition），欧盟知识产权局将组织双方程序并作出最终决定。该异议必须以书面形式提出，并具体说明提出理由；异议需要支付异议费，才能视为有效。如商标申请人不服欧盟知识产权局最终决定的，可以按照上段步骤进行上诉。任何人认为申请注册的商标不符合商标注册条件的，可以向欧盟知识产权局提出书面意见（observation），提出意见不用付费，欧盟知识产权局将告知申请人，并予以考虑。

4.注册及公开

如果在规定时间内无人提出异议或意见，或者异议或意见不成立的，欧盟知识产权局将对该商标进行注册，同时在欧盟商标公报上进行公示并颁发电子注册证；如果使用非电子的方式传达注册证，则需缴纳费用。

5.续展

商标注册成功后，在注册期满当日的前6个月内可以续展，续展有效期为10年，续展没有次数限制。欧盟知识产权局应在期满前及时通知商标所有人或注册权人；未及时发出期满通知，则不应追究知识产权局责任且不得影响注册的有效期。

6.撤销

商标申请人可随时撤回其欧盟商标申请。根据商标使用原则，在欧盟商标注册后5年内必须投入使用，否则任何人均可对其提出不使用撤销注册申请。任何人认为该商标已损害或可能损害其利益，或违反商标法有关规定，可向欧盟知识产权局申请撤销或宣告无效。除不使用商标外，以下情形也可作为申请撤销的理由：因商标所有人作为或不作为，导致商标成为其注册的商品或服务行业中的通用名称；商标因使用致使其商品或服务的性质、质量、产地对公众产生误导的;商标所有人不再具备《欧盟商标条例》第5条规定的条件。不服欧盟知识产权局最终决定的,也可按照上段步骤进行上诉。欧盟注册商标经欧盟知识产权局备案后,才能转让或许可他人使用。

7.放弃

商标所有人可以就商标注册的全部或部分商品或服务进行放弃注册,并作书面放弃说明。放弃经注册簿登记后才生效,但需商标权利所有人同意才能予以登记。

二、非洲知识产权组织

随着我国"一带一路"建设不断推进,目前沿途已涉及国家154个,其中多数是非洲等第三世界国家。2024年9月4日至6日,以"携手推进现代化,共筑高水平中非命运共同体"为主题的中非合作论坛峰会在北京成功举行,预示着中非经济合作将愈加深入。提前在非洲进行知识产权战略布局,意义深远。

非洲广大国家依据官方语言在英语区和法语区分别成立了非洲地区知识产权组织(African Regional Intellectual Property Organization,ARIPO)和非洲知识产权组织(African Intellectual Property Organization,OAPI),本书以非洲知识产权组织为例进行探讨。

非洲知识产权组织是由前法国殖民地中官方语言为法语的国家组成的地区性联盟,成员国共有17个国家,为了建立统一的知识产权注册和保护体系制度,促进非洲知识产权保护水平的提升,这些国家依据《伯尔尼公约》《巴黎公约》《建立世界知识产权组织公约》等国际公约建立了非洲知识产权组织,颁布了《班吉协定》,并严格遵守有关规定。想要在这些国家申请知识产权授权,只能向该组织进行申请。其中,《班吉协定》中商标注册条例参照1793年的国际条约《商标注册公约》制定。

(一)商标注册原则

按照《班吉协定》规定,作为商标申请的标记应当具有可视性。可视性商标的构成元素包括姓名、名称、产品包装、字母、数字、颜色、标志等。也就是说,申请的商标必须具有视觉上的显著性,气味、声音等非可视性商标不能进行注册。非洲知识产权组织商标注册实行先申请原则,但通常申请人需要在任何一个成员国使用该商标后才能够得到有效保护。

不得注册为商标的情形主要有：显著性缺失的；与在先商标相似或冲突的；违反公序良俗、公共政策或法律规定的；易引起混淆或误认的。

未经有关国家或组织授权，不得复制、模仿、拼接该国或者经国际条约设立的国际组织的徽章、旗帜、标记、大写字母、缩写等国防标记。

注册优先权原则。非洲知识产权组织规定了商标享有6个月的国际优先权："第一次申请时知道或应知他人对该商标享有优先权的，他人可以在该申请公示后的6个月内向非洲知识产权组织主张权利。"也就是说，虽然非洲知识产权组织支持先申请使用原则，但是在先申请人提出注册申请之日起6个月内，如果商标的在先使用人提出注册申请，则有权先于在先申请人获得商标注册。

（二）注册程序

1.申请

申请人可以向非洲知识产权组织或其国内商标主管部门提出申请，其商品或服务范围应参照《尼斯分类》。

2.申请优先权日

符合优先权条件的申请人，应在提出商标注册申请日后的3个月内，以书面形式向非洲知识产权组织提出优先权申请，并附上证明信息。

3.受理及审查

对于符合以上条件的申请，非洲知识产权组织或成员国有关部门会受理申请，并对申请人和商标的全部信息进行审查。如需补正，非洲知识产权组织会通知申请人在3个月内完成补正；如按期补正有困难，还可给予30天的宽展期。如补正后仍不合格，非洲知识产权组织会拒绝申请。如申请人不服，可于60天内提出上诉，由高级上诉委员会作出最终裁决。经审查符合要求的，非洲知识产权组织会核准注册，同时颁发注册证书进行公示和登记。

4.异议

任何人认为该申请注册的商标损害其在先权利的或与在先商标冲突的，可以在公示后6个月内提出异议申请，非洲知识产权组织会通知申请人并限其3个月内进行答复。如商标申请人不服非洲知识产权组织最终决定的，可以自决定起3个月内向高级上诉委员会提出上诉。

5.续展

商标核准注册后在17个成员国均受保护，有效期为10年，在注册期满前12个月内可以续展，续展有效期为10年，续展没有次数限制但需缴纳费用；如没能在规定期限内缴费，还设有6个月的续展缴费宽展期，但权利人需缴纳一定滞纳费用。

6.撤销

依据商标使用原则，在非洲知识产权组织商标注册后5年内必须投入使用，否则任何人均可对其提出不使用撤销注册申请。

7.无效

被非洲知识产权组织裁定无效的商标事由，包括商标缺少构成可视性商标的必要条件，含有上段不得注册为商标的情形，商标因使用引起混淆的情形，以及与在先权利冲突等，适用于商标核准注册的部分或全部商品和服务类别。

第四节　马德里注册

一、马德里体系

（一）马德里体系的发展

1.马德里协定

19世纪80年代，在经济趋于全球化的大背景下，越来越多的企业开始进军国际市场，由此引发的国际间的经济纷争愈发不可调节，迫切需要一个合作性体系加以规范调节。1883年3月20日，11个国家在法国巴黎签订《保护工业产权巴黎公约》(Paris Convention on the Protection of Industrial Property，简称《巴黎公约》)，该公约于1884年7月7日生效，是最早的旨在使各国国民的智力创造成果在其他诸国能够得到保护的国际条约之一，其所称工业产权的主要保护对象包括专利、实用新型、外观设计、商标、服务标记、厂商名称、货源标记或原产地名称和制止不正当竞争等。《巴黎公约》中提出的国民待遇原则和优先权原则为形成规模性的知识产权保护联盟奠定了重要基础。国民待遇原则要求各国国民在遵守他国法律法规的前提下，能够享有与其要求取得保护的国家的国民同等待遇；优先权原则给予了申请提出人一定期限的优先权，以尽量避免因受限于客观时空因素而和他人主观恶意导致的第三方抢注行为，《巴黎公约》对于商标规定的优先权为6个月。

《巴黎公约》的诞生虽然在一定程度上缓解了智力创造成果管理混乱的弊病，保障了申请人在其他国家的利益，但并未就国际间的进一步合作达成共识，框架性的规定在实际执行的过程中仍暴露出诸多问题，其中最大问题为投入产出比失衡。商标申请人每向一个国家寻求保护，就必须学会使用该国家语言，在此基础上还要完全了解乃至熟知该国家有关商标法律规定、行政程序。各国商标审查机关的审查时限也不尽相同，短则一个月，长则三五年。且随着申请商标的增加，申请人付出的时间和金钱成本并非单纯的叠加，而是指数级的上升，高昂的成本使得绝大多数大型跨国企业对马德里体系望而却步。《马德里协定》作为一个实操性强、可覆盖范围广、便利化程度高的国际合约性文件诞生了。

1891年4月14日，以法国、西班牙等国家为代表的几个欧洲国家在西班牙马德里签订了《商标国际注册马德里协定》(简称《马德里协定》)，商标国际注册途径从此有了新选择。《马德里协定》共18条，对商标国际注册申请要求、指定国家、注册效力、缔约国权力和义务进行全方面的规定，极大地解决了商标国际注册中的痛点：

一是语言问题，《马德里协定》的创始国家为法国、比利时、瑞士和西班牙，法语是前三个国家的官方语言，因而自然也就成为了《马德里协定》的使用语言。国际注册申请人不必再成为“多语言人才”，只需使用法语递交一份材料即可在缔约诸国开展商标注册申请。

二是审查期限问题，《马德里协定》第五条第二款明确规定：“欲行使这项权利(指驳回商标国际注册申请之权)的主管机关，应在国家法规定的期限内，并最迟于自商标国际注册或根据第三条之三提出延伸保护申请起一年结束之前，将其驳回通知国际局，同时说明全部理由。”即各收到申请的国家必须在12个月内完成审查，否则申请自动生效。这对大多数企业无疑是振奋人心的利好消息，统一明确的截止日期避免了申请书提交后杳无音信的漫长等待。

三是费用问题，《马德里协定》统一各国规费为3个类以内的商品和服务只收取100瑞士法郎(2008年9月1日以前为73瑞士法郎)，大大低于通过单一申请需要缴纳的规费。

除此以外,《马德里协定》还规定了第五条之二:“各缔约国主管机关可能要求就商标的某些成分,如纹章、徽章、肖像、勋章、称号、厂商名称或非申请人姓氏或者类似说明,所提供的合法性使用的证明文件,除原属国主管机关确认之外,应免除一切认证和证明。”申请人除去必要的官方证明以外,不再需要提供繁琐的证明材料,大大提高了申请便捷程度。

虽有以上诸多便利,但《马德里协定》在相当长的一段时间内并不为人所知。国家主管机关方面,在1961—1970年的10年间,没有一个国家加入马德里体系。《马德里协定》向申请人让步许多,但是需要主管机关作出更大让步,付出更多成本。审查周期变短,收取规费降低,且法语人才匮乏,各国不愿意为了一个新生的体系而作出成本巨大的尝试。申请人方面也仍然存在自己的担心,《马德里协定》要求申请人在原属国取得基础注册,在此基础上,才能提出马德里国际注册申请。《马德里协定》能规定缔约国对国际商标的审查期限,却无法干预各国内部法律,长时间不确定的国内审查阻碍了申请人的脚步。除此以外,《马德里协定》还规定了极其严厉的“中心打击”,《马德里协定》第六条第三款规定:“自国际注册之日起五年内,根据第一条在原属国在先注册的国家商标在该国已全部或部分不再享受法律保护的,那么,无论国际注册是否已经转让,都不得再全部或部分要求国际注册给予的保护。对于因在五年期限届满前提起的诉讼而后中止法律保护的,情形亦是如此。”也就是说任何商标只要在五年之内出现问题,先前国际商标注册的工作全部白费。万丈高楼的基石一撤,整个商业资产全部毁于一旦。在诸多便利条件之下,申请人更看重的“安全性”却稍显逊色,整个马德里体系举步维艰。

2.《马德里议定书》

在呼唤变革的声音中,《商标国际注册马德里协定有关议定书》终于到来。《商标国际注册马德里协定有关议定书》(简称《马德里议定书》)于1989年在西班牙马德里举行的外交会议上通过,1995年12月1日生效,1996年4月1日开始施行。

《马德里议定书》提出了更多更合理的平衡方案,比如,增加英语作为官方申请语言,大大拓展了马德里体系的受众面;将审查周期从12个月调整到最多18个月,减轻了作为主管机关的审查压力;放宽国际注册要求,不再固定要求基于本国的基础注册;提出“中心打击”的救济手段,允许国际商标注册在一定期限以内,可以在指定的国家通过单一申请的方式转变为国家申请。

现有的马德里体系规定除《马德里议定书》外,马德里体系的法律框架还包括《实施细则》和《行政规程》。根据马德里联盟大会(大会)2016年10月的决定,《马德里协定》现已不再施行,《马德里议定书》是马德里体系下唯一适用的条约。各国不再能只加入《马德里协定》,但可以同时加入《马德里协定》和《马德里议定书》,在这种情况下将以《马德里议定书》为准。《马德里协定》和《马德里议定书》是两部独立(但有内在联系)的条约,它们的目标相同——为在多个地区注册和管理商标提供一个方便、具有成本效益的解决方案。制定《马德里议定书》是为了给马德里体系带来更多的灵活性,引入一些新的特点,以消除阻碍某些国家和政府间组织加入《马德里协定》的困难。

3.马德里体系成员国

马德里联盟由马德里议定书的缔约方组成。向其申请或注册基础商标的缔约方主管局称为“原属局”。申请人可以在国际申请中选择想让商标获得保护的缔约方,也可以以后在马德里体系中扩大国际注册的地域范围。马德里联盟目前有115个成员,覆盖131个国家(见表7-4-1)。这些成员代表了世界贸易的80%,而且有潜力随着成员增加而扩大。

表7-4-1 马德里联盟缔约方名录

国家或地区	加入马德里协定时间	加入马德里议定书时间	国家	加入马德里协定时间	加入马德里议定书时间
阿尔巴尼亚	1995.10.4	2003.7.30	利比里亚	1995.12.25	2009.12.11
阿尔及利亚	1972.7.5	2015.10.31	列支敦士登	1933.7.14	1998.3.17
安提瓜和巴布达		2000.3.17	立陶宛		1997.11.15
亚美尼亚	1991.12.25	2000.10.19	卢森堡	1924.9.1	1998.4.1
澳大利亚		2001.7.11	摩纳哥	1956.4.29	1996.9.27
奥地利	1909.1.1	1999.4.13	蒙古	1985.4.21	2001.6.16
阿塞拜疆	1995.12.25	2007.4.15	摩洛哥	1917.7.30	1999.10.8
巴林		2005.12.5	马达加斯加		2008.4.28
白俄罗斯	1991.12.25	2002.1.18	莫桑比克	1998.10.7	1998.10.7

续表

国家或地区	加入马德里协定时间	加入马德里议定书时间	国家	加入马德里协定时间	加入马德里议定书时间
比利时	1892.7.15	1998.4.1	荷兰	1893.3.1	1998.4.1
不丹	2000.8.4	2000.8.4	挪威		1996.3.29
波斯尼亚-黑塞哥维那	1992.3.1	2009.1.27	波兰	1991.3.18	1997.3.4
博茨瓦纳		2006.12.5	黑山	2006.6.3	2006.6.3
保加利亚	1985.8.1	2001.10.2	葡萄牙	1893.10.31	1997.3.20
中国	1989.10.4	1995.12.1	韩国		2003.4.10
克罗地亚	1991.10.8	2004.1.23	摩尔多瓦	1991.12.25	1997.12.1
古巴	1989.12.6	1995.12.26	罗马尼亚	1920.10.6	1998.7.28
塞浦路斯	2003.11.4	2003.11.4	俄罗斯	1976.7.1	1997.6.10
捷克	1993.1.1	1996.9.25	圣马力诺	1960.9.25	2007.9.12
朝鲜	1980.6.10	1996.10.3	塞尔维亚	1992.4.27	1998.2.17
丹麦		1996.2.13	塞拉利昂	1997.6.17	1999.12.28
埃及	1952.7.1	2009.9.3	新加坡		2000.10.31
爱沙尼亚		1998.11.18	斯洛伐克	1993.1.1	1997.9.13
芬兰		1996.4.1	斯洛文尼亚	1991.6.25	1998.3.12
法国	1892.7.15	1997.11.7	西班牙	1892.7.15	1995.12.1
格鲁吉亚		1998.8.20	苏丹	1984.5.16	2010.2.16
德国	1922.12.1	1996.3.20	斯威士兰	1998.12.14	1998.12.14
希腊		2000.8.10	瑞典		1995.12.1
加纳		2008.9.16	叙利亚	2004.8.5	2004.8.5
匈牙利	1909.1.1	1997.10.3	瑞士	1892.7.15	1997.5.1
冰岛		1997.4.15	塔吉克斯坦	1991.12.25	2011.6.30
伊朗	2003.12.25	2003.12.25	马其顿	1991.9.8	2002.8.30
爱尔兰		2001.10.19	土耳其		1999.1.1
意大利	1894.10.15	2000.4.17	土库曼斯坦		1999.9.28
日本		2000.3.14	乌克兰	1991.12.25	2000.12.29

续表

国家或地区	加入马德里协定时间	加入马德里议定书时间	国家	加入马德里协定时间	加入马德里议定书时间
哈萨克斯坦	1991.12.25	2010.12.8	英国		1995.12.1
肯尼亚	1998.6.26	1998.6.26	美国		2003.11.2
吉尔吉斯斯坦	1991.12.25	2004.6.17	乌兹别克斯坦		2006.12.27
拉脱维亚	1995.1.1	2000.1.5	越南	1949.3.8	2006.7.11
莱索托	1999.2.12	1999.2.12	赞比亚		2001.11.15
纳米比亚	2004.6.30	2004.6.30	阿曼		2007.10.16
欧盟		2004.10.1	圣多美和普林西比		2008.12.8
以色列		2010.9.1	菲律宾		2012.7.25
新西兰		2012.12.10	哥伦比亚		2012.8.29
墨西哥		2013.2.19	印度		2013.7.8
卢旺达		2013.8.17	突尼斯		2013.10.16
非洲知识产权组织		2015.3.5	津巴布韦		2015.3.11
柬埔寨		2015.6.5	冈比亚		2015.12.18
老挝		2016.3.7	文莱		2017.1.6
泰国		2017.11.7	印度尼西亚		2018.1.2
阿富汗		2018.6.26	马拉维		2018.12.25
萨摩亚		2019.3.4	加拿大		2019.6.17
巴西		2019.10.2	马来西亚		2019.12.27
特立尼达和多巴哥		2021.1.12	巴基斯坦		2021.5.24
阿联酋		2021.12.28	牙买加		2022.3.27
智利		2022.7.4	佛得角		2022.7.6
伯利兹		2023.2.24	毛里求斯		2023.5.6
卡塔尔		2024.8.3			

2024年5月3日，最新缔约方卡塔尔政府向产权组织总干事邓鸿森交存了马德里体系的管理条约《马德里议定书》的加入书，8月3日《马德里议定书》对卡塔尔生效，卡塔尔成为马德里体系的第115个成员，这一加入进一步加强了马德里体系作为保护全球商标的实用、高效解决方案的作用。在海湾合作委员会的六个组成国家中，巴林、阿曼、卡塔尔和阿拉伯联合酋长国这四个国家的商标注册人现已可以使用马德里体系对其品牌进行跨境保护。中国于1989年加入《马德里协定》，并于1995年加入《马德里议定书》，是该议定书的第一批成员。

（二）马德里体系的特点

1.统一平台，操作方便

马德里体系提供集中化的国际商标申请和管理程序，通过马德里体系的eMadrid平台，国际商标注册人可以用一种语言（英文、法文或西班牙文）提交一份商标国际注册申请，以一种货币（瑞士法郎）缴纳一套费用，即可同时在多个国家获得商标注册保护。这种集中的商标管理模式适用于有不断海外扩张需求的企业，在企业全球发展和扩张时，能快速在新市场提交商标保护，并且利用统一后台管理和续展。

2.节约时间和经济成本

通过马德里体系注册国际商标，注册人无需准备多份国家或地区申请和缴纳多种语言的翻译费用，更省略了在多个国家或地区商标主管机关的繁琐流程，很大程度上减少了企业的时间、经济和精力投入。

3.广泛的地域覆盖面

马德里体系在131个国家保护注册人的商标权利。这其中包括绝大多数发达国家以及许多发展中国家和转型国家，以及欧洲联盟和非洲知识产权组织（OAPI）。随着成员数量的持续增长，马德里体系的覆盖范围和影响力也在不断扩大。

4.代替原则

代替是一种程序，允许注册人指定其已拥有较早国家或地区权利的地区，从该较早的保护日期中受益。国际注册将自动替代以同一注册人名义登记的相同商标的国家或地区注册，涵盖相同或重叠的商品和服务，注册人什么都不用做。发生代替时，国家或地区注册不受影响；这意味着注册人现在有两项权利——一项在国家或地区一级，一项在国际一级。在决定是否让国家或地区商标失效而仍受益于较早的保护日期之前，建议注册人请求主管局在其国家或地区注册簿中记录代替。通过记录，有关主管局在其注册簿中承认，虽然国际注册日期可能较晚，但注册人从在先国家或地区权利的日期起就在其领土上受到保护。

（三）基本概念界定

1.资格和原属局

商标所有人在提交国际申请之前，必须确定其在马德里体系的资格（联系），以及哪个主管局将是该国际申请的原属局。

“原属局”的定义让商标所有人可以自由基于营业所、住所或国籍选择自己的原属局，但只能有一个原属局。如果商标所有人与一个以上成员有相关联系，可以决定选择哪一个。

对于国家主管局，是该国国民、在该国有住所或在该国设有真实有效工商营业所的任何人均可提出国际申请。对于缔约组织（如欧洲联盟）主管局，是该组织成员国国民、在该组织领土上有住所或在该组织领土上设有真实有效工商营业所的任何人均可以提出国际申请。

“国民”“住所”和“真实有效的工商营业所”的解释，由成员法律决定。

《议定书》所称的“国民”与《巴黎公约》第二条中的意义相同，被理解为既包括自然人，也包括法人。一个自然人是不是某个国家国民的问题，以及确定一个法律实体是否被视为一国国民的标准（如公司注册地或总部所在地），由该国法律决定。实践中，法律实体的国籍或住所不常被提出问题或者被使用，因为提出国际申请的资格通常是在原属局的领土上有真实有效的工商营业所。

“住所”的概念可能有不同含义；一个自然人或一个法律实体被视为在一个成员有住所的标准，将取决于该成员的相关国内立法。例如：一些法律规定，自然人只有得到官方批准才能获得住所；另一些法律把“住所”解释为多少等同于“居所”。通常认为，《巴黎公约》并不打算用“住所”一词来描述一种法律状况，而只是用于大概描述一种持续的事实状态，因此居住在一个成员的外国人，在多数情况下，都可以通过住所声称有资格。法律实体的住所可被视为其实际总部所在地。但如上所述，法律实体在实践中通常依赖在原属国领土上有真实有效的商业营业所。

“真实有效的工商营业所”一语，来自《巴黎公约》第三条，它是 1897—

1900年在布鲁塞尔举行的《公约》第一次修订会议上增加的。当时认为，最初的规定仅提及“营业所”，过于宽泛，应予限定。目的是用法语“sérieux”（中文“真实”）一词排除虚假的营业所。“有效”一词表明，虽然营业所必须有某种工商业活动发生（区别于只有库房），但无须是主营业地。

一个企业可以在《议定书》的不同成员国有多个真实有效的工商营业所。符合这种情况的，这些国家任何一个主管局都可以作为原属局。这意味着，企业可以根据其业务、语言或其他战略原因选择一个原属局。例如，一个住所在瑞士的企业在美利坚合众国（US）、英国（GB）和新西兰（NZ）有真实有效的工商营业所，可以选择瑞士联邦知识产权局（IPI）、美国专利局（USPTO）、英国知识产权局（UKIPO）或新西兰知识产权局（IPONZ）作为原属局。

申请人是其国民、或者有住所、或者设有营业所的成员，同时也是一个缔约组织成员国的，可以选择国家局或者地区局作为原属局。例如，德国国民可以选择德国专利商标局（DPMA）或欧盟知识产权局（EUIPO）作为原属局。如果选择了资格和原属局，申请人必须在有关局有一个基础商标（申请或注册）。

2.基础申请或基础注册（基础商标）

国际申请必须基于在原属局登记的注册（基础注册）或者向原属局提出的注册申请（基础申请），这称为基础商标要求。国际申请只能针对基础商标中的商品和服务提出。多数情况下，国际申请基于一个基础商标（注册或申请），包括基础商标的商品和服务。但是，可以基于多个基础商标（申请和（或）注册）提出一项国际申请，这些基础商标合起来包括了国际申请的商品和服务。如果原属局以前采用一标一类制度，这一点尤为重要。这些基础商标必须都在国际申请申请人的名下，而且必须是在同一个主管局申请的。为简单起见，下文只使用“基础商标”一词，但包括多个基础商标的情况。

自注册之日起的五年内，国际注册仍依附于基础商标。如果基础商标在该五年期间内无论因何原因（如被驳回或撤回、注销或未续展）部分或全部不再有效，国际注册将在相同范围内不再受保护。这称为基础商标效力终止。在这种情况下，国际局根据原属局的请求，视情况部分或全部注销国际注册。该五年期届满后，国际注册即独立于基础商标。但是，如果一个机构，例如国家法院，在依附期结束后作出终局决定，导致作为基础商标的申请或注册被取消，如果导致该终局决定的诉讼是在五年依附期内启动的，原属局将有义务通知产权组织该基础商标的效力终止。商标所有人可以采取措施降低基础商标效力终止后国际注册被注销的风险，例如选择不太可能因不使用而被撤销或被无效宣告的基础注册（而不是申请），并确保在五年依附期内必要时对基础商标进行续展。

3.单独规费

国际申请应缴纳的规费有：基本费（黑白商标 653 瑞郎，彩色商标 903 瑞郎）、为每一个被指定成员缴纳的补充费（100 瑞郎）和为三类以上每类商品和服务缴纳的附加费（100 瑞郎）（补充费和附加费称为“标准规费”）或单独规费（按有关成员的声明）。

补充费（每个被指定成员 100 瑞郎）和附加费（三类以上每类商品和服务 100 瑞郎）是固定金额，通常被称为“标准规费”，适用于被指定成员没有声明单独规费的情况。

单独规费指一些成员已经声明，希望收取单独规费而非附加费和补充费。在这种情况下，申请人将缴纳单独规费而不是标准规费。但是，如果被指定成员既是《协定》成员也是《议定书》成员，而且原属局所属的成员也是两部条约的成员，那么应缴纳标准规费，不缴纳单独规费。

要求缴纳单独规费的成员还可以要求规费分两部分缴纳：第一部分在提交国际申请时缴纳；第二部分按有关成员的法律规定在以后缴纳。实践中，第二部分将在有关主管局认为商标符合保护条件时缴付。换言之，缴纳第二部分单独规费相当于国家申请中的缴纳注册费。这一要求在提交国际申请阶段的唯一实际影响是，应缴数额为第一部分单独规费。应缴纳第二部分规费时，国际局将通知注册人。如果注册人在国际局通知中指明的时限内未缴纳第二部分单独规费，国际局将从国际注册簿中注销对有关成员的国际注册，并通知注册人和有关成员。

注册人未遵守缴纳第二部分单独规费的时限的，可以选择要求继续处理。申请继续处理，必须在未遵守的时限结束后两个月内，用正式表格 MM20 向国际局提出。必须与申请一同缴纳未缴的费用和应缴的继续处理规费。

归纳起来，国际申请应缴纳的规费有：

基本费（黑白商标 653 瑞郎，彩色商标 903 瑞郎）。

为指定每个已作出有关声明的成员缴纳的单独规费，但被指定成员也是受《协定》约束的国家，而且原属局也是受《协定》约束的国家的主管局的除外（此种指定应缴纳补充费）。

为每个不需缴纳单独规费的被指定成员缴纳的补充费（100 瑞郎）。

为三类以上每类商品和服务缴纳的附加费（100 瑞郎）。但所有被指定成员均为需缴纳单独规费的，不缴纳附加费。

基本费、补充费和附加费的数额在规费表中规定。现行单独规费的数额可在产权组织网站上查看。产权组织网站上提供的规费计算器将考虑原属局、指定的成员和商品与服务的类数估算费用。

4.国际注册证

世界知识产权组织国际局对符合要求的马德里申请在国际注册簿上进行登记，同时向申请人颁发《国际注册证》并通知各指定缔约方的商标主管机关。

《国际注册证》的内容包括该马德里申请的所有信息，如国际注册日，国际注册到期日期，注册人信息，商标，指定商品/服务，以及依据协定或议定书所指定的缔约方等。

《国际注册证》表示该马德里申请已在国际注册簿上登记，并不代表在各指定缔约方已注册成功。各指定缔约方的商标主管机关在收到国际局通知之后，将会依据本国商标法律规定进行审查，核准注册或驳回申请都会在驳回期限内向国际局发相应通知，由国际局登记后转发申请人。

二、马德里国际注册

（一）马德里商标国际注册新申请

根据《商标法》第十八条、第二十一条，《商标法实施条例》第五条、第三十五条、第三十六条、第三十七条、第三十八条、第三十九条、第四十条、第四十一条、第八十六条，《商标国际注册马德里协定有关议定书》第二条、第三条、第三条之二、第六条以及《商标国际注册马德里协定有关议定书实施细则》第二章、第四章第二十二条相关规定，我国申请人可以通过马德里体系办理马德里商标国际注册申请。

马德里商标国际注册申请是指以国家知识产权局商标局为原属局，指定领土延伸至《商标国际注册马德里协定有关议定书》缔约方（以下简称“缔约方")的商标国际注册申请。申请人应通过国家知识产权局商标局向世界知识产权组织国际局(以下简称"国际局")提交申请。

1.申请人资格条件和方式

(1)申请人资格

申请人应在中国设有真实有效的营业场所;或在中国境内有住所;或拥有中国国籍。

两个及以上申请人共同申请注册的,每个申请人均应符合上述要求。

(2)申请条件

申请注册马德里国际商标的,必须在国内已有基础商标。基础商标可以是已在中国获得注册的商标,也可以是已在中国提出注册申请并被受理的商标。

2.申请书式要求

申请人需要提交以下申请书式:

(1)马德里商标国际注册申请书。

(2)外文申请书 MM2 表格。

(3)申请人盖章或签字的身份证明文件,如营业执照复印件、外国人在华居留许可复印件、身份证明文件复印件等。

(4)委托代理人的,应附送《马德里商标国际注册代理委托书》。

(5)指定美国的,一并提交 MM18 表格。

通过商标网上服务系统提交的电子申请,中外文信息正确填写视为马德里商标国际注册申请书及外文申请书 MM2 表格已提交,第(3)至(5)项书式以附件形式上传。

3.马德里商标国际注册申请填写要求

申请人应使用正确的正式表格提交申请,纸件方式提交的申请,外文可选择英语或法语书式,电子申请的应使用英语填写外文申请信息,外文书式应使用相应的外语填写,不得填写中文信息。

(1)申请人信息

应填写申请人名称、地址及外文翻译,中文信息应与国内商标信息一致,外文信息表述正确。

应填写申请人电子邮件地址,委托代理人办理的,不得填写与代理机构一致的电子邮件地址。

选择提交申请外文语言。

应选择所符合的申请人资格，外文书式中除列明资格外，还应包括：申请人为自然人的，指明国家；申请人为法律实体的，指明性质和国家。

两个及以上申请人共同申请时，其余申请人的上述信息需在附页中填写。

外文书式中，申请人应使用外语填写自己的原属局缔约方“中国”，所填信息应与中文书式中填写的信息一致。

(2)代理人信息

如委托代理人办理的，应填写以下代理人信息：代理人名称、地址及外文翻译，外文书式与中文书式的信息一致。

代理人电子邮件地址。

(3)商标信息

申请书应填写商标在中国的基础信息：申请号或注册号以及相应的日期，中外文书式信息应一致。

电子申请的应上传符合要求的商标图样，纸件申请的应在书式的正确位置粘贴符合要求的商标图样，图样应与国内申请或注册的商标图样完全一致。外文书式中，可声明视为标准字体，或说明是单一颜色或颜色组合商标。

可以在申请中声明保护颜色，并作出相应说明，中外文书式应使用相对应的语言填写。

如为特殊类型商标，请指明立体商标、声音商标、集体商标、证明商标等。

可以列明对于商标的文字说明，可以是在国内基础申请时提供的说明，也可以列出新的说明。中外文书式应使用相对应的语言填写。

商标中包含非拉丁字母或非罗马、阿拉伯数字的，应提供该内容的音译，中外文书式应使用相对应的语言填写。

可以说明要求颜色作为商标的显著部分，或对每一种颜色作出相应说明。中外文书式应使用相对应的语言填写。

申请人可以声明放弃对商标中任何要素的保护。中外文书式应使用相对应的语言填写。

申请人希望享有在先申请优先权的，应指明在先申请的主管局名称和申请日、申请号;如不涉及该申请中所有的商品或者服务,还应指明相应的商品或者服务。中外文书式应使用相对应的语言填写。

以上信息,中外文书式同时列明的,应保持信息一致。

(4)商品或服务信息

列明的商品或服务信息不能超出国内申请/注册包含的商品或服务的范围。

应按照商品或服务的国际分类分组排列,每一组应列明类别序号。

商品或服务应表达准确。

马德里商标国际注册申请可以就一个或多个指定的缔约方作出相同或不同的商品或服务清单的限定。

中外文书式应使用相对应的语言填写,并保持内容一致。

(5)缔约方信息

马德里商标国际注册申请应至少指定一个缔约方,不能指定原属局缔约方中国,中英文书式的填写应一致。

应列明个别缔约方的特殊要求:欧盟要求选择第二语言,美国要求同时提交 MM18 表格。

(6)申请人/代理人章戳或签字

电子申请无须提供此项。

委托代理机构的,代理机构应加盖章戳。

由申请人自行提交的,申请人为自然人的,应提供签字;申请人为法律实体的,应加盖章戳。

(7)指定美国使用意图声明

仅在马德里商标国际注册申请指定缔约方包含美国时提交。

使用单独的正式表格 MM18;电子申请的,应正确填写表格后,在商标网上服务系统上传清晰的扫描件。

该表格需由申请人签字。

(8)申请人身份证明文件

国内自然人应提供有效期内的身份证明文件复印件或扫描件。

符合在中国设有真实有效工商营业场所资格的,提供资格证明的复印件或扫描件,包括但不限于营业执照、事业单位法人证书、社会团体法人登记证书、民办非企业单位登记证书、基金会法人登记证书、律师事务所执业许可证。

外籍个人办理马德里商标国际注册的，提供护照及有效期内的中华人民共和国外国人居留许可复印件或扫描件。

(9)马德里商标国际注册申请代理委托书

如委托商标代理机构办理马德里商标国际注册，需提交代理委托书。

代理人应使用马德里商标国际注册代理委托书。

代理委托书应当使用规范简体汉字完整填写，并由委托人在"委托人章戳(签字)"栏盖章或签字。委托人名称、委托人章戳(签字)应与申请书中申请人名称、申请人章戳(签字)，以及所附身份证明文件、主体资格证明文件一致。委托人章戳(签字)应当清晰完整。委托人为自然人的，可以签字；其他委托人应当加盖公章，不得使用合同章、专用章、业务章等其他章戳。

(10)审查结论

符合各项审查标准的，申请人缴纳规费后，下发受理通知书。

申请手续不齐备或者未按照规定填写申请书的，不予受理。

手续基本齐备或申请书式基本符合规定，需要补正的，申请人应当在规定期限内补正；逾期未补正的，不予受理。

(11)规费

马德里商标国际注册申请规费由国家知识产权局代收，向国际局转交。国家知识产权局以国际申请提交当日的汇率及国际规费标准按人民币计价代收国际申请规费。未在规定期限内缴费的，马德里商标国际注册申请不予受理。

(二)马德里商标国际注册后续业务申请

1.业务类型

国内申请人马德里商标国际注册后续业务共九项，分别为：国际续展、注册人名称或地址变更、国际转让、国际删减、国际注销、代理人名称或地址变更、指定代理人、国际放弃、后期指定。

所有后续业务既可由申请人自行或委托商标代理机构通过国家知识产权局转交国际局，也可由申请人自行或委托商标代理机构直接向国际局提交。

向国家知识产权局提交申请的方式分为两种：一是纸件形式提交；二是通过商标网上服务系统以数据电文方式提交。

2.国际续展

以纸件形式提出国际续展申请的，应当提交马德里商标国际注册续展申请书、外文申请书 MM11 表格。委托商标代理机构办理的，应当提交载明代理内容及权限的《马德里商标国际注册代理委托书》。

通过商标网上服务系统提交的电子申请，中外文信息正确填写视为马德里商标国际注册续展申请书及外文申请书 MM11 表格已提交，上述其他材料以附件形式上传。

申请人必须是以国家知识产权局为原属局的马德里国际注册商标注册人。

马德里国际注册商标的有效期为 10 年，之后可以缴纳规费续展 10 年。

申请人可在有效期届满前 12 个月内提交续展申请。

如在有效期内未申请续展的，可在宽展期内提交续展申请。宽展期为国际注册到期之日起 6 个月。若申请人未在国际注册应当续展之日前缴纳续展规费，则应缴纳宽展费。

申请文件除满足形式审查的一般性要求，还应满足以下要求：一份续展申请只能包含一个国际注册号，注册人名称必须与国际注册簿保持一致，续展所涉及的缔约方不得超出国际注册簿中的缔约方范围。

3.注册人名称或地址变更

以纸件形式提出马德里商标国际注册注册人名称或地址变更申请的，应当提交马德里商标国际注册注册人名称或地址变更申请书、外文申请书 MM9 表格、相应的变更证明文件。委托商标代理机构办理的，应当提交载明代理内容及权限的《马德里商标国际注册代理委托书》。

通过商标网上服务系统提交的电子申请，中外文信息正确填写视为马德里商标国际注册注册人名称或地址变更申请书及外文申请书 MM9 表格已提交，上述其他材料以附件形式上传。

申请人必须是以国家知识产权局为原属局的马德里国际注册商标注册人。

申请文件除满足形式审查的一般性要求，还应满足以下要求：

一份变更申请可涉及多个国际注册号，各个国际注册商标的注册人名称、地址必须完全一致，且所涉及的变更内容完全一致。

注册人名称必须与国际注册簿保持一致。

变更注册人名称、地址的，应提供登记机关出具的变更证明文件。变更证明文件可以为登记机关核准变更文件的复印件，也可为从登记机关网站上下载的变更情况，但若基础商标已经变更的，则无须提交变更证明文件。

4.国际转让

以纸件形式提出马德里商标国际转让申请的，应当提交马德里商标国际注册转让申请书、外文申请书 MM5 表格、经盖章或者签字确认的转让人及受让人主体资格证明文件。受让人为外国申请人的，应提交转让协议公证书或转让声明公证书。委托商标代理机构办理的，应当提交载明代理内容及权限的《马德里商标国际注册代理委托书》。

通过商标网上服务系统提交的电子申请，中外文信息正确填写视为马德里商标国际注册转让申请书及外文申请书 MM5 表格已提交，并须以附件形式上传经盖章或者签字确认的转让人及受让人主体资格证明文件、双方共同签署的同意转让声明文件（当事人为法人的还应由法定代表人或法定代表人授权的人签字，为其他组织的还应由负责人签字）。受让人为外国申请人的，应上传转让协议公证书或转让声明公证书；委托商标代理机构办理的，应当上传载明代理内容及权限的《马德里商标国际注册代理委托书》。

转让申请人必须是以国家知识产权局为原属局的马德里国际注册商标注册人。受让人须符合下列条件之一：受让人是缔约方国民；受让人在其所属缔约方境内有真实有效的工商营业场所；受让人所属缔约方是国际组织，受让人为该国际组织中国家的国民；受让人在其所属缔约方境内有住所。

受让人为两个或两个以上的国际注册转让申请，所有受让人均须满足马德里商标国际注册所有人的资格要求。

转让人、受让人主体资格证明文件是表明申请人具备转让资格的文件。依据不同情形，提交相应证明文件：

转让人或受让人为国内自然人、法人或者其他组织的，应当提交身份证明文件的复印件。

受让人为缔约方国的，应当提交所属缔约方身份证明文件复印件及对应的中文译文。

受让人所属缔约方是国际组织，受让人为该国际组织中国家的国民的，应当提交在该国身份证明文件复印件及对应的中文译文。

受让人在其所属缔约方境内有住所，应当提交所属缔约方境内的住所地址证明及对应的中文译文。

受让人为外国自然人、法人或者其他组织，在其所属缔约方境内有真实有效的工商营业场所的，应当提交其所属缔约方的登记证件复印件及对应的中文译文。

申请文件除满足形式审查的一般性要求，还应满足以下要求：全部转让申请，可涉及多个国际注册号，各个国际注册商标的注册人名称、地址必须完全一致；部分转让申请，仅可涉及单个国际注册号。转让所涉及的商品或者服务不得超出该国际注册商标原有的商品和服务范围。转让所涉及的缔约方不得超出该国际注册商标所涉及的缔约方范围。注册人（转让人）名称必须与国际注册簿保持一致。

5.国际删减

以纸件形式提出马德里商标国际删减申请的，应当提交马德里商标国际注册删减申请书、外文申请书 MM6 表格。委托商标代理机构办理的，应当提交载明代理内容及权限的《马德里商标国际注册代理委托书》。

通过商标网上服务系统提交的电子申请，中外文信息正确填写视为马德里商标国际注册删减申请书及外文申请书 MM6 表格已提交，上述其他材料以附件形式上传。

申请人必须是以国家知识产权局为原属局的马德里国际注册商标注册人。

申请文件除满足形式审查的一般性要求，还应满足以下要求：一份删减申请，可涉及多个国际注册号，各个国际注册商标的注册人名称、地址必须完全一致，且所涉及的删减内容完全一致。删减所涉及的商品或者服务不得超出该国际注册商标原有的商品和服务范围。删减所涉及的缔约方不得超出该国际注册商标所涉及的缔约方范围。注册人名称必须与国际注册簿保持一致

6.国际注销

以纸件形式提出马德里商标国际注销申请的，应当提交马德里商标国际注册注销申请书、外文申请书 MM8 表格。委托商标代理机构办理的，应当提交载明代理内容及权限的《马德里商标国际注册代理委托书》。

通过商标网上服务系统提交的电子申请，中外文信息正确填写视为马德里商标国际注册注销申请书及外文申请书 MM8 表格已提交，上述其他材

料以附件形式上传。

申请人必须是以国家知识产权局为原属局的马德里国际注册商标注册人。

申请文件除满足形式审查的一般性要求，还应满足以下要求：

(1)全部注销申请，可涉及多个国际注册号，各个国际注册商标的注册人名称、地址必须完全一致；部分注销申请，仅可涉及单个国际注册号。

(2)注销所涉及的商品或者服务不得超出该国际注册商标原有的商品和服务范围。

(3)注册人名称必须与国际注册簿保持一致。

7.代理人名称或地址变更

以纸件形式提出马德里商标代理人名称或地址变更申请的，应当提交马德里商标国际注册代理人名称或地址变更申请书及外文申请书 MM10 表格。

通过商标网上服务系统提交的电子申请，中外文信息正确填写视为马德里商标国际注册代理人名称或地址变更申请书及外文申请书 MM10 表格已提交。

申请人必须是以国家知识产权局为原属局的马德里国际注册商标注册人委托的商标代理机构，该代理机构需已在商标注册部门备案。

申请文件除满足形式审查的一般性要求，还应满足以下要求：一份商标代理人名称或地址变更申请，可涉及多个国际注册号。代理人名称及地址必须与国际注册簿保持一致。

8.指定代理人

以纸件形式提出马德里商标指定代理人申请的，应当提交马德里商标国际注册指定代理人申请书、外文申请书 MM12 表格、载明代理内容及权限的《马德里商标国际注册代理委托书》。

通过商标网上服务系统提交的电子申请，中外文信息正确填写视为马德里商标国际注册指定代理人申请书及外文申请书 MM12 表格已提交，上述其他材料以附件形式上传。

申请人必须是以国家知识产权局为原属局的马德里国际注册商标注册人委托的商标代理机构，该商标代理机构需已在商标注册部门备案。

申请文件除满足形式审查的一般性要求，还应满足以下要求：一份指定代理人申请,可涉及多个国际注册号,各个国际注册商标的注册人名称、地址必须完全一致。申请人或注册人名称必须与国际注册簿保持一致。

9.国际放弃

以纸件形式提出马德里商标国际放弃申请的,应当提交马德里商标国际注册放弃申请书、外文申请书 MM7 表格。委托商标代理机构办理的,应当提交载明代理内容及权限的《马德里商标国际注册代理委托书》。

通过商标网上服务系统提交的电子申请,中外文信息正确填写视为马德里商标国际注册指定代理人申请书及外文申请书 MM7 表格已提交,上述其他材料以附件形式上传。

申请人必须是以国家知识产权局为原属局的马德里国际注册商标注册人。

申请文件除满足形式审查的一般性要求,还应满足以下要求:一份放弃申请,可涉及多个国际注册号,各个国际注册商标的注册人名称、地址必须完全一致,且涉及的放弃内容完全一致。放弃所涉及的缔约方不得超出该国际注册商标原有的缔约方范围。注册人名称必须与国际注册簿保持一致。

10.后期指定

以纸件形式提出马德里商标国际后期指定申请的,应当提交马德里商标国际注册后期指定申请书、外文申请书 MM4 表格;指定美国的,一并提交 MM18 表格。委托商标代理机构办理的,应当提交载明代理内容及权限的《马德里商标国际注册代理委托书》。

通过商标网上服务系统提交的电子申请,中外文信息正确填写视为马德里商标国际注册后期指定申请书及外文申请书 MM4 表格已提交,上述其他材料以附件形式上传。

申请人必须是以国家知识产权局为原属局的马德里国际注册商标注册人。

申请文件除满足形式审查的一般性要求外,还应满足以下要求:一份后期指定申请,仅可涉及一个国际注册号;后期指定所涉及的商品或服务不得超出该国际注册商标原有的商品或者服务范围。部分缔约方声明,如国际注册日期早于其加入马德里议定书的日期,则不得通过后期指定程序指定该缔约方,此类缔约方名单详见 MM4 表格。注册人名称及地址必须与国际注册簿保持一致。

（三）马德里商标国际异议

1.商标国际异议申请材料的审查

（1）提交期限

商标国际异议申请应当在法定异议期限内提出。自世界知识产权组织《国际商标公告》出版的次月 1 日起算，3 个月内可提交商标国际异议，以最后一月的最后一日为期限届满日。期限届满日是节假日的，以节假日后的第一个工作日为期限届满日。

（2）异议主体

商标国际异议主体与国内异议标准相同。

（3）书式要求

申请商标国际异议需提交以下申请材料：

①马德里商标国际注册异议申请书。

②异议人的身份证明文件。

③明确的异议理由、事实和法律依据，并附相关证据材料。内容较多的，可以另附“异议理由书”。

④以违反《商标法》第十三条第二款和第三款、第十五条、第十六条第一款、第三十条、第三十一条、第三十二条规定提出异议的，异议人应提交作为在先权利人和利害关系人的主体资格证明文件。

⑤《国际商标公告》复印件及中文译文。

⑥委托商标代理机构提出异议申请的，应提交商标代理委托书。

（4）规费

按类别收费。异议人应当按照《商标异议（国际）缴费通知书》要求，在规定期限内缴纳费用。

（5）书式形审

①马德里商标国际注册异议申请书。

办理商标国际异议事宜应当使用中文。

马德里商标国际注册异议申请书应当采用国家知识产权局正式发布的规范书式，以纸件方式提交的，应当提交打字或印刷的原件。

马德里商标国际注册异议申请书及相关证据材料应当提交一式两份并标明正、副本（异议人特别注明涉及商业秘密的材料除外），证据材料应当编排目录及页码。

异议人自行办理商标国际意译申请的,马德里商标国际意译申请书应当由异议人盖章或签字。委托代理机构办理异议申请的,马德里商标国际注册异议申请书应当由商标代理机构加盖公章,并由代理人签字。

异议人需要补充证据材料的,应当在马德里商标国际注册异议申请书中勾选声明,并应自提交马德里商标国际注册异议申请书之日起3个月内提交。

一份异议申请只能对一件国际公告的商标提出异议。针对一标多类商标提出异议的,申请人可以在一份异议申请中列明多个类别,也可以按照被异议商标的类别分别提交异议申请。

②《国际商标公告》复印件及中文译文。

被异议商标的《国际商标公告》,可在世界知识产权组织网站上进行下载,同时需提供对应的中文译文。

③代理委托书。

异议人委托商标代理机构办理商标国际异议事宜的,应当提交商标代理委托书。

1)代理委托书应当载明委托人名称、地址、被异议商标名称、代理权限、代理事项及授权日期,并有委托人盖章或签字。委托代理机构办理异议申请的,委托代理事项应当为"商标国际异议申请"。

2)异议人是我国香港特别行政区、澳门特别行政区或台湾地区的,应当委托依法设立的商标代理机构办理。

3)异议人是外国的,应当委托依法设立的商标代理机构办理,商标代理委托书中委托人名称、地址、委托事项应翻译成中文。

4)其他书式。

申请商标国际异议还需提供异议人的身份证明文件,明确的异议理由、事实和法律依据及主体资格证明文件,其要求与国内异议标准相同,外文材料应提供对应的中文译文。

(6)审查结论

商标国际异议申请材料审查合格、异议申请完成缴费后,国家知识产权局向世界知识产权组织发送"基于异议的临时驳回通知"(Notification of Provisional Refusal Based on An Opposition),即《国际商标异议答辩通知书》。同时向异议人或商标代理机构发送《国际商标异议申请受理通知书》。

商标国际异议申请材料不合格的，国家知识产权局书面通知异议人，进行补正或不予受理。

2.商标国际异议答辩回文的审查

（1）提交期限

世界知识产权组织收到国家知识产权局发送的“基于异议的临时驳回通知”后通知被异议人，被异议人可在收到世界知识产权组织转发的通知之日起30日内进行答辩，期限届满日是节假日的，以节假日后的第一个工作日为期限届满日。

（2）书式要求

商标国际异议答辩回文需提交以下答辩材料：

①“基于异议的临时驳回通知”复印件。

②答辩理由和证据材料。

③答辩人身份证明文件及中文译文。

④代理委托书。

（3）书式形审

①答辩人应与被异议国际商标的注册申请人名义一致。

②被异议人应当委托依法设定的商标代理机构进行答辩，应附送商标代理委托书，答辩书尾页应当加盖代理机构公章。委托书应当填写委托事项及委托日期，相应事项应翻译成中文。委托人是法人或者其他组织的，应当加盖公章；委托人是自然人的，应当签字。

③异议人委托的商标代理机构不得代理被异议人进行答辩。

（4）审查结论

①答辩人在规定期限内作出答辩且材料符合规定的，予以通过。

②答辩材料需要补正的，国家知识产权局书面通知答辩人，要求在其规定时间内，按照指定内容补正。答辩人按要求补正的，答辩材料予以通过。逾期未补正或未按要求补正的，视为未答辩。

3.商标国际异议补充材料的审查

商标国际异议补充材料分为商标国际异议申请补充材料和商标国际异议答辩补充材料。

（1）提交期限

当事人需要在提出国际异议申请或者答辩后补充有关证据材料的，应当在马德里商标国际注册异议申请书或者答辩书中声明，并在提交马德里商标国际注册异议申请书或答辩书之日起3个月内递交。

(2)形式审查

①商标国际异议申请补充材料须提交正、副本一式两份(异议人特别注明涉及商业秘密的材料除外)。

②当事人应当盖章或签字，商标代理机构应当加盖公章，签字或加盖的章戳应与异议申请或答辩材料上一致。

(3)审查结论

①有关补充证据材料在期限内提交，且符合规定的，予以通过。

②补充材料需要补正的，国家知识产权局书面通知当事人，要求其在规定时间内，按照指定内容补正。当事人按要求补正的，补充材料予以通过。逾期未补正或未按要求补正的，视为未提交(答辩)补充材料。

(4)异议当事人申请变更商标代理机构

异议当事人申请变更商标代理机构的，应以补充材料的形式提交解除与原代理机构委托关系并委托新的代理机构的声明和新的代理委托书。

前沿思考

地理标志是重要的知识产权类型，也是发展地方特色产业的重要支撑。围绕地理标志助力乡村振兴和区域特色经济发展，在做好国内相关工作的同时，国家知识产权局持续推动中欧、中法、中泰地理标志的互认互保，向国外推广更多中国地理标志产品，提升国际知名度。2020 年，《中华人民共和国与欧洲联盟地理标志保护与合作协定》正式签署生效，开启了中欧地理标志产品互认互保的新时代，中国地理标志产品走向世界的同时，国外地理标志在我国的保护也面临着挑战。

2015 年，浙江某网络科技有限公司在“葡萄酒；鸡尾酒；白兰地；开胃酒；烈酒(饮料)；威士忌；酒精饮料(啤酒除外)；白酒；伏特加酒；含水果酒精饮料”等商品上，申请注册“康涅克”商标，经商标局有关部门审查审理，予以初步审定并公告，后被法国某行业管理局以争议商标“康涅克”是“COGNAC”的对应音译，“COGNAC”是法国葡萄蒸馏酒产品的原产地名称/地理标志，并已在欧盟、法国以及中国作为原产地名称、地理标志依法予以登记并受到保护为由，主张争议商标是对法国原产地名称、地理标志“COGNAC”的复制，极易造成消费者的混淆和误认。请求依据商标法第十六条等条款宣告争议商标无效。

被申请人答辩认为：申请人提交的证据显示“COGNAC”的对应中文为“干邑”，“康涅克”并非“COGNAC”对应的中文译名，争议商标与“COGNAC”并无直接关系，未侵犯其在先地理标志名称，请求对争议商标的注册予以维持。

本案焦点问题涉及国外地理标志在我国的保护以及对国外地理标志中文翻译的保护。

本案中，申请人提交的法国政府 1936 年 5 月 1 日颁布的法令、2009 年 9 月 24 日颁布的第 2009～1146 号法令及我国原国家质量监督检验总局《关于批准对干邑实施地理标志保护的公告》可以证明，“COGNAC”在中法两国均作为葡萄蒸馏酒产品的原产地地理标志受到保护，在争议商标申请注册日之前已构成我国商标法第十六条第二款所指的地理标志。

争议商标“康涅克”为前述地理标志“COGNAC”的中文音译，两标识整体构成近似；争议商标指定使用的葡萄酒等商品与申请人地理标志指向的白兰地商品属于同一种商品或类似商品。申请人提交的证据足以证明其地理标志“COGNAC”在争议商标申请日前，在包括中国在内的世界范围内已经具有一定的知名度；而被申请人提交的在案证据并不能证明其指定商品来源于上述产区。结合申请人提交的被申请人网店截图、购买记录等证据，足以证明被申请人在实际使用中有攀附申请人“干邑”地理标志的主观故意，难谓正当。因此，争议商标核定使用在葡萄酒等商品上，容易导致相关公众误认为该商品来源于该地理标志所标示的地区或具备相关品质特征，违反商标法第十六条第一款的规定。

对外文地理标志的保护包括对其中文翻译的保护，外文地理标志的中文翻译并不限于某一固定官方译法，能够使相关公众反映出该地理标志的中文翻译形式均可纳入其保护范围，包括音译。就本案而言，被申请人虽认为中文“干邑”系“COGNAC”对应中文翻译，且在实际使用中申请人亦多将“干邑”与“COGNAC”共同使用，但“康涅克”作为前述地理标志“COGNAC”的常见中文音译，理应纳入保护范围。

地理标志所标示的商品的特定质量、信誉或者其他特征是在漫长的历史中逐渐形成的，是大自然的馈赠和广大劳动人民智慧的结晶。本文通过具体案例，对地理标志的概念、相关法律法规及其适用进行分析说明；同时指出保护外国地理标志时不应局限于官方译文而忽视音译等其他翻译形式，为地理标志提供了有效的法律保护，对维护地理标志市场声誉、保障消费者合法权益、保证市场竞争有序、优化营商环境具有积极意义。

参考文献

1.吴汉东:《知识产权法》,中国政法大学出版社 2009 年版。

2.郭寿康:《知识产权法》,中共中央党校出版社 2010 年版。

3.杜颖:《商标法》,北京大学出版社 2022 年版。

4.何怀文:《商标法:原理规则与案例探讨》,浙江大学出版社 2015 年版。

5.黄晖:《商标法》,法律出版社 2023 年版。

6.雷云、胡海国:《企业商标注册与保护实务》,国防工业出版社 2016 年版。

7.刘春田:《知识产权法》,中国人民大学出版社 2022 年版。

8.郑成思:《知识产权法》,法律出版社 1997 年版。

9.郑成思:《知识产权法教程》,法律出版社 1993 年版。

10.王莲峰:《商标法学》,北京大学出版社 2019 年版。

11.李明德:《美国知识产权法》,法律出版社 2014 年版。

12.国家知识产权局:《商标审查审理指南 2021》,知识产权出版社 2022 年版。

13.臧宝清:《臧宝清说商标评审》,中国工商出版社 2017 年版。

14.李俊青:《商标撤销复审案件使用证据认定评析》,中国工商出版社 2023 年版。

15.吴汉东:《知识产权法》,法律出版社 2023 年版。

16.林秀芹:《“一带一路”商标法律制度研究》,知识产权出版社 2020 年版。

17.郑楠:《欧盟商标授权确权制度改革的最新情况研究——世界商标授权确权制度最新改革动向研究之一》,《中华商标》2020 年第 7 期。

18.安青虎:《品牌与商标》,《知识产权》2006 年第 4 期。

19.张立新、王莲峰:《制度变迁视域下的商标异议程序及改革方向》,《河南财经政法大学学报》2021 年第 5 期。

20.王莲峰:《我国商标权利取得制度的不足与完善》,《法学》2012 年第 11 期。

21.张玉敏:《诚实信用原则之于商标法》,《知识产权》2012 年第 7 期。

22.王欣:《涨知识！一文了解我国最古老的商标——济南刘家功夫针铺》,《中国知识产权报》2018 年 5 月 9 日。

23.国家知识产权局:《关于〈中华人民共和国商标法修订草案(征求意见稿)〉的说明》,2023 年 1 月 13 日,https://www.cnipa.gov.cn/art/2023/1/13/art_75_181410.html。

24.国家市场监督管理总局:《规范商标申请注册行为若干规定》,https://www.cnipa.gov.cn/art/2024/1/30/art_3323_190072.html。

25.中国保护知识产权网:《美国商标保护》,http://ipr.mofcom.gov.cn/hwwq_2/zn/America/Usa/TM.html。

26.张伟君、魏立舟:《〈商标法〉第三次修改的主要内容和争议焦点》,https://wenku.baidu.com/view/0088a2cec381e53a580216fc700abb68a882adfc.html?_wkts_=1743150881024。

附录一　济南商标审查协作中心简介

济南商标审查协作中心位于山东省济南市市中区，是经国家知识产权局批准设立的全国第四家地方商标审查协作中心，2018 年 9 月 7 日正式挂牌运行，目前由山东省市场监督管理局和国家知识产权局商标局共同管理，属正处级公益二类事业单位。

济南商标审查协作中心业务上受国家知识产权局商标局委托开展商标审查辅助工作，并按照山东省市场监管局统一部署安排，对全省各行业开展商标方面的公益服务。业务范围主要包括：商标注册申请受理、变转续业务受理及窗口服务；商标注册形式审查业务；商标注册实质审查业务；马德里商标国际注册申请审查、领土延伸实质审查、后续业务审查、裁文翻译等业务；商标质押登记业务；协助国家知识产权局商标局开展商标评审业务；商标品牌指导站服务等。

济南商标审查协作中心紧紧围绕服务绿色低碳高质量发展先行区建设、黄河流域生态保护和高质量发展，深入实施商标品牌战略，日益成为推动知识产权强国强省建设的重要力量。

济南商标审查协作中心受理大厅地址：济南市市中区历阳大街 6 号山东省市场监督管理局银丰办公区 1 层

邮编 250002　电话：0531-89700542，0531-89700547，0531-89700578。

附录二　商标注册流程简图

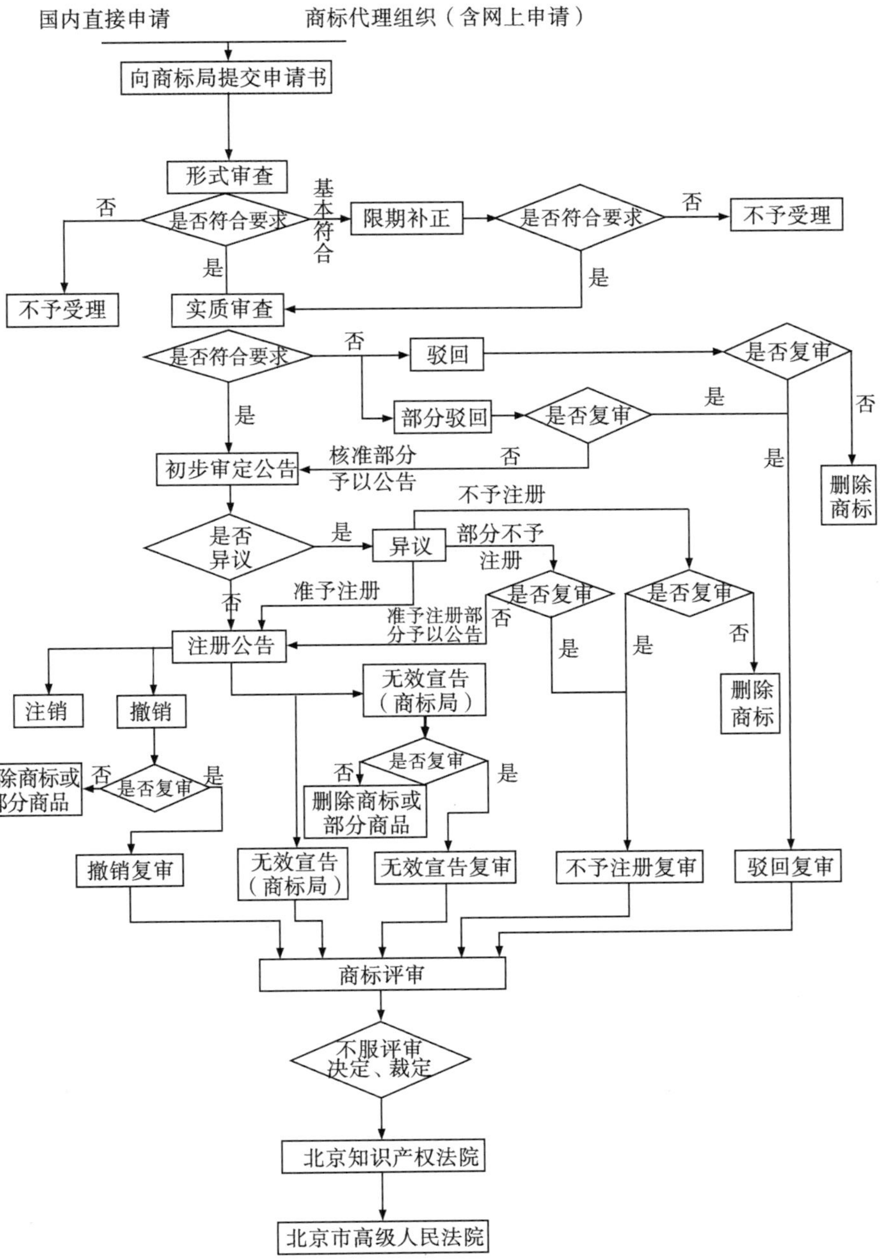